CancioneS por Hacer

y la historia de Martín, un soñador

EDICIÓN REVISADA

Rubén Aviña

Zalaver's Music LLC

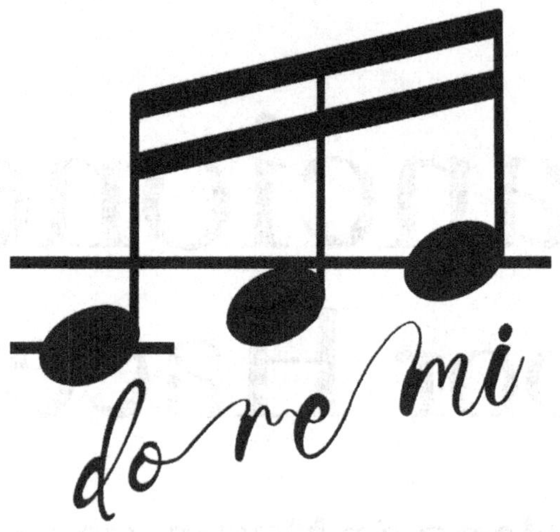

Publicado por Zalaver's Music, LLC
www.cancionesporhacer1978.com
Diseño de portada: Rubén Aviña
Diseño y maquetación: Diana Patricia González Juárez / José Gpe. Rivera Magaña

Editor fotográfico: Raúl Humberto Medina Valdés

ISBN Paperback: 979-8-9994736-0-8
ISBN Hardcover: 979-8-9994736-1-5
ISBN eBook: 979-8-9994736-2-2

ÍNDICE

SOBRE EL AUTOR 9

PRÓLOGO 11

MI PRÓLOGO 13

1 EN MEDIO DEL CREPÚSCULO 17
CHICAGO, ILLINOIS. 28 DE AGOSTO DE 2016 19

2 LA GUITARRA DE ELVIS 23
OCOTLÁN, JALISCO. 1968 25
UNA GUITARRITA 26
MIS PININOS 27
EL MEJOR REGALO 27
PAPÁ SE VA DE CASA 28
ADIÓS, INFANCIA 29
EL PRODIGIO DE OCOTLÁN 30
SORPRESA Y ARREPENTIMIENTO 31

3 DESTINO: CHICAGO 33
CHICAGO, ILLINOIS. 1974 35
«YO QUIERO SER COMO ÉL» 36
LÁGRIMAS Y LLUVIA 37
UN MAESTRO DE DIECISIETE AÑOS 38
¡EN VIVO! 39
ASÍ ES MI TIERRA 40
EL DE LA GUITARRA BLANCA 41
«VAS A SER TAN FAMOSO…» 43

4 OTRA VEZ EL ABANDONO 45
¿CON PAPÁ O CON MAMÁ? 47
VICTORIA 49
UNA JOVEN MADRASTRA 50
DE VEZ EN CUANDO 50

5 COMO UN SUEÑO 53
A UNOS CUANTOS PASOS 56
«¿NOS DEJAS PASAR, MIJO?» 58
«PARA EMPEZAR, TIENES QUE ESTAR ENAMORADO» 63

6 FRENTE A FRENTE 65
GUARDANDO ROPA 68
RETRASO INESPERADO 70
COMO PERRITO SIN DUEÑO 71
PROPUESTA REPENTINA 72
DEMASIADO TARDE 74

7 VUELTA A LA REALIDAD 77
LA VIDA SIGUE 80
EL AMIGO DE JUAN GABRIEL 80
¡FELIZ AÑO NUEVO! 81
¡SE ACORDÓ DE MÍ! 82

8 LA PASIÓN 85
«¿POR QUÉ TE GUSTA ESE CANTANTE?» 87
«TE HACE FALTA SUFRIR» 88
UNA CÁTEDRA GRATUITA 90
TRISTEZA EN VEZ DE ALEGRÍA 92

9 NOCHES DE DESVELO Y TERQUEDAD 93
SI UNA PUERTA SE CIERRA… 95
TRABAJO, AVENTURAS Y CONQUISTAS 96
UNA LIBRETITA NEGRA 97
VACACIONES EN OCOTLÁN 97
AYUDANTE DE PINTOR 98
EN UN CAMERINO GIGANTESCO 99
«¡¿OTRA VEZ TÚ?!» 100

10 EL MEMOREX 103
JUGANDO PINBALL 106
LA DESCONFIANZA 106
«CÁNTAME UNA CANCIÓN» 108
¡VARIAS CANCIONES DE CORRIDITO! 110

11 ¿Y LA LIBRETITA? 115
INTERROGATORIO ENTRE MARIACHIS 120
SENTIMIENTOS ENCONTRADOS 122

12 INSÓLITAS MELODÍAS 125
¿CON QUÉ FIN? 130
ENTRE RABIA Y DESILUSIÓN 130
PALABRAS EN UN «IDIOMA» EXTRAÑO 131
ATANDO CABOS 132

13 UN TESORO SECRETO 135
PREGUNTAS SIN RESPUESTA 138

EL ESCONDITE PERFECTO 139

14 EL GASLIGHT CLUB 141
A DONDE TENÍA QUE LLEGAR 144
¡TIPO CONEJITAS DE PLAYBOY! 145
FAVORES CLANDESTINOS 146
BAJO EL MISMO Y CONSTANTE ESTRÉS 148

15 DOS TRAGEDIAS 151
UNA DECISIÓN 154
TREMENDO SUSTO 154
ENTRE EL TERROR Y LA IMPOTENCIA 155
UN REFUGIO 156
LO QUE MÁS IMPORTA 157

16 UN BOLETO GRATIS 159
INDIFERENCIA 161
VISITA INESPERADA 162

17 TREMENDO EMBROLLO 165
COMO UN *DÉJÀ VU* 167
ACLARACIONES Y OLVIDOS 169

18 RUMBO AL OTI 173
MEDIANOCHE 175
EN RITMO DISCO 176
LOS DEL CHICAGO LATIN 178
MEJOR, BALADA ROMÁNTICA 179
LA GRAN OPORTUNIDAD 179
NOTICIA INESPERADA 182
¡EL *COPYRIGHT*! 182

19 PARÉNTESIS MÍSTICO 185
POR CULPA DE LOS BEATLES 187
LA MEDITACIÓN TRASCENDENTAL 189
MI GUARIDA 190
PARTE DEL PASADO 190

20 CAÍDO DEL CIELO 193
LAURA 195
POR UNA CONFUSIÓN DEL DESTINO 198
DE LA MEDIANOCHE A LA MADRUGADA 199

21 UNA MUJER PROHIBIDA 201
LA FAMILIA «PERFECTA» 203
CONFESIONES 204

LO QUE TENÍA QUE SUCEDER 206
ESE BESO FURTIVO 207
¡FUERA MÁSCARAS! 208
UN REGALO DE NAVIDAD 209
«COMPLETAMENTE TUYA» 210

22 OTRA VEZ EL CASETE 211
MENTIRAS ATRAEN MÁS MENTIRAS 213
SOSPECHAS INESPERADAS 214
UNA AVENTURA SIN FUTURO 215
AL DESCUBIERTO 216

23 MISIÓN IMPOSIBLE 221
¿UNA RECOMPENSA? 224
INTENTO A LA FUERZA 225
INACCESIBLE 226

24 CONSEJOS DE UN EXPERTO 231
¡UNA SORPRESA! 233
¿UNA BUENA NEGOCIACIÓN? 234
LA MISMA CANTALETA 237
UN IMPORTANTE Y MILLONARIO PROMOTOR 238

25 DOS AÑOS PERDIDOS 241
COMIENZA EL VIACRUCIS 243
¡DE 50 MIL A 5 MIL! 244
¿Y PARA QUÉ? 245
ANÓNIMO 245

26 A SOLAS Y EN PAZ 247
LOS CHANTAJES 249
SIN LAURA 251
LA INSPIRACIÓN 253
TODAS LAS NOCHES 254

27 EL GRAN TERRY SWEET 257
UN GENIO CON *JEANS* 260
PASO A PASO 260
ESTOY TAN SOLO 263
DIEZ CANCIONES 264

28 UN $OCIO 265
ACCIDENTE FORTUITO 267
UN MECENAS 267
LABOR DE CONVENCIMIENTO 270

29 LAURA ERA A QUIEN **273**
SOCIA Y CÓMPLICE 277

30 SECRETO COMPARTIDO **279**
TRATO HECHO 282
REVIVIENDO LA HISTORIA 283

31 LA GRAN VIDA **285**
MIL DÓLARES POR CANCIÓN 288
LAS VERDADERAS INTENCIONES 288
UNA GRAN SORPRESA 290

32 RECUERDOS Y NOSTALGIA **293**
COMO EN LOS VIEJOS TIEMPOS 295

33 LOCURA Y TRAGEDIA **299**
PERDIDA EN SU LOCURA 303
¿MI HIJO? 304

34 VIAJE AL PASADO **307**
REFUGIO URGENTE 309
REENCUENTRO CON EL DESTINO 310
LA DEL VESTIDO MORADO 311
PRIMERA LLAMADA 311

35 SUEÑO ESTROPEADO **315**
EL TAN ESPERADO DÍA 317
GUSSI 320
¡PATÁN Y MALEDUCADO! 320
DESVELO, DOLOR E INSPIRACIÓN 321

36 DÍA GLORIOSO **323**
CON MELODÍA IMPROVISADA 325
UN ANGELITO MÁS 326
BESOS NO ROBADOS 328

37 DESTINO INCIERTO **331**
CANCIONES A DESTAJO 333
AMENAZAS POR AMENAZAS 334
UN FIESTÓN PARA EL ÍDOLO 336

38 UN TRISTE RECUERDO **339**
¿PARA QUÉ ESPERAR MÁS? 341
DUDAS SIN RESPUESTA 342

39 EL REGRESO **347**
MARTÍN STEWART 349
KIMBERLY 351

PROMESA PENDIENTE 351
¿ME LLEVARÍAS CONTIGO? 352
EL PRIMER LATINO 352
SOLD OUT 354
UNA BUENA SEÑAL 355

40 EL REENCUENTRO 357
EN PLENO ENSAYO 360
¡INVITADOS DE JUAN GABRIEL! 361

41 CANCIONES LISTAS 365
¡EN PERSONA! 367
EN TODO SU ESPLENDOR 369

42 ¿DÓNDE Y CUÁNDO? 375
«DIOS TE BENDIGA» 378
OTRA LARGA ESPERA 379
UNA REGRESIÓN AL PASADO 380

43 CON EL CORAZÓN EN LA MANO 385
LO QUE TANTO TEMÍ 391

44 FINAL INESPERADO 393

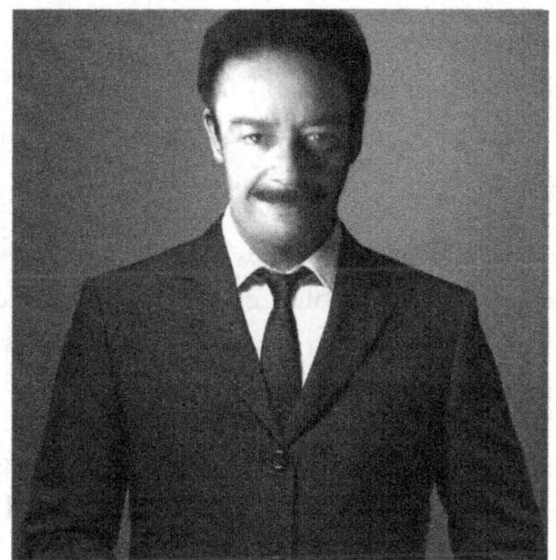

Rubén Aviña

SOBRE EL AUTOR

Rubén Aviña, originario de la Ciudad de México, comenzó su carrera como periodista de espectáculos a los 14 años, cuando realizó su primera entrevista a la actriz y cantante española Marisol (Pepa Flores). A partir de entonces, trabajó como reportero en diferentes publicaciones y, posteriormente, estudió la licenciatura en periodismo. Llegó a ser director y editor de varias revistas de espectáculos, como *Jet Set*, *Estrellas* y *CloseUp*, incursionando también como escritor de teatro y televisión, en programas como *XETU* y *Elizabeth en escena*, para la empresa Televisa.

Hasta la fecha, ha publicado cinco libros, los cuatro primeros relacionados con personajes del espectáculo: *Cómo se hace una estrella (1994)*, *Yuridia detrás de Yuri (1995)*, *Magia y desencanto (1997)* y *La gloria por el infierno* (1998), *best seller* —con más de 500 mil copias vendidas— que desató el escándalo Trevi-Andrade. Según una investigación y un artículo, publicado en el diario *Reforma* (de la Ciudad de México), *La gloria por el infierno* encabeza la lista de los 10 libros de farándula más vendidos.

Luego del éxito de *La gloria por el infierno*, Rubén se inició en el género de la novela, cuando, en 2004 y en forma independiente, publicó *Nadine, la hija de las estrellas*, una historia mágica (en el género de literatura fantástica) que comenzó a escribir cuando tenía 12 años. Un libro que, hasta la fecha, ha vendido más de 120 mil copias en México, Estados Unidos, Centro y Sudamérica.

En 2021, por decisión unánime del jurado, recibió el Premio Nacional de Pastorela, otorgado cada año por la Universidad Autónoma de Nuevo León, con la obra *Donde hay ángeles, hay diablos.*

En 2023, luego de 25 años en circulación, se lleva a cabo una reedición de *La gloria por el infierno*, ahora también en versión *ebook*, en la plataforma de Amazon, colocándose en unas cuantas semanas como el #1 de los *best sellers*, entre millones de libros de todo el mundo.

En 2024, lanza su séptimo libro, una novela biográfica titulada *Canciones por hacer*, su primer libro editado en inglés y en español, simultáneamente, por la editorial norteamericana Ibukku, con distribución en Estados Unidos, México, América Latina y España. Una interesante y hasta ahora desconocida historia, basada en hechos reales, sobre la vida de Martín Padilla, fan y amigo del fallecido ídolo Juan Gabriel, quien, por circunstancias del destino, adquiere un casete que, sin él saberlo completamente al principio, contiene todo un tesoro que, al mismo tiempo, le trae consigo toda una serie de sorpresas y conflictos en su vida.

PRÓLOGO

Hay historias que no necesitan adornos, porque su fuerza radica en la verdad que guardan. Esta es una de ellas.

Martín es un hombre nacido en Ocotlán, Jalisco, como tantos otros, con el corazón lleno de ilusiones y los pies caminando firme sobre la tierra que lo vio crecer. Pero a diferencia de muchos, un día decidió partir, impulsado por un sueño que ni él mismo alcanzaba a nombrar del todo, pero que lo llamaba con fuerza.

Era 1978 cuando el destino, siempre caprichoso, lo puso frente a Juan Gabriel. Aquel encuentro no fue casualidad, fue una chispa que encendió una historia que durante décadas permaneció en silencio. Juan Gabriel, "El divo de Juárez", el artista que supo hablarle al pueblo con el alma, le otorgó a Martín algo más que inspiración: le confió melodías que jamás fueron grabadas, letras que se quedaron esperando el momento justo para nacer.

Un cuaderno olvidado. Un legado silencioso.
Y la promesa de hacerlo cantar.

Martín ha guardado, durante casi medio siglo, un tesoro musical que le fue confiado por uno de los artistas más entrañables de México. En "Canciones por hacer" no solo se narra su historia de vida, sino que abre la puerta a una colección de melodías inéditas que podrían cambiar lo que sabemos sobre ese creador musical inolvidable.

Este libro es un acto de memoria, una búsqueda de justicia artística y una invitación a descubrir canciones que aún están por nacer.

Aquí comienza su historia. Una historia de sueños, música y gratitud. Una historia que merece ser contada.

Anna Novoa.
Agosto, 2025.

MI PRÓLOGO

Era febrero de 1973, yo tenía 11 años y, dentro de unos meses, el 2 de julio, cumpliría 12. Ya tenía a mi primera novia, una chiquilla de mi misma edad, de nombre Felicitas, y los dos nos conocimos en la primaria Benito Juárez, donde seguíamos estudiando en el mismo salón de clases.

En la radio se escuchaban los temas de aquella época; *Río rebelde* cantada por Julio Iglesias, *Sin tu amor*, del grupo Yndio, *Te busco, te extraño* de Juan Gabriel y muchas otras más como *Domingo maravilloso*; *Volver, volver*, etc.

Los meses pasaron y en el mes de septiembre se escuchaban los temas *En esta primavera* de Juan Gabriel, *Un sueño*, de La Tropa Loca, Él con los Strwck, *Déjenme llorar*, con los Freddy's, *La montaña* con Roberto Carlos, *Zacazonapan* con Antonio Zamora, y *Amor traicionero* con los Baby's. Esa rica diversidad de éxitos, los cuales muchos de ellos ahora son clásicos y siguen en el gusto del público, me habían despertado el gusto por la música, agregando también que ya para esas fechas estaba muy enamorado de mi novia Felicitas.

Felicitas amaba la música de Juan Gabriel y lo consideraba su amor imposible, pues tenía un fuerte *crush* con el ídolo del momento.

A finales de 1973, Rosa, mi madre, me regaló el segundo álbum de Juan Gabriel titulado *El alma joven*, donde tenía varios éxitos del cantante y compositor, como *Será mañana*, *Solo sé que fue en marzo*, *Aquella melodía* y muchas más.

Detrás del álbum estaba la biografía del cantante y compositor. Me llamó la atención que Juan Gabriel era el autor de más de 350 canciones, las cuales había escrito en un lapso de siete años.

En aquel 1973 se escuchaba el superéxito del momento, *Tú sigues siendo el mismo,* cantada por Angélica María y compuesta por Juan Gabriel. Aún recuerdo cómo Rosa, mi madre, la escuchaba y cantaba todos los días mientras hacía el quehacer de la casa. Por cierto, esa canción rompió récords de ventas y popularidad y fue todo un éxito en todo el país. Con toda esa música que se escuchaba, me motivé y tomé la decisión de querer aprender a tocar la guitarra y mi papá me regaló la primera.

El 12 de marzo de 1974, inspirado por mi primer amor y por la música del ídolo del momento: Juan Gabriel, escribí mis primeros versos, mi primera canción, y la titulé *No te separes de mí,* canción que me inspiró la ruptura de mi primera novia. El haber leído que Juan Gabriel tenía más de 350 canciones me motivó a escribir canciones a diario, y ya para junio tenía como 10 canciones. Viendo el éxito y la popularidad que tenía Juan Gabriel, con mucha convicción le dijo a mi mejor amigo, Alberto Morales alias «el Topo», que un día yo escribiría una canción con Juan Gabriel.

El 30 de junio de 1974, llegamos a la Ciudad de Chicago junto con toda mi familia, ahí conocí nuevos amigos y uno de ellos fue Jesús Guzmán, alias «el Paisa», quien también tocaba la guitarra y era compositor; él me motiva y me introduce a la revista *La canción mexicana* en donde en una sección titulada «Morral» publicaban canciones inspiradas por los lectores.

Les mandé mi tema *Mi pueblo Ocotlan*, y fue publicado en septiembre de 1974.

En el año 1975, me publicaron tres temas más y eso me llenó de alegría y motivó a seguir escribiendo fecundamente, yo también quería tener 350 canciones como mi ídolo así que escribía a diario.

En 1975 le dije a mi amigo Jesús lo mismo que le dije a Alberto, que un día no muy lejano Juan Gabriel y yo escribiríamos una canción juntos.

En 1976, yo ya había escrito 80 canciones y buscaba con los grupos locales de Chicago quien me grabara mis temas. En esa lucha conocí a otro compositor que tenía bastantes temas buenos y que ya le habían grabado varios artistas locales y buscaba una oportunidad para grabar sus propios temas, se llamaba José Manuel Figueroa, y tenía frecuentes presentaciones en el canal 26, que era un programa a nivel local que se transmitía en Chicago y pueblos circunvecinos y se llamaba *Así es mi tierra*. Figueroa, como era más bien conocido, me dio muchos consejos para componer mejor.

Evidentemente, la lucha a diario de Figueroa y sus viajes a la Ciudad de México tuvieron resultados y logró que la disquera Musart le diera un contrato de grabación y su primer tema lo puso en primer lugar en todo México y USA. Su nombre artístico fue cambiado a Joan Sebastian, y él, por su propia cuenta y esfuerzo, se convirtió hoy en día en una leyenda musical.

El domingo 10 de octubre de 1976, voy va a ver el espectáculo de la caravana de Arnulfo «el Gordo» delgado, en el legendario y famoso Aragon Ballroom. La caravana era encabezada por Juan Gabriel, María Victoria,

Angélica María, Víctor Iturbe «el Piruli» y muchos más. Al siguiente día, conozco por primera vez a Juan Gabriel y le digo que yo también soy compositor y me gustaría que viera y escuchara algunos de mis temas, sin embargo, él me dijo y me prometió que por esa vez no, pues no tenía ni el tiempo ni el humor en ese momento, pero que en un futuro próximo lo haría con muchísimo gusto.

Yo le dije a Juan Gabriel lo mismo que le dije a mis dos amigos de mi niñez y adolescencia: que un día Juan Gabriel y yo haríamos una canción juntos. Este, después de mirarme a los ojos por unos instantes, sonrió enigmáticamente y no me dijo nada al respecto.

Finalmente, el 9 de octubre de 1978, uno de mis sueños se hizo realidad y pude escuchar a Juan Gabriel cantar por horas exclusivamente para mí, donde leyó varios de mis temas y me dio consejos de cómo podría mejorarlos.

Fueron horas mágicas que me regaló como recuerdo y hasta estuvimos jugando en las maquinitas de *pinball.* Tenía mis canciones en mi librito de graduación, y al terminar el día, me dijo que le gustaba y se lo regalé; él me regaló un casete de la marca Memorex donde había melodías cantadas a capela y otras con su guitarra.

Ahora, quiero contar la historia completa que comenzó hace más de 50 años; no lo hago porque desee ser famoso y reconocido, si hubiera buscado la fama, esta historia la pude haber contado hace 30 años. Simplemente siento que ya es hora de contarla porque es una historia increíble con quien fue mi ejemplo y motivación para escribir y componer.

En 1998, cuando leí de Rubén Aviña su libro más polémico y más vendido; *La Gloria por el infierno*, tuve un deseo, un sueño, y fue que yo quería que Rubén contara mi historia en un libro, y ese deseo, como otros que he tenido en mi vida, se ha vuelto una realidad y aquí está mi historia, mi vida con lujo de detalles.

Estoy muy agradecido con Rubén por su trabajo, pues pudo captar con su talento y con su pluma el sueño que tuve de niño y que pude hacer realidad.

Martín Padilla

1
EN MEDIO DEL CREPÚSCULO

Y no eches en saco roto
lo que tu mujer y yo te aconsejamos:
escribe ese libro con la historia
***de las* Canciones por hacer.**
Pero trátame bien y no hables de más.
Sólo lo que fue.

CHICAGO, ILLINOIS. 28 DE AGOSTO DE 2016

Era un domingo como cualquier otro. Luego de la acostumbrada comida familiar, con mi esposa y mis hijos, me fui a mi recámara para tomar una siesta. No sé cuánto tiempo estuve dormido, hasta que sentí en mi hombro la mano de Gussi, mi mujer. «Martín, Martín. —Escuché que me decía, casi en susurros. Abrí los ojos y la vi, parada frente a la cama, con expresión desencajada—. ¡Murió Juan Gabriel!».

Disparado, salté de mi cama y, sin entender ni asimilar lo que acababa de escuchar, miré a Gussi con desconcierto, mientras escuchaba que, a lo lejos, desde el televisor de la sala, alguien comentaba la fatal noticia. Como sonámbulo, salí de la recámara, seguido por Gussi.

Kimberly y Kenneth, mis hijos mayores —al tanto de lo que Juan Gabriel significaba en mi vida—, estaban absortos, frente al televisor. En un canal local de Chicago, un reportero latino, al que nunca antes había visto, comentaba en forma escueta y con cierta indiferencia el suceso: «... la noticia estremeció a México, al resto de América Latina y a los hispanoparlantes que residen en Estados Unidos: Juan Gabriel, conocido como el Divo de Juárez, falleció este domingo a la edad de 66 años...».

Aún sin dar crédito, luego vi en la pantalla al conocido periodista mexicano, Joaquín López Dóriga en un video: «Esto es una noticia de última hora: hoy a las once y media de la mañana, en Santa Mónica, California, falleció, de un infarto, Juan Gabriel. Me informan que anoche se había presentado allí y, por la mañana, había muerto. Hasta aquí mi reporte».

Ya ni escuché al otro desconocido del canal local, que siguió comentando la noticia con datos sobre la vida de Juan Gabriel.

Me quedé paralizado, mientras sentí que Gussi, parada junto a mí, igual de estupefacta, me tomó la mano y me la apretó con fuerza. La miré a los ojos y, al notar que estaba llorando, la abracé, no para consolarla; más bien, buscando que ella me reconfortara a mí, que me dijera que lo que acababa de escuchar era una mentira, un chisme sensacionalista, como los que, a menudo, inventan en el mundo de la farándula. Esperé en vano —como si ella fuera dueña de la verdad— que me dijera que se trataba de un simple rumor que no estaba confirmado.

Mientras mis hijos me observaban consternados, me separé de Gussi y salí a la calle. Ella me siguió, hasta que volteé y le pregunté: «Es una mentira, ¿verdad?».

Aún llorando, no me respondió.

Confundido, me aparté de ella y di unos pasos, tratando de asimilar la información que mi cerebro no terminaba de procesar. Gussi me siguió, desconcertada. Sin ni siquiera mirarla, le dije que quería estar solo. Ella lo entendió y regresó al interior de la casa.

Caminé lentamente, sin rumbo, intentando escapar de una realidad que no quería aceptar, como si se tratara de un mal sueño.

A tres cuadras y media de mi casa, fui a dar a la orilla del lago Wolf, en pleno crepúsculo. Un melancólico paisaje: en tonos rojos y cobrizos, el sol se estaba ocultando. Un ocaso que relacioné con la partida de Juan Gabriel, aceptando, finalmente, que ya no estaba en este mundo.

El lugar estaba solitario, en total silencio, que se confundía con la melancolía a la que ya no me resistí, mientras, inevitablemente, transcurrían por mi mente recuerdos... Cuando en mi adolescencia descubrí a Juan Gabriel en un programa de televisión y algo en él me impactó, al grado de que, desde ese momento, pensé que quería llegar a ser como él.

Momentos, tantos momentos... Cuando él visitaba Chicago para presentarse en algún lugar... Desde que lo conocí en persona, las veces que llegamos a platicar, los consejos que me daba, sus bromas, su clásica ironía... Cuando tuve la gran fortuna de conocer más de cerca a un ídolo, mi ídolo, que, en ocasiones, me mostraba su parte infantil... Hasta la última vez que estuve con él, en 1998, dieciocho años atrás, en la *suite* del hotel donde se hospedaba, luego de casi un día completo de cuestionamientos de su parte sobre un casete que, años atrás, me regaló por equivocación.

Cuando sentí que mi fanatismo —o más bien admiración— de tantos años, cuarenta en total, de repente se había roto, igual que en otras ocasiones lo sentí, a no ser por el sorpresivo abrazo que me dio al final, en medio de mi asombro y emoción, hasta las últimas palabras que de él escuché: «Y no eches en saco roto lo que te aconsejé: escribe un libro con la historia de las *Canciones por hacer*. Pero trátame bien y no hables de más. Sólo lo que fue».

Palabras que, estando ahí, frente al lago Wolf, mientras el sol rojizo estaba a punto de ocultarse detrás del horizonte, después de haber contenido el llanto, hicieron que, finalmente, brotaran las lágrimas. Me solté llorando como un chiquillo, pensando en ese mismo momento que, así como había seguido varios de sus consejos, no sabía aún cómo, pero algún día contaría mi historia. Mi historia con Juan Gabriel.

2
LA GUITARRA DE ELVIS

Empecé a soñar despierto,
imaginándome tocando esa guitarra
y cantando* Love me Tender*,
que hasta me aprendí de memoria,
aunque no supiera inglés y,
menos, lo que decía la letra.

OCOTLÁN, JALISCO. 1968

No recuerdo exactamente en qué momento de mi infancia la música comenzó a seducirme. Lo que sí recuerdo bien es que cuando tenía cinco o seis años me fascinaba colocar, en el flamante y ultramoderno tocadiscos que recién había llegado a casa, los discos que mis papás compraban: Angélica María, Los Beatles, Los Platters, Enrique Guzmán, Alberto Vázquez... Hasta que una vez, en 1968, recién cumplidos mis siete años, descubrí en la portada de uno de esos discos a un reverendo desconocido: un muchacho muy sonriente y bien peinadito, con una deslumbrante guitarra negra que llamó mi atención. Nunca había visto una de ese color.

—Se llama Elvis. Elvis Presley —me dijo mi madre, Rosa, en ese entonces de veinticuatro años, cuando me sorprendió embobado, observando la foto de la portada del disco—. Mi amor platónico —agregó con picardía—. Pero no se lo cuentes a tu papá. —Sonrió y me arrebató la funda del disco, para colocarlo en el tocadiscos—. Escucha...

Y cuando puso el disco, a mí, más que la voz de Elvis —a quien, por supuesto, no le entendía su inglés— lo que me cautivó realmente fue distinguir, entre los demás instrumentos, el sonido de la guitarra que lo acompañaba en sus canciones.

Mi mamá, embelesada, escuchaba cada tema con los ojos cerrados, balanceando la cabeza y cantando en voz baja, junto con Elvis, mientras yo seguía abstraído con la portada del disco, hasta que la interrumpí, poniéndole enfrente la portada.

—Oye, ma... ¿Y una guitarra como esta cuesta mucho?

—¡Mucho! Pero si te portas bien y sigues siendo buen estudiante, cuando seas más grande, ¡prometo comprarte una!

Esa promesa se convirtió en una obsesión permanente. Mi primera obsesión y objetivo en la vida: llegar a tener una guitarra negra, como la de Elvis, aunque no supiera ni cómo se tocaba. Empecé a soñar despierto, imaginándome tocando esa guitarra y cantando como Elvis, *Love me Tender,* que hasta me aprendí de memoria de tanto escucharla, aunque no supiera inglés y menos lo que decía la letra.

Así que me esforcé más en la escuela y cada vez que les llevaba a mis papás ella, sonriendo divertida, siempre salía con la misma respuesta:

—¿Ahora sí me vas a comprar mi guitarra negra como la de Elvis? —Y la boleta de calificaciones, con muy buenas notas, le preguntaba a mi mamá:

—Tú sigue así, Martín. Una guitarra como esadebe costar mucho... Y te la tienes que ganar.

«Pero ¿hasta cuándo?», me preguntaba yo.

UNA GUITARRITA

Un día, Víctor, un compañero de la escuela un año mayor que yo, me invitó a comer a su casa. Ese fue el pretexto. Más bien, quería que le ayudara a hacer la tarea de aritmética, porque era medio burro.

Luego de la comida, estando en su recámara, mientras que prácticamente era yo el que le estaba haciendo su tarea (sumas y restas de lo más sencillas), él se hacía tonto, leyendo un cómic de vaqueros. En eso, apareció su mamá y le pidió que fuera a comprarle unos limones. Me quedé solo y, luego de terminar con las sumas y restas, me puse a husmear en la recámara. En un rincón, debajo de unas cajas, descubrí maravillado ¡una guitarrita!, arrumbada en un rincón. Una guitarra de juguete con sólo cuatro cuerdas. Aunque no era como la de Elvis, me flechó. La tomé. Era la primera guitarra que tenía en mis manos! Comencé a rasguear las cuatro cuerdas, según yo, intentando improvisar alguna melodía.

Al poco rato, regresó Víctor y, sin darme cuenta de su presencia, seguí «componiendo». Cuando hice una pausa, él lanzó una carcajada. Apenado, volteé a verlo. Se notaba muy divertido.

—No sabía que fueras músico —se burló—. ¡Y menos con una guitarra de juguete!... Me la regaló una tía hace años, pero nunca me llamó la atención. Si quieres, llévatela. Te la regalo.

—¿En serio? —exclamé entusiasmado, aunque pensando que estaba bromeando.

—Sí, en serio —respondió y, luego, rectificó—. Bueno, con una condición: que sigas ayudándome con las sumas y restas y otras tareas.

—¡Trato hecho!

De regreso a casa, escondí la guitarrita debajo de mi cama. Aunque fuera de juguete, para mí tenía un gran valor y no quería dar explicaciones a nadie sobre su procedencia.

A partir de ese día se convirtió en mi gran tesoro.

MIS PININOS

Ya sin importarme que mi mamá cumpliera su promesa de comprarme una guitarra negra como la de Elvis, me encerraba en mi recámara, cuando ninguno de mis cuatro hermanos menores —con los que compartía ese cuarto con dos literas— estaban ahí. Y me ponía a practicar con la guitarrita, sin que nadie me interrumpiera, para que no se me fuera la «inspiración». Sin jamás haber tomado clases de guitarra, inventaba mis propios y repetitivos acordes limitados, al mismo tiempo que les ponía simplonas letras que, entonces, claro, no veía así.

Eso de «componer» canciones, para mí era algo más que un simple juego o pasatiempo. Así lo veo ahora, cuando me vienen a la mente las tonaditas y frases sueltas que, de tanto repetirlas, se me quedaron grabadas. Y más que reírme o burlarme de esas incipientes e ingenuas tonadas, me provocan una profunda nostalgia. Recuerdos de aquella etapa de mi niñez en la que estaba descubriendo la vida, sin problemas ni preocupaciones.

EL MEJOR REGALO

Añoro esos ratos de soledad, igual que la rudimentaria guitarrita y el placer que me traía consigo durante horas y más horas, allá, en mi natal Ocotlán, Jalisco, el pueblo donde nací y viví esa etapa inolvidable de mi vida.

Hasta que una noche, escondido en mi recámara y dándome vuelo con la guitarrita, mientras tarareaba o cantaba en voz muy baja las frases que se me iban ocurriendo, de repente, me llevé tremendo susto y hasta solté la guitarrita, cuando escuché unos aplausos. Asustado, volteé hacia la puerta.

Ahí estaba parado mi padre, observándome, complacido y sonriente. ¡Había descubierto mi gran secreto! Algo que no sabían ni mi madre ni mis hermanos. Temía que se burlaran de mí, de mis incipientes intentos.

Mi padre, Rogelio, en ese tiempo de 29 años, acababa de llegar del trabajo. Luego de sus aplausos, se me acercó y se sentó junto a mí, en la cama inferior de la litera.

—Síguele —casi me ordenó, con una sonrisa—. No sabía que te gustara componer canciones… ¿De dónde sacaste esa guitarra? —Me quedé callado, durante unos instantes, sin saber qué responderle. Me quitó la guitarrita y la observó, divertido—. ¡Pero si esta guitarra es muy corriente! ¡Es de juguete! —se burló—. Si te gusta la música, sería bueno que tomaras clases. Estudia, aprende, pero sin distraerte de la escuela.

Nunca olvidaré esas palabras, ese ánimo que me infundió en ese momento. Menos aún, cuando, al día siguiente, ya noche, mi padre me buscó de nuevo en mi recámara. ¡Traía con él una preciosa guitarra de madera, deslumbrante, hermosa, no sé si nueva o de segunda mano! ¡Una guitarra de verdad! que me extendió y que yo tomé sin dejar de observarla.

—¡Es tuya! —Maravillado, comencé a rasguear las cuerdas lentamente y con cierto miedo. Ya no eran sólo cuatro, ¡sino seis!—. Porque si esto es lo que te gusta, ¡hay que hacerlo bien!

Días después, recibí otro regalo de mi padre: un método de guitarra. Así comenzó lo que, a partir de entonces, se convirtió en mi gran pasión.

PAPÁ SE VA DE CASA

Una guitarra de verdad que desplazó a la guitarrita de juguete —que ya ni recuerdo a dónde fue a dar— y que a partir de entonces sería mi nueva compañera y testigo de mis primeros miedos o, más bien, preocupaciones. Un domingo, a la hora de la comida, estando todos reunidos en la mesa (mis padres, mis hermanos Manuel, José Luis, Rogelio, Rosa Isela, Luz Elena, Javier y yo, el mayor), mi padre pidió que le prestáramos atención. Todos obedecimos y yo presentí que algo malo se avecinaba, cuando noté que mi madre se puso seria y clavó su mirada en la mesa.

—Su mamá ya lo sabe. Ya lo hemos hablado —comenzó mi padre—. Ustedes son lo más importante para nosotros y siempre vamos a estar juntos, pero… Bueno... Quiero que sepan algo. Su tío José Luis, el que vive en Estados Unidos, me ha conseguido un buen empleo en una ciudad que se llama Chicago… Y después de hablarlo con su mamá, hemos decidido que…

Mi madre levantó la cabeza y lo interrumpió:

—No. No lo hemos decidido, Rogelio. Lo has decidido tú, aunque yo no esté de acuerdo… Creo que es muy aventurado, pero…

Mi papá lanzó un suspiro.

—Rosa, ya lo hablamos. El que no arriesga no gana. Voy a probar. No puedo dejar pasar la oportunidad. Ya te dije que me van a pagar muy bien ¡y en dólares!... Si todo sale como espero, y sé que así será, vendré por ustedes, para que todos nos vayamos allá. Y si no, pues ¡me regreso a Ocotlán! Lo que quiero que quede muy claro —y se dirigió a mis hermanos y a mí, mirándonos, uno a uno— es que no los estoy abandonando y que, si me voy a arriesgar, es con la esperanza de una vida mejor.

Todos nos quedamos callados, incluida mi madre.

—Me voy la próxima semana —continuó—. Pero insisto: pronto estaremos todos juntos de nuevo, aquí, en Ocotlán, o allá, en Chicago.

Y en eso se dirigió a mí:

—Tú, Martín, como el hermano mayor, te quedas como jefe de familia, en mi lugar, para que cuides de tu mamá y tus hermanos. ¿De acuerdo?

Asustado, ante la intempestiva noticia, respondí con un escueto:

—Sí, papá.

ADIÓS, INFANCIA

Llegó el día. En medio de lágrimas, abrazos y las mismas promesas, mi padre se despidió y se fue de casa. En el transcurso de las primeras semanas, casi sin darme cuenta, con apenas siete años de edad, me vi forzado a abandonar mi niñez, para fungir como flamante «jefe de familia», responsable de mi madre y de mis hermanos.

Un año después, a pesar de que mi padre nos enviaba postales y una que otra carta contándonos cómo le estaba yendo, en silencio y sin comentarlo con nadie, menos aún con mi madre, llegué a pensar que la promesa que nos hizo —de regresar por nosotros—, nunca se cumpliría.

«Nos engañó», pensé a menudo. Y eso me dolía, más que nada, por mi madre, quien a pesar de los dólares que llegaban a veces —y que no eran suficientes para sostener la casa y los gastos de nuestros estudios—, tuvo que ponerse a trabajar en lo que podía, lavando y planchando ropa ajena y hasta como costurera. Pero ni aun así, juntando el dinero que enviaba mi padre y el que ella ganaba con muchos sacrificios, nos permitió llevar el tipo de vida al que estábamos acostumbrados, sin tantos apuros.

Mi abuela materna, quien tenía su buen dinero y propiedades, de repente le ayudaba a mi madre, pero siempre a regañadientes y de mala gana, como si ella tuviera la culpa de que mi papá se hubiera marchado.

Muchas veces, cuando, ya muy noche, veía a mi madre cansada y triste, dándole al pedal de la máquina de coser, trataba de animarla, para que no perdiera las esperanzas. Esperanzas que, sin embargo, yo ya había perdido. Llegué a pensar que tal como suponían mi abuela, mis tías y las vecinas chismosas que nunca faltan, mi padre ya tenía otra mujer en Chicago, alguna gringa con la que, a lo mejor, ya hasta tendría un hijo.

A escondidas, escuchaba esos comentarios que me lastimaban, más que nada porque me daba cuenta de que mi madre estaba sufriendo en silencio. Nunca hablé con ella ni con mis hermanos de mis dudas, del abandono que llegué a dar por hecho. Ese dolor que, a pesar de ser yo todavía un niño, empecé a sacar en el cuaderno escolar, donde seguía escribiendo las «letras» de las canciones que componía y que, en ese tiempo, se convirtieron más bien en reclamos. Simples escritos sin forma en los que, como si se tratara de pequeñas cartas, le echaba en cara a mi padre su abandono, preguntándole ¿por qué nos había dejado?, ¿por qué nos había engañado?

EL PRODIGIO DE OCOTLÁN

Así fue durante tres años en los que, además de seguir en la escuela y, con tal de ayudarle a mi madre, a mis diez años conseguí mi primer empleo, como mandadero de don Faustino, dueño de una tienda de abarrotes, situada en el centro de Ocotlán. Más que requerir de mis servicios, consciente del mal momento que pasábamos en casa, el buen hombre, como amigo de la familia, quiso ayudarnos. Me pagaba muy poco cada semana: sesenta pesos de aquel entonces, ya que sólo trabajaba de las tres de la tarde a las ocho de la noche. Pero me iba mejor cuando, cada domingo, me iba a la plazuela de la Parroquia El Señor de la Misericordia, donde vendía dulces típicos (borrachitos, dulces de arrayán y alegrías de amaranto) a los turistas que llegaban de diferentes puntos de la República Mexicana y hasta de los Estados Unidos y Centroamérica, para visitar el templo y pedirle milagros al Señor de la Misericordia que, según una antigua leyenda (aunque muchos aseguran que se trató de un hecho verídico), se apareció sobre la parroquia el tres de octubre de 1847. Según versiones que han trascendido a través de los siglos, el acontecimiento de la Parroquia El Señor de la Misericordia se deriva de un fuerte sismo que redujo a escombros el centro de Ocotlán: un sábado dos de octubre, a eso de las siete de la mañana, un temblor sacudió el lugar; y más tarde, una réplica de mayor magnitud derrumbó el vecindario. Sólo quedó en pie la Capilla de La Purísima (que, años después, cambiaría su nombre por el de Parroquia El Señor de la Misericordia) y la hacienda contigua de una familia rica. Más de cincuenta muertos y centenares de heridos y damnificados.

Al día siguiente del sismo, en la mañana del domingo tres de octubre, cuando el cura parroquial se disponía a iniciar la celebración de la misa, se vio al noroeste, precisamente sobre la capilla, una nube muy blanca, y en medio de ella, comenzó a aparecer la imagen perfecta de Jesucristo Crucificado. Esta aparición duró más de media hora y, de ella, fueron testigos los fieles que se disponían a la celebración, así como del párroco. Todos los ahí presentes, maravillados ante tal prodigio, pedían misericordia a gritos, al Cristo aparecido. De ese acontecimiento, se desprende la gran devoción al Señor de la Misericordia de Ocotlán, como se le conoce hasta ahora. Misericordia que también me tocó a mí, cuando cada domingo, a la salida de la capilla ofrecía mis dulces (que a su vez yo le compraba a don Faustino, al precio de costo, sin él obtener ninguna ganancia) a los centenares de turistas y habitantes del pueblo.

SORPRESA Y ARREPENTIMIENTO

Y el Señor de la Misericordia yo creo que también nos hizo el milagro a mí, a mi madre y a mis hermanos. Un buen día, seis años después de la partida de mi padre, en el verano de 1974, sin que lo esperáramos y sin previo aviso, ¡por fin, apareció! Pero no se trataba de un simple regreso o una visita, como lo supusimos al principio. Más bien, una gran sorpresa que nos llenó de júbilo a todos, cuando esa misma noche de su regreso, al final de la fiesta de bienvenida que improvisamos y a la que llegaron vecinos, tíos y primos, ya a solas, cuando se marcharon los invitados, mi padre, igual que años atrás, cuando nos informó que se iría a Chicago, en busca del «sueño americano», nos reunió en la mesa y nos contó que apenas dos semanas antes, ¡había conseguido su residencia en los Estados Unidos! Y no sólo eso: había ido por nosotros, para llevarnos a Chicago con él. Contando ya con su residencia, ¡también podría conseguirla para su esposa e hijos!

Jamás olvidaré el semblante de mi madre, la ilusión que transmitía, luego de años de verla siempre triste y apagada. Igual que los brincos que daban mis hermanos, aunque no entendieran (sobre todo los más pequeños) lo que significaba irnos a vivir a los Estados Unidos ¡y no como ilegales, sino como residentes!

Esa noche, ya recostado en mi litera, me invadieron enormes remordimientos que, como ya era costumbre, plasmé al día siguiente en mi cuaderno, pidiéndole perdón a mi papá por haberlo juzgado tan mal. Peor me sentí después, cuando nos contó detalles de lo mal que la había pasado, cuando llegó a Chicago, y cómo, de simple asistente del jefe de operaciones de la empresa Republic Steel, fue progresando, hasta conseguir un puesto importante, con un muy buen sueldo mensual: ¡1500 dólares de aquel entonces!

Un primer sueño en mi vida se convirtió en realidad y me sirvió de lección: confiar en la gente, sobre todo en mi propio padre que, tal como yo siempre quise creerlo en el fondo —a pesar de mis dudas y hasta de haberlo juzgado—, no nos había abandonado. Por primera vez, pensé en los sacrificios que tuvo que pasar, con tal de lograr que la familia estuviera reunida de nuevo, bajo un mismo techo.

3
DESTINO: CHICAGO

Y con respecto a las letras,
siéntelas hasta lo más profundo de tu corazón,
porque sólo así, vas a conseguir
transmitir lo que quieres.

Nuestra vida se convirtió en un constante trajín: diez largos meses de trámites de pasaportes y visas en Guadalajara, venta y donación de muebles, ropa, objetos y hasta juguetes, mientras que, en la fachada de la casa, ya estaba colocado el letrero de «se vende». Gracias a Dios, entre la ropa y las pocas cosas que nos llevaríamos, estaban mi guitarra y los cuadernos, donde escribía las letras de mis canciones y pensamientos.

Todo era ilusión, alegría y ajetreo, hasta que llegó el día en que tomamos un autobús con destino a Nuevo Laredo, Tamaulipas. Ahí, ya con nuestros papeles en regla, cruzamos la frontera. Y desde Laredo, Texas, nos fuimos directo a Chicago, en una camioneta rentada que condujo mi padre. Luego de tres días de un larguísimo trayecto por diferentes carreteras, con algunas paradas para comer algo, ya cansados, por fin, llegamos a nuestro destino.

—Bienvenidos a Chicago, ¡su nuevo hogar! —exclamó mi padre, muy sonriente y satisfecho.

CHICAGO, ILLINOIS. 1974

Ya era noche. Mis hermanos venían dormidos, pero los despertamos para que disfrutaran del panorama nocturno que nos recibía: deslumbrantes bulevares e impresionantes rascacielos que se perdían en el cielo estrellado. Una ciudad imponente y de ensueño que me parecía irreal. Y aunque la pequeña, pero bonita y confortable casa de un piso y tres recámaras a la que llegamos —situada en un barrio latino—, amueblada en forma modesta (aunque claro, ya con su televisor, lavadora, refrigerador ¡y tocadiscos!) no era una mansión, a mí sí me lo pareció. El sueño americano de mi papá se estaba cumpliendo. Y el de nosotros, también. Una vida tan diferente a la que habíamos llevado en mi querido y entrañable Ocotlán.

A mis trece años, tanto a mí como a mis hermanos, no nos costó mucho adaptarnos en forma natural a ese nuevo estilo de vida, aunque siempre añorando no sólo a los amigos y al resto de la familia, sino también las costumbres y esencia de mi México querido al que, al menos yo, sentía que no había abandonado del todo. A través de su música que llevaba en mi corazón (y en algunos de los discos de mis padres, con los que también cargamos), esa música se convirtió en el lazo que me mantenía unido a mi patria, cuando, además, en la radio del tocadiscos, escuchaba canciones mexicanas que alimentaban mi alma y añoranzas. Añoranzas que, como una necesidad inevitable, además de un refugio, fomentaron mi necesidad de seguir plasmando en mis cuadernos mis incipientes letras de canciones, imaginando sus tonadas y repitiéndolas constantemente en mi mente para que no se me fueran a olvidar.

«YO QUIERO SER COMO ÉL»

En espera del inicio del nuevo ciclo escolar, para proseguir con nuestros estudios, mi padre decidió que mis hermanos y yo ingresáramos a una escuela que estaba cerca de la casa, para aprender inglés, aunque el idioma no significó gran problema, ya que la gran mayoría de los vecinos y gente con la que nos fuimos relacionando era bilingüe y al menos yo (aunque a mi madre y a mis hermanos les costó más trabajo) en pocos meses ya entendía y hablaba más o menos el inglés, gracias a que la mayoría de los programas que veíamos en televisión eran en ese idioma, con excepción de uno que, un día, girando la perilla del televisor, descubrí con gran sorpresa: *Viernes Espectaculares*, por el canal 26 de Chicago, en el que su conductor, Esteban Velázquez, presentaba cada semana a artistas mexicanos que visitaban Chicago: Angélica María, Estela Núñez, Lucha Villa, Yolanda del Río... Se convirtió en mi programa favorito y, más todavía, cuando, semanas más tarde, el invitado fue un muy joven Juan Gabriel, a quien ya había escuchado cantar en la radio, pero en ese programa, durante una entrevista, en la que —con una humildad y sencillez que me cautivaron— narró parte de su vida, en especial, cuando a la edad de trece años (la edad que tenía yo en ese momento) ¡compuso su primera canción: *La muerte del palomo*!

A partir de esa coincidencia, me sentí identificado con él y seguí el transcurso de la entrevista, casi sin pestañear y cada vez más maravillado, como si se tratara de una cátedra, una gran enseñanza: aspectos de sus inicios que yo desconocía, refiriéndose a todo lo que —aun como Adán Luna, el nombre artístico que adoptó en ese entonces— tuvo que luchar y soportar, siempre tocando puertas y más puertas, haciendo antesalas, enfrentándose a la indiferencia de la gente y, en ocasiones, hasta a humillaciones y constantes negativas, pero siempre sin darse por vencido, aunque, como confesó, muchas veces estuvo a punto de desistir... Gente que no creía en él y que le decía que nunca llegaría lejos, que mejor buscara por otro lado, que sus canciones no eran «comerciales»... Todo un calvario, hasta que, después de un largo peregrinar, la entonces muy popular cantante Enriqueta Jiménez, «La Prieta Linda», le grabó uno de sus temas: *Noche a noche.*

Luego de la entrevista y como cierre del programa, cantó uno de sus éxitos, *Se me olvidó otra vez*, con su ya entonces, característico estilo. Y mientras lo escuchaba, pensé: «Yo quiero ser como él».

LÁGRIMAS Y LLUVIA

Sin hacer a un lado mis intentos, acompañado de mi guitarra y siempre teniendo en mente llegar a ser algún día como Juan Gabriel, ya en la época del *high school*, comencé a descubrir el amor. Muchachas a las que conocía y con las que fácilmente me ilusionaba, casi desde el primer momento, al mismo tiempo que relacionaba esos amores platónicos e infantiles con las letras de las canciones de Juan Gabriel: *No tengo dinero* —¡por supuesto!, la más recurrente!—, *Me he quedado solo* o *Será mañana*, también muy frecuentes, después de cada incipiente «ruptura» que «sufría», durante uno o dos días y que, luego, quedaba en el olvido. Me enamoraba y me desenamoraba con enorme facilidad, pensando, después, que esos devaneos habían sido sólo producto de mi imaginación, que el amor no era eso. El amor tendría que ser otra cosa, algo como lo que Juan Gabriel había vivido y que le servía de inspiración en el momento de escribir esas letras que me sabía de memoria. Además de que quería llegar a ser como él, también anhelaba conocer el verdadero amor, igual que, evidentemente, Juan Gabriel lo había conocido.

Hasta que, a mis catorce años, después de mi insistencia en relacionar mis intrascendentes experiencias con las canciones de Juan Gabriel, apareció en mi vida Nancy Gottschalk, de mi misma edad, una vecina de origen alemán, diferente a todas. Literalmente y sin que yo lo advirtiera del todo, me volvió loco. Ya no se trataba de un juego, de una fantasía. Con Nancy tuve mi primer encuentro sexual, un encuentro torpe y desastroso, a pesar de que ella tenía más experiencia que yo y me supo llevar con paciencia, hasta que, luego de varias «lecciones», conocí el éxtasis y la felicidad, lo que yo en ese entonces consideraba que era el verdadero amor. Viví mi cuento de hadas a su lado, un cuento al que, para variar, identifiqué con otro tema de Juan Gabriel: *Estoy enamorado de ti.*

Me sentía feliz, maravillado, siempre animoso y agradecido con la vida.

Hasta que, en una tarde lluviosa, cuando pasé por Nancy a su escuela, durante el trayecto a su casa, la noté seria y callada. Le pregunté qué le pasaba. Simplemente me miró y, de repente, se soltó llorando:

—No te lo había dicho, porque esperaba que ocurriera un milagro, pero… El domingo por la mañana, me voy con mi familia a Atlanta. A mi papá lo mandaron ahí.

Yo, desolado e impotente, me quedé mirándola. No supe qué decirle. Inevitablemente, también me puse a llorar. Sabía que eso significaba una despedida. Caminando en silencio y tomados de la mano, me vino a la mente parte de la letra de otra canción de Juan Gabriel que en ese entonces era su gran éxito: «Mis lágrimas no miras. La lluvia las confunde y aunque yo estoy llorando, por mí no te preocupes».

Al llegar a casa de Nancy, nos dimos un último beso y prometimos escribirnos y llamarnos. Algo que duró muy poco, pues, al llegar el primer recibo de teléfono a casa, mi padre me regañó duramente y me prohibió volver a tomar el teléfono para hacer llamadas de larga distancia que, en aquel tiempo, resultaban muy costosas. Así, Nancy pasó a ser un simple recuerdo, un bonito recuerdo de mi adolescencia. Mi primer amor.

UN MAESTRO DE DIECISIETE AÑOS

No volví a saber de Nancy. Ya no respondió la última carta que le envié. Pero aparecieron otras chicas. Nada serio ni tan «intenso» como lo que viví con la alemana. Y a la par de esos amoríos, por otro lado, las canciones de Juan Gabriel seguían marcando mi vida, hablándome de mis propios sentimientos, lo que me gustaría expresar con palabras en las letras que continuaba escribiendo en hojas sueltas o en cuadernos, letras que tenían que ver con mis ilusiones y desilusiones, noviecitas pasajeras que, como llegaban, después se iban, mientras que mi admiración por Juan Gabriel iba en aumento.

Y mientras continuaba en el *high school*, también me puse a trabajar por las tardes (y sábados y domingos, de ocho de la mañana a ocho de la noche) en La Campana, una tienda propiedad de un matrimonio de mexicanos, donde hacía de todo: acomodaba frascos y cajas, limpiaba los anaqueles, me encargaba de surtir la panadería… y, antes de cerrar, barría y trapeaba la tienda. Me pagaban 50 dólares a la semana que me ayudaban a darme mis gustos: algo de ropa, regalitos para las novias que seguían desfilando y, especialmente, discos de Juan Gabriel y revistas donde aparecieran entrevistas o artículos de él.

Gracias a esa afición, una tarde, en un pequeño local donde vendían periódicos y revistas, varias de ellas mexicanas, descubrí una que hasta entonces no conocía: *Guitarra Fácil*, en la que Juan Gabriel aparecía en su portada. La tomé y, mientras la hojeaba, vi que esa edición estaba dedicada íntegramente a él: su biografía, una entrevista, fotos, letras de sus canciones y, por si fuera poco, ¡las pisadas de guitarra de cada canción!, aunque, por supuesto, no las entendía nada.

En eso, como caído del cielo, un muchacho que estaba cerca de mí me preguntó, en español:

—¿También tocas la guitarra? Cerré la revista y miré al muchacho.

—Bueno... No toco bien. Apenas estoy aprendiendo.

—¿Eres mexicano?

—Sí. ¿Y tú?

—También —me dijo, sonriente, ofreciéndome su mano.

Jesús Guzmán era su nombre, cuatro años mayor que yo. Le decían «el Paisa». A él también le gustaba componer canciones, era admirador e imitador de Vicente Fernández y, lo mejor, aunque no era un experto en guitarra, sí sabía más que yo ¡y se ofreció para enseñarme a tocarla!

—Más o menos —me aclaró—, porque soy lírico y nunca he tomado clases. Pero los acordes de las canciones que vienen aquí —añadió, mostrándome una página de la revista— son sencillos y fáciles de entender. ¡Yo te ayudo si quieres!

Después de comprar la revista *Guitarra fácil*, nos fuimos a una cafetería y ahí, en la plática, resultó que, curiosamente, su papá y su hermano mayor también trabajaban en la Republic Steel, la misma empresa donde laboraba mi padre. Y, además, sin que antes nos hubiéramos visto, ¡vivíamos en la misma cuadra! Y como dato curioso: su papá se llamaba José, su mamá, María ¡y él, Jesús! ¡Como la Sagrada Familia!

Fue el primer amigo que tuve en Chicago y, también, mi primer y único maestro de guitarra. Jamás olvidaré las noches en que, con mucha paciencia por parte de él, poco a poco fui dominando las pisadas y acordes del instrumento, con toda su gama de posibilidades.

¡EN VIVO!

En cierta ocasión, Jesús me mostró una revista, *La canción mexicana*, que, entre su contenido, incluía una sección llamada *La inspiración de nuestros lectores*, en la que se convocaba a los lectores para que enviaran a la redacción sus propias composiciones. Sin pensarlo y, animado por mi amigo, envié una de mis letras, una que había escrito hacía poco: *Mi pueblo Ocotlán.* Semanas más tarde, gran sorpresa me llevé cuando ¡la vi publicada! Eso me animó más todavía, para seguir por ese camino, luego de que, en algún momento, estuve a punto de desistir.

Parecía que el destino estaba de mi parte. Así lo sentía. Y más, cuando un buen día, ya en 1975, en el programa *Viernes Espectaculares*, me enteré de una caravana artística de cantantes mexicanos que se presentarían el 2 de noviembre en el ya desaparecido Anfiteatro Internacional de Chicago. Y eso no era todo. Para fortuna mía, ¡Juan Gabriel era parte del elenco!, junto con otros artistas como Lucha Villa y King Clave.

Nunca había asistido a ese tipo de espectáculos, así que ni idea tenía del precio de los boletos. Fue Jesús quien me dijo que el costo era de cuatro dólares en la sección más barata, hasta arriba, en las gradas. Él y su familia ya estaban muy puestos y ¡me invitó! Yo, feliz, acepté de inmediato.

—*Okey* —me dijo Jesús—. Sólo consigue los cuatro dólares para tu boleto, pero rápido, porque mañana mismo mi papá va a comprar los boletos.

«Bonita invitación», pensé. Y yo, sin un centavo. Todo lo que había ganado en esa quincena me lo había gastado. Pero gracias a Dios, mi buena madre, cuando le conté de mi apuro, al tanto de mi admiración por Juan Gabriel, me dio los cuatro dólares.

Así, junto con Jesús y su familia, desde mi butaca, a muchos metros del escenario que se veía diminuto y tan lejano, por primera vez en mi vida ¡vi a Juan Gabriel en vivo cantando!, acompañado de un mariachi, temas que ya me sabía de memoria: *Se me olvidó otra vez, Que sea mi condena, Esta noche voy a verla* y su gran éxito, nada más y nada menos que *Lágrimas y lluvia,* la canción que marcó mi vida, como el final de una etapa y el inicio de otra.

ASÍ ES MI TIERRA

Un año después, para la celebración del 5 de mayo, en mi escuela participé en un bailable, con música de la época de la Revolución mexicana. Tan bien nos quedó, que fuimos invitados para presentarnos en un evento especial del Restaurante San Luis, al que me acompañó Jesús, quien se enteró de que, en ese lugar, todos los jueves organizaban concursos de canto.

—¿Por qué no te inscribes? —me animó.

—Pero si yo no soy cantante —le aclaré.

—Pero puedes interpretar una de tus canciones. ¡Puede ser una buena oportunidad! Yo te acompaño con la guitarra.

Y aunque mi sueño no era precisamente ser cantante, finalmente me decidí. Por primera vez, con el miedo y nerviosismo normales, me paré en un escenario y canté *El rey*, acompañado de Jesús en la guitarra, ante un reducido público que no me prestó mucha atención, por estar platicando o bebiendo, y apenas me aplaudió.

—¡Te lo dije! —le eché en cara a Jesús, sintiéndome ridículo y decepcionado.

—Lo importante es que ya diste un paso. Al menos, la gente que está ahí, ya te conoció.

Pero «todo sucede siempre por algo». Ya había escuchado muchas veces esa frase que mi madre tanto repetía y que, esa noche, comprobé que es muy cierta, porque ahí conocí al dueto de los hermanos Gonzalo y Juvenal, mayores que yo, a los que ya había visto en *Así es mi tierra*, otro programa de televisión que hacía unos meses había comenzado a transmitirse en el canal 26, conducido por Bernardo Cárdenas, quien también era el productor y patrocinador.

Platicando con Juvenal, descubrimos que íbamos en la misma escuela. Empezamos a frecuentarnos, nos hicimos amigos y, un día, me invitó para que los acompañara (a él y a su hermano) a *Así es mi tierra*, donde me presentó a don Bernardo Cárdenas quien, en lo poco que platicamos, me comentó que le gustaba darles oportunidad en su programa a muchachos con aspiraciones artísticas.

Y aunque no me animé a cantar de nuevo, cada semana, después del trabajo, me gustaba ir al programa, maravillado con el ambiente que se percibía en ese pequeño estudio, donde conocí a otros que, como yo, buscaban una oportunidad para salir en televisión y darse a conocer.

EL DE LA GUITARRA BLANCA

Entre esos aspirantes, cierto día, conocí a uno de unos 25 años, muy delgado, tranquilo y afable, siempre cargando una guitarra blanca, marca Gibson, que cuidadosamente guardaba en un estuche cuando terminaba de cantar. También era compositor y, por lo que noté, uno de los consentidos del señor Cárdenas. Una vez, cuando terminó de cantar me le acerqué y me presenté con él. Su nombre: José Manuel, también mexicano.

Poco a poco, nos hicimos amigos. Aunque él no hablaba mucho, siempre que había oportunidad me le acercaba y platicábamos de nuestros sueños, a pesar de que, claro, él llevaba más camino recorrido y, sobre todo, más experiencia en el mundo de la música. Yo lo escuchaba embobado, cuando me platicaba su historia, los años que llevaba luchando en México y cómo había llegado a Chicago, donde, con tal de salir adelante, buscó trabajo como mesero y lo más que consiguió fue que lo emplearan como lavaplatos en un restaurante, donde estuvo sólo una semana, ya que, luego, le ofrecieron otro trabajo en un restaurante irlandés, donde preparaba ensaladas. Ahí tampoco duró mucho, porque recibió una mejor oferta como vendedor de autos, al mismo tiempo que, esporádicamente, lo contrataban como cantante en bares y restaurantes, ganando cincuenta dólares por noche. Y también grababa comerciales para radio, incluidos algunos para un restaurante del que era dueño el señor Cárdenas, quien un día lo invitó a su programa, donde, prácticamente, de la noche a la mañana se convirtió en la estrella, gracias a las tablas que ya tenía y, en especial, a la aceptación del público televidente.

Así que, cuando lo conocí, al menos en Chicago, ya era muy popular entre los latinos, reconociendo siempre que mucho de lo que había conseguido se lo debía al señor Cárdenas, quien, dicho sea, se encargaba de recordárselo siempre que podía.

Cuando terminaba el programa, a menudo José Manuel y yo nos íbamos a tomar un café en un restaurante cercano, donde, más bien, era yo el que hablaba y hablaba como perico y él siempre me escuchaba, pacientemente. A veces, hasta me disparaba una cena. Después de Jesús —quien dejó de acompañarme al programa, porque llegó a fastidiarle— José Manuel se convirtió en mi nuevo maestro, cuando, luego de mostrarle mis composiciones, me daba consejos sobre la rima y estructura de los versos en una canción. Recuerdo que me decía:

—No me lo tomes a mal, Martín, pero, todavía estás bien verde en esto de la composición. Tienes buenas ideas, pero eso no es suficiente. Te faltan más bases, más desarrollo.

—Sí. Lo sé —reconocí humildemente—. Pero con la escuela y el trabajo, no me queda tiempo como para inscribirme en alguna escuela de música y aprender más.

—Lo que yo te aconsejo es que practiques más, amigo. Estás muy chavo, pero con el tiempo, si me haces caso, lo vas a conseguir. Dale duro a los círculos armónicos, que es lo que te hace falta. Y con respecto a las letras, además de cuidar mucho la estructura, los versos y las rimas, siéntelas, siéntelas hasta lo más profundo de tu corazón, porque sólo así vas a transmitir lo que quieres.

«VAS A SER TAN FAMOSO...»

Una noche, estábamos tras bambalinas en el estudio, mientras se transmitía en vivo *Así es mi tierra.* José Manuel, como siempre, me estaba dando más consejos sobre el tipo de rima y estructura que requería una de mis canciones que esa noche le llevé, para que le diera una revisada. Y a pesar de que hablábamos en voz baja, casi en susurros, de pronto, alguien nos gritó: «¡Se callan el hocico o se van a la chingada!». Era el señor Cárdenas, muy enojado. José Manuel, apenado, se puso colorado y se llevó el dedo índice a sus labios. «Shhh». Ese grito me pareció una ofensa, una humillación, no tanto para mí, sino para José Manuel, siempre tan correcto y educado. Nos quedamos callados y, segundos más tarde, le dije al oído, casi en secreto: «No le hagas caso a ese señor Cárdenas. Un día, vas a ser tan famoso que serás tú quien mande a la chingada a quien te dé la gana».José Manuel simplemente sonrió, meneó la cabeza y se quedó pensativo.

Esa fue la última vez que lo vi. Siempre que iba al estudio, esperaba encontrarlo ahí de nuevo. Pero no. Desapareció de pronto. Yo lo extrañaba, no tanto por todo lo que estaba aprendiendo de él, sino porque llegué a considerarlo un gran amigo. Luego, supe que había ido a la Ciudad de México. Y un año después, tremenda sorpresa me llevé cuando en el programa *Siempre en domingo,* que desde meses atrás ya se podía ver en Chicago, ¡lo vi en la pantalla del televisor! Tan sencillo como siempre y con su inesperable guitarra blanca, cantando uno de sus primeros *hits, El camino del amor.* Pero se había cambiado el nombre. Ya no era José Manuel, sino Joan Sebastian.

VAS A SER UN FAMOSO...

4
OTRA VEZ EL ABANDONO

La escena se repetía: lágrimas, abrazos y,
de nuevo, una dolorosa partida.
Ya sabíamos qué era eso.
Pero en esta ocasión,
fue más duro para todos.

Desde tiempo atrás, aunque en casa vivíamos desahogadamente y tanto mis hermanos como yo íbamos a la escuela (siendo yo el único que, además de mi papá, también trabajaba), las discusiones y alegatos entre mis padres se hicieron cada vez más frecuentes. Mi mamá nunca logró adaptarse a Chicago. No le gustaba el frío y, menos, las nevadas. Decía que se sentía sola, lejos de sus padres y hermanos. Siempre estaba de mal humor y quejándose de todo y por todo. Los seis años de separación, cuando mi papá nos dejó, para abrirse paso en Estados Unidos, afectaron su relación y, a partir de entonces, era evidente —sobre todo para mis hermanos y para mí, testigos de sus pleitos— que se distanciaban cada vez más. Incluso, pasaban días en los que ya ni se dirigían la palabra.

¿CON PAPÁ O CON MAMÁ?

En ese 1976, mi abuela materna falleció en Ocotlán y mi madre viajó sola hasta allá, para los funerales. Luego de un mes de ausencia, regresó a Chicago, con la novedad de que mi abuela, en su testamento, le había dejado una casa que tenía en Los Ángeles. «¡Una casa muy bonita!», nos contó a mis hermanos y a mí.

Así que, por su cuenta, decidió que todos nos mudaríamos a Los Ángeles, algo con lo que mi papá no estuvo de acuerdo. ¿Cómo iba a abandonar lo que tanto trabajo le había costado en Chicago?, para aventurarse a empezar de nuevo en otra ciudad, donde, por principio de cuentas, tendría que conseguir un nuevo empleo.

Un motivo más para otra tremenda discusión. Mi mamá no cedió. Y mi papá tampoco. El único remedio: la separación.

—Contigo o sin ti —amenazó mi madre a mi padre—, yo me largo a Los Ángeles con mis hijos. Y tú, si quieres seguir aquí, estás en todo tu derecho.

—¿Y quién te ha dicho que te puedes llevar a los muchachos, así nada más? —Le hizo ver mi padre—. ¿Con qué los vas a mantener? ¿Con qué les vas a pagar sus estudios? Porque si te los llevas, conmigo no vas a contar.

—¡Ah! ¡Pues eso lo veremos!, porque si lo que quieres es que nos divorciemos como Dios manda, yo tengo todas las de ganar.

Mis hermanos y yo, testigos de la nueva disputa y, sobre todo, al escuchar la palabra «divorcio», nos asustamos. Cierto que ya estábamos acostumbrados a los pleitos de mis padres, pero jamás nos pasó por la mente que llegaran a divorciarse.

La situación se volvió insostenible, aunque todos esperábamos que aquello fuera sólo una pesadilla o un berrinche de mi madre y que, finalmente, desistiría de sus amenazas, para que todo volviera a la normalidad. Pero no. No desistió. Cuando mi papá se iba a trabajar, aprovechando su ausencia, trataba de convencernos, sobre todo a mis hermanos pequeños, para que nos fuéramos con ella a Los Ángeles.

—¡No me dejen sola! —nos suplicaba, recurriendo al llanto que, para mí, era un vil chantaje. Y eso me daba coraje. Más todavía, cuando ese llanto se lo contagiaba a mis hermanos pequeños, quienes, sin entender todavía lo que sucedía, la abrazaban, tratando de consolarla.

Pero yo no. ¿Cómo compadecerla si, desde mi punto de vista, su descabellado propósito se trataba de un vil capricho?, una decisión que ella había tomado, pensando sólo en ella. El frío y las nevadas en Chicago que tanto odiaba no eran un motivo de peso para enfrentarnos a la encrucijada que nos había impuesto.

—No nos dejes tú, mamá. No seas egoísta. No pienses sólo en ti. Piensa también en nosotros. —Me le enfrenté, una vez, muy decidido. Y ella, secándose el llanto con la mano, me lanzó una mirada fulminante.

Durante la última cena en que estuvimos juntos, nos dio la noticia de que, en dos días, se marcharía a Los Ángeles e insistió, una vez más:

«¿Quién se viene conmigo?», nos preguntó a mis hermanos y a mí. Pero nadie respondió.

Fue muy triste verla guardando su ropa y pertenencias en varias maletas, igual que años atrás, habíamos visto a mi padre hacer lo mismo, cuando se fue de casa. La escena se repetía: lágrimas, abrazos y, de nuevo, una dolorosa partida. Ya sabíamos qué era eso. Pero en esta ocasión fue más duro, más difícil para todos, especialmente por el hecho de enfrentarnos ante la disyuntiva de elegir con quién quedarnos.

Finalmente, se fue sola, después de que ella y mi padre iniciaron los trámites de su divorcio.

VICTORIA

De nuevo, ese terrible sentimiento de abandono. Pero ahora, con más intensidad y sin la más mínima esperanza de que mi madre regresara después. En cuanto se marchó, al menos yo, me sentí culpable por no haberla seguido, por dejar que se fuera sola. Y supongo que algo parecido sucedió con mis hermanos, aunque nunca lo hablamos.

Una vez más, saqué fuera mi melancolía, acompañado de mi guitarra y de los cuadernos en los que escribía lo que sentía: una profunda soledad, impotencia... tratando de convertir esos sentimientos en letras de canciones.

Ante la desolación que todos compartíamos en silencio, la casa se volvió un relajo. Ya no había quien la dirigiera, a pesar de la visita diaria de doña Pachita, una buena señora mexicana que se encargaba del aseo, la comida y de lavar y planchar la ropa. Pero ya nada era lo mismo. Una madre es una madre, a final de cuentas. Y su ausencia significaba un enorme vacío, aunque yo trataba de asumir un nuevo papel que me fue impuesto: el de «amo de casa», lo mejor que podía, preparando el desayuno para mi padre y mis hermanos, todas las mañanas, además de parte del aseo de la casa, para luego irme a la escuela y, después, al trabajo. Ya por las tardes, doña Pachita, aparte de cumplir con sus labores y de darles de comer a mis hermanos, se esperaba, hasta que mi papá regresaba de la fábrica, para ser él quien, ahora, supervisara las tareas escolares de mis hermanos y preparara la cena.

Así, nos fuimos organizando, hasta que tiempo después, una noche, mi papá llegó a casa, con una sorpresa: una guapa y sonriente muchacha, Victoria, de dieciocho años (tres más que yo), originaria de Zacatecas. Pero no se trataba de una simple amiga suya, como supusimos. «Acabo de convencer a Victoria —nos anunció mi padre— para que se venga a vivir con nosotros, como niñera o... más bien, como encargada de la casa, a partir de hoy».

Nadie comentó nada, mientras que Victoria, sin abandonar su sonrisa forzada, se notaba nerviosa. Esa noche, después de su debut, preparándonos una rica cena, durmió en el sofá de la sala. Y al día siguiente, en la recámara de mis hermanas Rosa Isela y Luz Elena, en una cama nueva que compró mi padre.

Tanto mis hermanos como yo, la aceptamos con cierto recelo —no nos quedó más remedio—, como una extraña que mi padre, evidentemente y de tajo, nos estaba imponiendo, como sustituta de mi madre, no sólo en las labores de la casa; también —como muy pronto, al menos yo, lo sospeché— en su vida. Era evidente que se entendían. Ella se esmeraba en mantener la casa impecable, con ayuda de doña Pachita; y también en consentir a mi padre, cuando llegaba por las noches. Y luego de que mis hermanos y yo nos íbamos a dormir, ellos se quedaban platicando amenamente, hasta pasada la medianoche.

Poco a poco, Victoria se fue ganando nuestra confianza y cariño, hasta que una noche, mi papá —aunque ya ni hacía falta— nos confesó, tomando la mano de la nerviosa Victoria, ¡que se habían enamorado y que pronto se casarían! En ese mismo 1976, cuando ella ya estaba embarazada de Abraham, el primer hijo que tuvo con mi papá.

UNA JOVEN MADRASTRA

Y así fue, durante una ceremonia muy sencilla, en un juzgado, al que sólo asistimos mis hermanos y yo, igual que un amigo de mi papá y doña Pachita, como testigos.

De ese matrimonio llegaron después otros dos hermanos varones. Y luego uno más. Fueron tres en total, con los que integramos una nueva familia.

Para ese entonces, ya vivíamos en una nueva y más amplia casa, con cuatro recámaras: una para mi padre y Victoria, otra para mis hermanos y yo, una más para mis hermanas y, la más pequeña, para los tres nuevos hermanitos.

Al menos en mi caso, más que ver a Victoria como una madrastra o sustituta de mi madre, al ser casi de mi misma edad, para mí se convirtió en una amiga y hasta confidente, con la que compartía mis aspiraciones de llegar a ser un buen compositor. Más nos identificamos cuando, una vez, me reveló que ella también era admiradora de Juan Gabriel. Igual que mi padre (desde que me regaló la guitarra que aún conservaba), Victoria me animaba constantemente a cumplir mis sueños. Por las noches, muy entusiasmada, me pedía que le cantara mis composiciones. Algo que con mi madre nunca había sucedido.

DE VEZ EN CUANDO

Mi madre no nos abandonó por completo. Nos visitaba una o dos veces al año, llevando regalos para todos... menos para mi padre. En una de esas visitas, fue cuando, sin que se lo esperara, conoció a Victoria, ya como nueva esposa de mi papá. No pudo ocultar su sorpresa, el desacuerdo que le provocó, no precisamente verla como la nueva compañera de mi padre, sino como la nueva ama y señora de la casa que ella abandonó y como una segunda madre para nosotros, a pesar de su juventud.

Para ese entonces, la relación entre mis padres, lejos ya de las discusiones y agresiones mutuas de los últimos tiempos, se tornó cordial y civilizada, sin resentimientos. Hasta que, en una de esas visitas, mi madre, como era de esperarse, nos informó que tenía nuevo novio que le había propuesto matrimonio. Meses después, se casó en Los Ángeles con su nuevo amor, un zacatecano, con el que tuvo dos hijas.

5
COMO UN SUEÑO

Sin yo saberlo y, menos, proponérmelo,
el destino me había llevado hasta ahí.
No sabía que, a partir de entonces,
se desataría toda una serie de sucesos
que marcarían mi vida.

Volviendo a 1976, una noche, al salir de la tienda donde trabajaba, en vez de irme a casa o encontrarme con mi noviecita en turno, me fui a caminar sin rumbo fijo. Fui a dar al norte de Chicago y pasé por el legendario centro nocturno Aragón. Me detuve cuando me topé con un enorme cartel en el que se anunciaba un espectáculo en el que participarían Angélica María, Raúl Vale, María Victoria, Víctor Iturbe «el Pirulí», Adalberto Martínez «Resortes», el boxeador Raúl «Ratón» Macías, Pedro Weber «Chatanuga» y ¡Juan Gabriel!

Me atrapó la emoción. No me fijé en la fecha del estreno, pero ni falta hizo, porque en la esquina del lugar vi una enorme fila de gente, comprando sus boletos en la taquilla, mientras que otros esperaban que se abrieran las puertas. Me acerqué a una señora y le pregunté cuánto costaba el boleto: «Diez dólares»,me respondió. Sin pensarlo, me formé en la fila y compré mi boleto. Faltaban cuarenta y cinco minutos, para que comenzara el *show*.

Sin yo saberlo y, menos, proponérmelo, el destino me había llevado hasta ahí, justo en el momento en que estaba por dar inicio el espectáculo, del que ni me había enterado. No imaginaba que, a partir de entonces, se desataría toda una serie de sucesos que marcarían mi vida.

Entré al Aragón, ocupé mi asiento y percibí una atmósfera de júbilo y expectación, entre el enorme público que abarrotó el lugar. Comenzó el *show* que disfruté muchísimo, en medio de los aplausos de la gente, para cada uno de los participantes. El último en presentarse fue Juan Gabriel. Pero a él no sólo le aplaudieron más que a los demás. Al final de cada una de sus canciones, el público (incluido yo, por supuesto) lo ovacionaba y gritaba todo tipo de piropos y halagos, en medio de una histeria colectiva.

Ya lo había visto antes en vivo, en el Anfiteatro Internacional, pero de lejos. Ahora, más de cerca, pude percibir algo nuevo en él: su magia en el escenario. Esa magia de la que se valía para manejar al público que, emocionado, coreaba cada una de sus canciones, la entrega total de un verdadero artista. Más que nunca, me sentí orgulloso de ser su admirador, de tenerlo como mi ídolo y ejemplo a seguir. Supe por qué me había cautivado desde la primera vez que lo vi en una pantalla de televisión: ¡nadie como él, capaz de transmitir toda una gama de sentimientos y de una manera tan espontánea! Una magia muy especial que hacía que mi corazón latiera muy fuerte y que se me erizara la piel con cada uno de sus temas.

A UNOS CUANTOS PASOS

El espectáculo terminó y la gente comenzó a abandonar el lugar. Pero yo, tan extasiado me encontraba, que no me moví de mi asiento. Estaba como ido. Tanto así que, de repente, cuando me percaté de que el local ya estaba casi vacío, intempestivamente y sin pensarlo, como zombi, me acerqué al escenario. ¿Para qué? Estaba tan cerca de Juan Gabriel, a unos cuantos pasos... En mi ingenuidad, pensé que podría realizar mi sueño de conocerlo en persona y conseguir un autógrafo suyo. Dejándome llevar por uno de esos impulsos que, a veces, me invadían, intenté subir al escenario por una de las escalerillas laterales.

—¡Hey! ¡Hey, muchacho! —Escuché que alguien me gritaba. Fue entonces que reaccioné y me topé con uno de los encargados de seguridad que se me acercó.

—¿A dónde crees que vas?

No supe qué responder. Estaba como ido. El tipo me observó con extrañeza, seguramente pensando que estaba borracho o drogado.

—¿Estás bien? —me preguntó.

—Sí, señor. —Pude hablar por fin y lo único que se me ocurrió fue preguntarle si podía pasar a los camerinos.

—No. No puedes. ¡Claro que no puedes! —Fue su respuesta tajante, mientras que se me acercó, todavía más, y ya con su cara frente a la mía me ordenó—: A ver, sóplame.

Asustado, lo obedecí y le soplé en la cara. Se dio cuenta de que no traía aliento alcohólico, como seguramente pensó. Me tomó del brazo y me hizo dar la media vuelta.

—La salida es por allá. —Me señaló con su mano.

—Es que quiero ver a Juan Gabriel —le dije, tímidamente.

—Juan Gabriel ya no está aquí. Se fue inmediatamente, cuando terminó el *show*.

—¡Qué mala suerte! —exclamé, sin poder ocultar mi decepción—. ¡Ni modo!

—¿Querías un autógrafo? —me preguntó.

—No… Yo conozco a Juan Gabriel —le mentí—. Bueno, no somos amigos, pero él también me conoce… Más bien —se me ocurrió decirle en ese momento, haciéndome el importante— quería enseñarle unas canciones que compuse, para que me dé su opinión.

El tipo me lanzó una mirada de escepticismo.

—Entonces, tú también eres compositor —me dijo con evidente burla que, en vez de intimidarme, me envalentonó.

—Sí —le presumí, orgulloso—. Ya me publicaron tres letras de mis canciones en una revista.

—¿Y ya por eso crees que Juan Gabriel va a tener tiempo para recibirte y que le muestres tus canciones? ¡Ni ha de acordarse de ti!, en caso de que, según tú, ya lo conozcas.

Me sentí un reverendo estúpido. No le respondí. Simplemente le lancé una mirada de desprecio que, al parecer, a él le divirtió.

Y cuando me di por vencido, decidido a no hacer más el ridículo y marcharme de una buena vez…

—¿Sabes qué, muchacho? —Escuché de nuevo al tipo. Volteé y lo encaré, mientras él me miraba, sonriente—. Me caíste bien, aunque seas tan mentiroso. —Y soltó una carcajada—. Te voy a dar una información que ojalá te sirva. Pero sólo si me juras que no me vas a delatar.

—Lo prometo —le aseguré, muy serio y recuperando mi entusiasmo.

—Juan Gabriel y los demás artistas están hospedados en el hotel Midland. Así que córrele.

—¿El hotel Midland? —le pregunté, confundido. Nunca lo había escuchado—. ¿Sabe la dirección?

—No. Sólo sé que está en el centro, por la calle Adams.

Me fui y ni las gracias le di por el dato. Saliendo del Aragón, anoté el nombre del hotel y de la calle en un papelito.

Como eran casi las dos de la madrugada y ya no pasaban camiones, me fui caminando a mi casa, donde mi padre, alarmado por mi tardanza, me puso tremenda regañiza, por ni siquiera tomarme la molestia de avisar dónde andaba y llegar tan tarde. Me disculpé con él. En ese momento, Victoria salió de su recámara y, luego de que mi padre se fue a dormir, ella me llevó a la cocina y me ofreció un vaso con leche y un pan con mermelada. Aún emocionado, le conté que había ido a ver a ¡Juan Gabriel, Angélica María, María Victoria, Resortes…! «Ay, pues me hubieras avisado ¡y te acompañaba!».

«¿NOS DEJAS PASAR, MIJO?»

Al día siguiente, después de la desvelada, me desperté ya tarde, cerca de las diez. Decidí irme de pinta. Mi padre ya se había ido a trabajar y mis hermanos a la escuela. Victoria tampoco estaba. ¡Perfecto! Pensé que valdría la pena intentar de nuevo llegar hasta Juan Gabriel, a pesar de que lo veía difícil. Pero algo muy dentro, me animó. Fui a la sala y tomé el directorio telefónico. En las páginas amarillas, busqué la dirección del hotel Midland y la anoté en un papel. Tomé la mochila, donde guardaba mis útiles escolares, me la colgué en la espalda y salí disparado, para tomar un autobús.

Media hora después, llegué al hotel Midland. Muy seguro, me dirigí a la recepción y le dije al recepcionista que quería ver al señor Alberto Aguilera, el verdadero nombre de Juan Gabriel. El muchacho buscó en su libreta de registros.

—No. No tengo registrado a ningún Alberto Aguilera —me dijo, mientras seguía revisando—. Sólo tengo a un Alberto Valadez.

—¡Sí, es él! —exclamé entusiasmado—. Alberto Aguilera Valadez.

—¿Eres amigo suyo? —me preguntó, sin ocultar su desconfianza.

—Sí. ¡Somos amigos! —le aseguré.

—Y si son amigos… A ver, dime ¿quién es Alberto Valadez?

—¡Juan Gabriel! —respondí de inmediato.

El recepcionista se me quedó viendo. De mala gana, tomó el auricular de un teléfono, marcó y aguardó unos segundos.

—No contestan —me dijo muy complacido, levantando los hombros.

—¿Y no sabe dónde lo puedo encontrar?

—No, no sé. Y no puedes pasar. —Fue su respuesta—. Y tampoco puedes estar aquí.

—Pero es que... —Se me ocurrió otra mentira—. Vengo de parte del señor Esteban Velázquez, del programa *Viernes Espectaculares*. Le mandó unos papeles a Juan Gabriel y...

—Déjame los papeles y yo se los entrego.

—Es que el señor Velázquez me pidió que se los entregara personalmente.

—Pues entonces, espéralo en la calle. Ya te dije que no puedes estar aquí.

El recepcionista, ignorándome, se puso a revisar unos papeles, dejándome ahí parado, como si yo no existiera.

Lentamente, me dirigí a la puerta de salida. Ya en la calle, terco como siempre he sido, no me di por vencido, pensando en alguna otra forma de llegar hasta Juan Gabriel o, de plano, esperarlo ahí, para ver si salía en cualquier momento. Estaba tan cerca de conseguirlo.

Transcurrieron varios minutos, cuando, de pronto, vi que salió del hotel alguien a quien reconocí: el ya fallecido cantante Víctor Iturbe «el Pirulí», muy popular en ese tiempo. Armándome de valor, me le acerqué y, muy correcto, le pregunté:

—Disculpe, señor. Soy Martín Padilla y vengo de parte del señor Esteban Velázquez, del...

—¡Esteban! —exclamó Víctor Iturbe—. ¿Cómo está don Esteban?

—Bien... gracias —le respondí.

—Ah, pues salúdamelo mucho. Soy Víctor Iturbe, «el Pirulí» —se presentó humildemente, como si yo no supiera quién era.

—Sí, señor. Claro que sé quién es usted. Y lo admiro mucho —le dije, mientras él me ofreció su mano, estrechando la mía.

—¡Gracias, amigo!

Como fue muy amable conmigo, aproveché y me jugué una última carta.

—¿Sabe, señor Pirulí? El señor Velázquez me mandó para entregarle unos papeles a Juan Gabriel. Pero el de la recepción no me dejó pasar y...

—Está desayunando con María Victoria en el restaurante del segundo piso, muchacho —me informó, guiñándome un ojo—. Pero te aconsejo que subas por la escalera que está a un lado de la recepción, para que no te vean y llegues más rápido.

—Muchas gracias, señor.

Me dio una palmaditas en el hombro y se dirigió a un taxi que lo esperaba.

Desde afuera, dirigí mi vista a la recepción. Gracias a Dios, el patán del recepcionista estaba atendiendo a unos huéspedes. Aproveché el momento y caminé rápidamente a la escalera. Subí apenas un par de peldaños cuando, para sorpresa mía, al voltear hacia arriba, vi que ¡Juan Gabriel venía bajando con María Victoria colgada de su brazo!

Sin poderlo evitar, quedé paralizado. Y cuando pasaron junto a mí,

¡Juan Gabriel, vestido con una camisa floreada y un pantalón beige —lo recuerdo bien—, me sonrió!: «¿Nos dejas pasar, mijo?».

De la impresión de tenerlo frente a mí ¡y acompañado de la famosa María Victoria!, no reaccioné y sólo me quedé mirándolos, mientras que mi cuerpo entero comenzó a temblar. Quise decirle algo, pero un nudo en la garganta me lo impidió. Juan Gabriel, consciente de mi temblorina y nerviosismo, se mostró divertido: «Sí, mijo. La señora es la Criada Bien Criada». Y los dos se rieron.

Para acabarla de amolar, la temblorina me hizo perder el equilibrio, trastabillé y me fui para atrás, cayendo de espaldas sobre los dos peldaños que había subido. Juan Gabriel, alarmado, soltó a María Victoria y se colocó en cuclillas a mi lado.

—¿Estás bien? —me preguntó.

Tragué saliva y, por fin, pude hablar, mientras que María Victoria me miraba, preocupada.

—Sí… Gracias.

Juan Gabriel se puso de pie, me tomó por el codo y me ayudó a levantarme.

—¿Seguro?

—Sí.

Me lanzó una sonrisa y estiró su brazo, para tomar la mano a María Victoria. En eso, ya los tres al pie de la escalera, el recepcionista apareció ahí, mirándome con evidente enojo.

—¿Y tú qué haces aquí? —me echó en cara y, luego, cambiando el tono de su voz por uno más amable, se dirigió a Juan Gabriel—. Perdón, señor. Me dijo que era su amigo. Yo le llamé a usted a su habitación, pero como nadie me respondió…

Juan Gabriel se mostró contrariado.

—¿Y por qué no me voceaste o mandaste a alguien a que me buscara?

¿Así tratan aquí a los amigos que vienen a visitar a un huésped?

—Es que pensé que era uno de esos fanáticos que…

—Pues fanático o no, ya te dije que es mi amigo.

—Está bien, señor. —Se dio por vencido el hombre—. Discúlpeme.

El recepcionista no tuvo más remedio que retirarse. Luego, Juan Gabriel me miró de nuevo, con cierta complicidad, lo cual hizo que me tranquilizara un poco más. Nunca pensé que al tener tan cerca a mi ídolo, por primera vez, él se comportaría de esa manera tan sencilla y cordial.

—¡Ah! ¿Viniste a buscarme a mí y eres mi amigo? —me preguntó, con ironía.

—Sí, Juan Gabriel —le respondí, más tranquilo, bajando la cabeza—. Es que quería ver si usted…

—Pues si dices que eres mi amigo, por principio de cuentas, para ti soy Alberto —me aclaró—. Alberto Aguilera. Y no me hables de usted… ¿Para qué querías verme?

—Es que… anoche fui al Aragón y quería pedirle… perdón… Quería pedirte un autógrafo, pero… no me dejaron pasar a tu camerino. El guardia de seguridad me dijo que ya te habías ido.

Aún tomado de la mano de María Victoria, me la presentó, como si yo no la conociera.

—Ella es doña María Victoria. Sabes quién es, ¿verdad?

—¡Claro!

—Una de las mejores cantantes y actrices de México. ¡Y yo la quiero mucho! —dijo con enorme orgullo, plantándole un beso en la mejilla a la señora—. ¡No desperdicies la oportunidad! ¿Traes algún papel para que te dé su autógrafo? ¡Es más importante que el mío! ¡Vale mucho más! —me aconsejó, mientras María Victoria sonreía, para luego devolverle el beso a Juan Gabriel.

—Déjalo, Alberto —le dijo—. El muchacho vino por un autógrafo tuyo, no por el mío.

Me descolgué la mochila, la abrí y saqué de ella un cuaderno y un bolígrafo que le entregué a María Victoria.

—¿Cómo te llamas? —me preguntó ella.

—Martín. Martín Padilla.

Y mientras María Victoria me escribía su autógrafo, sintiéndome más en confianza y dándome importancia, para no parecer un simple fanático, se me ocurrió comentarle a Juan Gabriel acerca de mis aspiraciones como compositor. No podía dejar pasar esa oportunidad que, quizás, no volvería a presentarse.

—Es que además del autógrafo, quería hablar con usted... Perdón... contigo.

Juan Gabriel se quedó callado, mirándome con desconcierto.

—¿Y de qué quieres hablar conmigo? Respiré hondo y le respondí:

—Es que yo también soy compositor —le dije, humildemente, mientras él me seguía observando—. Bueno, no como tú, claro. Soy apenas un principiante, pero ya tengo varias canciones.

Juan Gabriel no hizo ningún comentario, mientras que María Victoria me devolvió mi cuaderno y el bolígrafo. Yo, groseramente, lo reconozco, en mi nerviosismo, no me tomé la molestia de leer su autógrafo.

—¡Lee lo que la señora te escribió! —me ordenó Juan Gabriel y yo lo obedecí: «Con cariño para Martín de su amiga María Victoria, la Criada Bien Criada».

—Muchas gracias, señora —le dije, emocionado—. Es usted muy amable.

Ella simplemente me sonrió. Juan Gabriel la tomó de nuevo del brazo y dieron unos pasos. Yo me quedé ahí parado, pensando que ya se iban, hasta que él volteó hacia mí.

—No te quedes ahí. Ven. Vamos a mi habitación para que me ayudes a terminar de hacer mi equipaje y, mientras, me cantas una de tus canciones.

«PARA EMPEZAR, TIENES QUE ESTAR ENAMORADO»

Nos separamos de María Victoria, quien se dirigió al *lobby*. Y yo seguí a Juan Gabriel, hasta el elevador, cargando mi mochila todavía más nervioso y hasta asustado. ¿Acompañarlo a su habitación? La verdad, vinieron a mi mente ciertos rumores que ya había escuchado acerca de sus preferencias. O quizás, él me estaba confundiendo y podría pensar que mi interés de conocerlo en persona iba por otro lado: que eso de pedirle un autógrafo o hablarle de mis letras eran simples pretextos. Pero después de cómo se había portado conmigo, no podía negarme. Tampoco podía desperdiciar esa oportunidad. Me hubiera visto ridículo y él hasta podría ofenderse.

Ya en el elevador, le confesé:

—No soy buen cantante ni sé mucho de música... No tengo problemas para escribir las letras, pero sí con las tonadas...

—Con las melodías —me corrigió.

—¡Eso! ¡Con las melodías!

—¿Quieres que te pase un *tip*?

—¡Claro!

—Para empezar, tienes que estar enamorado.

—Enamorado estoy —le respondí, trayendo a mi mente el recuerdo de Nancy, la alemana.

—¡Enamorado de la música! —me aclaró.

6
FRENTE A FRENTE

No basta con escribir simples letras,
si no tienes ni la mínima idea de la melodía...
¿Para qué sirven letras sin melodía?

Llegamos a la habitación de Juan Gabriel. Una habitación sencilla, con una cama *queen size*, un tocador con su banco, un servibar y una pequeña mesa redonda, flanqueada por dos sillas, en una de las cuales me invitó para que me sentara. Él hizo lo mismo, sobre la mesa, frente a mí. Mientras que yo aprisionaba mi mochila, colocada sobre mis piernas, como si se tratara de un escudo.

Él me observaba en silencio, advirtiendo, un tanto divertido, los nervios que me provocaban su proximidad, su mirada escrutadora. No era sólo el hecho de encontrarme a solas con él. Más bien, lo inesperado de la situación: de repente y sin que yo me lo hubiera imaginado, estar frente al ídolo que tanto admiraba, en su habitación.

—¿Quieres tomar algo? —me preguntó y, sin esperar mi respuesta, se acercó al servibar, de donde sacó dos botellas pequeñas de agua mineral que colocó sobre la mesa. Luego, intempestivamente, tomó mi mochila y, para desconcierto mío, la abrió y esculcó en ella, como si nada.

—Tranquilo. No te voy la voy a robar —me dijo con burla—. ¡Relájate!

Sólo me dio curiosidad ver qué traes aquí.

Volvió a cerrar la mochila y la aventó sobre la cama. Destapó las dos botellas y me ofreció una; él se quedó con la otra y volvió a sentarse sobre la mesa, de nuevo frente a mí.

—Me caíste bien —me dijo, recobrando su seriedad—. Por osado…

¿Qué tanto le inventaste al de la recepción para que te dejara pasar?

—Nada —le respondí, aún nervioso y desconcertado.

—¿Nada? —me cuestionó—. ¿Que somos amigos?

Lanzó una leve carcajada y, de nuevo, durante unos instantes, se quedó observándome. Yo, apenado y desviándole la mirada, di un trago a mi agua mineral. Tenía la boca seca.

—¿Tan importante era para ti conocerme en persona y pedirme un autógrafo?... ¡Ah! ¡Claro! ¡También querías contarme que eres compositor!

Por fin levanté la vista y lo miré a los ojos.

—No es sólo eso —le aclaré, tímidamente—. Aparte de conocerte en persona y que me dieras tu autógrafo, yo…

—¿Tú qué?

—Quisiera llegar a ser como tú… Y que me des algunos consejos.

Sólo levantó las cejas, pero no dijo nada. Se puso de pie. Dio un sorbo a su agua mineral y, luego de dar unos pasos, de ida y de regreso, se sentó de nuevo sobre la mesa, para mirarme otra vez a los ojos.

—¿Te confieso algo? Me recuerdas mucho a mí mismo cuando tenía tu edad —me dijo, sonriente y con un dejo de nostalgia—. ¡Hasta creo que físicamente te pareces a mí!

Se quedó pensativo y continuó:

—Desde chamaco, yo soñaba con conocer en persona a varios artistas… Por ejemplo, a José Alfredo Jiménez… Decirle lo mucho que lo admiraba y, también, pedirle consejos.

—Lanzó un suspiro y volvió a mirarme—.

¿Cuántos años tienes?

—Quince.

—¿Y cómo dices que te llamas?

—Martín. Martín Padilla.

—Pues sí, Martín… A tu edad, admiraba mucho a José Alfredo. Lo sigo admirando. Y un día, cuando tuve la suerte de conocerlo en persona y cruzar unas cuantas palabras con él, igual que tú ahora lo haces conmigo, le pedí consejos y él me dio el mismo *tip* que te acabo de dar: que lo primero es estar enamorado de la música.

GUARDANDO ROPA

Durante un rato más, siguió compartiéndome detalles de sus encuentros con José Alfredo Jiménez, como el momento en que este le confesó que a él le hubiera gustado componer *Se me olvidó otra vez*, uno de los éxitos de Juan

Gabriel. «¡Imagínate lo que sentí! El rey, diciéndome eso… Y en otra ocasión, cuando me dijo que cuando se muriera, ¡yo sería su sucesor!».

Yo lo escuchaba atento y fascinado, relajándome con su relato, imaginándome las escenas que me describía, hasta que, de repente, miró su reloj de pulso y se levantó de la mesa.

—¿Me ayudas con mi equipaje?

—¡Claro! —le respondí, mientras me pregunté ¿cómo era posible que un artista de su nivel no contara con un asistente personal, para encargarse de esos detalles?

—A ver, cántame una de tus canciones —me pidió, de pronto, mientras acomodaba su ropa en la maleta.

Me agarró en curva. ¿Cantarle una de mis canciones al mismísimo Juan Gabriel? Los nervios me invadieron de nuevo. Me quedé inmóvil, como tonto. Ahora era yo el que lo observaba.

—¿Qué pasó? ¿No que eres compositor? —me dijo con sarcasmo.

Igual de nervioso, y más sintiendo que se estaba burlando de mí, lo único que se me ocurrió fue abrir mi mochila, de la que saqué un cuaderno, donde tenía escritas unas letras de mis canciones. El mismo cuaderno en el que María Victoria me había escrito su autógrafo. Lo abrí en dos de las hojas, donde se encontraban cuatro de las letras, y se lo entregué.

—Son algunas de mis canciones. Bueno… —rectifiqué—. Algunas letras.

Él, con desgano y sin gran interés, leyó apenas y rápidamente fragmentos de mis letras. Finalmente, cerró de nuevo el cuaderno y me lo devolvió.

—A ver… Cántame algo.

—Pero es que yo no soy cantante —le expliqué, apenado—. Sólo quería mostrarte las letras… Ahorita no me acuerdo bien de las tonadas.

—¡Las melodías! —me corrigió de nuevo—. Ya te lo dije. Apréndete eso, para empezar.

Con cierto hastío, respiró hondo y meneó la cabeza.

—Mira, mijo, te voy a dar otro consejo: antes de considerarte compositor, lo primero que debes hacer, luego de crear una letra, es ponerle melodía. De nada sirve escribir sólo letras, si no tienes ni la mínima idea de la melodía.

¿O quieres ser simple letrista? ¿Para qué chingados sirven letras sin melodía? Lo ideal es hacer las dos cosas. Mététela en la cabeza. —Y me dio unas palmaditas en la frente.

RETRASO INESPERADO

Me desconcertó que, de repente, aunque no supe exactamente en qué momento, Juan Gabriel había abandonado su trato amable y sencillo. Guardé el cuaderno en mi mochila, que me coloqué en la espalda.

Salimos de la habitación y, mientras caminábamos por el pasillo, Juan Gabriel, delante de mí (y yo siguiéndolo con paso más lento), me explicó con cierta arrogancia:

—Perdóname, mijo, pero ahorita ya no tengo tiempo ni ganas para ponerme a leer tus letras. La verdad, me da flojera. No me lo tomes a mal. Además, me están esperando en el *lobby*. Pero, bueno, algún día, si te aplicas y, para empezar, memorizas tus letras y les pones música, si como dices, eres «compositor»—me echó en cara otra vez—, te voy a explicar mejor cuáles son los pasos para componer como se debe. Eso, claro, si en realidad tienes talento.

Desanimado, no hice ningún comentario. Yo, que en algún momento ya casi me había creído amigo suyo, me sentí ridículo. Tomamos el elevador —donde no me dirigió la palabra ni yo a él— y llegamos al *lobby*. Ahí se encontraban otros artistas del grupo, todos con sus maletas y listos para partir rumbo al aeropuerto.

Fue en ese momento cuando vi, por primera vez, más de cerca a una hermosa Angélica María, acompañada de su entonces marido, Raúl Vale. Quizás en otro momento me le hubiera acercado para pedirle un autógrafo, pero tan desconcertado me encontraba que ni me lo planteé.

En eso, apareció el empresario, Arnulfo Delgado (el que organizó la caravana), para informarles a todos, muy apenado: «Perdón, muchachos, fue culpa mía y de mi gente. Mil disculpas por el inconveniente. Nos equivocamos con la hora del vuelo. No es a las cinco de la tarde, sino hasta las nueve de la noche».Casi todos se miraron unos a otros, sin ocultar su contrariedad y molestia. «Pero no se preocupen. Afortunadamente, para no estar esperando horas en el aeropuerto, me acabo de arreglar con los del hotel y podemos quedarnos hasta las seis de la tarde. Así que, si quieren irse a descansar otro rato, comer algo o dar una vuelta por ahí…».

Después de que casi todos, ya resignados con el retraso, regresaron a sus habitaciones o se fueron al restaurante, Juan Gabriel le pidió a un *bellboy* que regresara sus maletas y los portatrajes a su habitación. Luego, le propuso a María Victoria: «Pues vámonos de *shopping* por aquí cerca, ya que no tuvimos tiempo».

COMO PERRITO SIN DUEÑO

Se dirigieron a la calle. Y yo detrás de ellos. Luego del repentino cambio de Juan Gabriel conmigo y de sentir que estaba sobrando, me despedí.

—Bueno, yo me voy.

—¿No nos acompañas? —me preguntó María Victoria, sin que Juan Gabriel dijera nada—. ¡Ándale! —insistió con una encantadora sonrisa.

El detalle de la señora, al tomarme en cuenta, hizo que me sintiera mejor y, sin esperar mi respuesta, se colgó del brazo de Juan Gabriel y comenzaron a caminar. Y yo, detrás de ellos, sin que ninguno volviera a dirigirme la palabra.

Caminamos varias calles y llegamos a una gran tienda de ropa. Ahí, Juan Gabriel se compró un suéter blanco y dos camisas. También, un bonito bolso de piel (negro con blanco) que le regaló a María Victoria, quien lo recibió muy complacida. Mientras, yo los seguía, ya cansado, sintiéndome como perrito sin dueño, como un cero a la izquierda.

Como unos cuarenta y cinco minutos después, salimos de la tienda.

—¿Nos ayudas con las bolsas, mijo? —me pidió Juan Gabriel. Y por supuesto accedí, cargando, incluso, la de María Victoria, con una blusa y unas mascadas que se había comprado, además de la otra, con el bolso de piel.

Regresamos al hotel. En el *lobby* estaban sentados varios de los artistas, muy entretenidos, contando chistes, algunos bebiendo y fumando. Busqué con la mirada a Angélica María, decidido, ahora sí, a pedirle un autógrafo. Pero ya no estaba en el grupo.

Juan Gabriel y María Victoria se acercaron a una esquina del *lobby*, donde estaba sentada una señora muy guapa y distinguida. Según supe después, viuda del gran compositor mexicano Luis Alcaraz. Y por fin, luego de más de una hora en que ninguno de los dos me había tomado en cuenta (sólo cuando él me pidió que les cargara sus bolsas), gracias a que la señora elegante me lanzó una mirada y una leve sonrisa, preguntándose, seguramente, quién era yo, Juan Gabriel reaccionó.

—Ah, Paz… Mire, es un amiguito de Chicago y aspirante a compositor. —Y se dirigió a mí—. ¿Cómo me dijiste que te llamas?

—Martín Padilla.

La señora me sonrió de nuevo:

—Mucho gusto, Martín. —Y yo, después de colocar las bolsas sobre un sillón, me le acerqué y la saludé de mano.

—Es mi representante, María de la Paz Alcaraz. —Me la presentó Juan Gabriel. Acto seguido, de una de las bolsas sacó el bolso que le había comprado a María Victoria.

—¡Mire lo que le compré a María! —le presumió a la señora Alcaraz, mostrándole el bolso.

—¡Ay! ¡Qué hermoso! —exclamó la representante, observándolo—. ¡Yo quiero uno así!… ¿Dónde queda la tienda?

Como todavía había tiempo, Juan Gabriel se ofreció a llevarla y ella aceptó, encantada. Se dirigieron a la puerta. Y yo, otra vez me quedé ahí parado. María Victoria, me miró: «¡Alcánzalos, muchacho!». Rápidamente, me despedí de ella, agradeciéndole de nuevo su autógrafo y corrí hacia la puerta. Ya en la calle, me acerqué a Juan Gabriel.

—Ahora sí me voy… Gracias por todo.

—*Okey* —me respondió él, dándome la mano—. Que te vaya bien. Regreso el 31 de diciembre. Me buscas.

—Claro, yo te busco.

PROPUESTA REPENTINA

Caminé hacia la esquina, para tomar un autobús, cuando escuché que Juan Gabriel me llamaba a gritos:

—¡Martín, Martín! Corriendo, me acerqué a él.

—¿No se supone, según tú, que me buscaste para que te diera un autógrafo?

—Ah, pues sí.

—¿Y dónde te lo escribo?

Rápidamente, abrí mi mochila y saqué el mismo cuaderno, junto con el bolígrafo. Los tomó, abrió el cuaderno, buscó una hoja en blanco y me escribió: «Para Martín. Tu amigo siempre». Y su firma: «Juan Gabriel».

A pesar de sus desplantes y la petulancia con la que me trató al final, esas simples palabras y su firma, como por arte de magia y de un momento a otro, me hicieron recuperar mi entusiasmo. ¡Una prueba de que había conocido en persona a mi ídolo! ¡Mi amigo siempre!, como él mismo lo había escrito.

Una vez más, volvió a observarme muy serio, mientras que yo guardaba el cuaderno en mi mochila.

—Quiero decirte algo que se me acaba de ocurrir —me dijo, mirándome fijamente a los ojos—. ¿No te da curiosidad saberlo?

—Sí, claro —respondí, desconcertado.

—Te quiero proponer trabajo, claro, si te interesa. ¿Por qué no te vienes conmigo?

Lógicamente, la inesperada propuesta me dejó perplejo. Me quedé callado sin entender, sin saber si estaba hablando en serio o se trataba de una broma. Si apenas acababa de conocerme.

—Como mi asistente —me aclaró—. Vamos a Texas, El Paso y San Antonio. Luego a Los Ángeles y San Diego. Te ofrezco hospedaje, comidas y un sueldo. Sólo serán dos semanas.

Seguí atónito, pensando mil cosas que revoloteaban por mi mente, sin tiempo para responderle, así, de repente. ¡Acompañarlo durante dos semanas! ¡Estar cerca de él y de ese ambiente que tanto me atraía!

—Pero respóndeme ahorita —me apresuró—. Te dejo dinero para que te compres tu boleto de avión y me alcances en El Paso. O déjame ver con el empresario si todavía pueden conseguirte un lugar en nuestro vuelo.

—Es que…

—Es que ¿qué? ¿Puedes o no? —insistió con cierto fastidio. Lo que más hubiera querido era responderle que sí, que aceptaba—.

Mijo, ¡no tengo tu tiempo! ¿Sí o no?

—Este... No. No puedo —le respondí finalmente—. No puedo dejar la escuela ni mi trabajo, durante tanto tiempo. Y no creo que mi papá me dé permiso.

—Ah. Pues ni modo —me dijo con indiferencia—. Siendo así, ya será en otro momento. Entonces, nos vemos el 31 de diciembre.

Di apenas unos pasos y me detuve. Estaba ante una nueva encrucijada en mi vida. Se trataba de algo que ni siquiera me había atrevido a soñar. Todo era tan repentino. Pero... Sólo serían dos semanas. Podría inventar algo en la escuela y en el trabajo... convencer a mi padre, explicarle que se trataba de ¡una gran oportunidad! ¡No podía dejarla pasar! En un arranque, me decidí. Volteé hacia la entrada del hotel y vi que Juan Gabriel y la señora Alcaraz abordaban un taxi que arrancó.

DEMASIADO TARDE

Transcurrieron cerca de dos horas en las que tuve tiempo de sobra para analizar mi decisión. Hasta pensé en llamarle por teléfono a Victoria, para contarle y que me ayudara a convencer a mi padre, ponerlo en antecedentes.

Muerto de hambre (no había comido nada desde el desayuno) caminaba hacia la esquina y luego regresaba a la entrada del hotel. En una de esas vueltas, vi que los artistas del grupo salían del Midland, con varios *bellboys*, cargando maletas que guardaban en diferentes camionetas, estacionadas frente al hotel. Pero Juan Gabriel y la señora Alcaraz, ni sus luces. «Demasiado tarde», pensé, cuando vi a la señora María Victoria a punto de abordar una de las camionetas. Me le acerqué y le pregunté por Juan Gabriel. Ella, amable como siempre, me respondió:

—¡Huy, muchacho! Ya ha de estar en el aeropuerto. Yo estaba preocupada porque ni él ni María de la Paz aparecían, pero el señor Delgado me dijo que llamó para ordenar que bajaran sus maletas, que las guardaran en una de las camionetas y que nos veíamos en el aeropuerto. Apenas vamos a tiempo. ¿Quieres que le dé algún recado?

Hasta entonces me di cuenta de que ya eran casi las seis de la tarde. Habían transcurrido varias horas desde mi llegada al Midland y con todo lo sucedido, perdí la noción del tiempo.

—No, señora —respondí descorazonado—. Muchas gracias.

Subió a la camioneta y yo me quedé ahí parado. Triste, pero al mismo tiempo sintiéndome liberado de la tentación, quitándome un gran peso de encima. Como siempre decía mi madre: «Todo sucede siempre por algo».

7
VUELTA A LA REALIDAD

Pensaban que me había vuelto loco.
Pero cuando les mostraba el autógrafo,
no les quedaba más remedio que creerme y,
al igual que me sucedió a mí,
lo que más les impactaba era la frase
«tu amigo siempre».

Fue hasta que llegué a mi casa, a punto del anochecer, cuando, encerrado en mi recámara, hice un recuento de cada una de los momentos vividos ese día. Los buenos y los malos.

Ya con calma y analizando las cosas, pensé que quizás, en algún momento y sin que fuera mi intención, había ofendido a Juan Gabriel, sin darme cuenta, cuando le dije que ¡yo también era compositor! «¡Idiota, mil veces idiota!», me regañé a mí mismo. En mi ingenuidad, aunada a mi nerviosismo, pensé que, quizás, había echado a perder el encuentro. Por otro lado, quise justificarlo, cuando, en forma altanera, me dijo que le daba flojera darle una revisada a mis letras, las letras de un principiante, un fanático. ¿No habría sido una falta de respeto de mi parte?, ¿un atrevimiento? Sí. ¡Eso debió ser! Por eso, luego, cambió de repente conmigo.

Pero ¿y entonces? ¿Por qué, cuando ya me había despedido, él mismo me recordó que, supuestamente, lo había buscado para que me diera su autógrafo? ¡Y lo que me escribió en mi cuaderno: «tu amigo siempre»! ¡Y ofrecerme trabajo como su asistente durante dos semanas!

Nunca entendí. Por más que pensaba y pensaba, nunca supe si fue mío el error, por imbécil, o si así era él. Después de todo, un genio. El genio que yo seguía admirando, con sus virtudes y defectos, como los de cualquiera.

Sumido en mis pensamientos contradictorios, fue Victoria la que me sacó de ellos, cuando tocó la puerta de mi recámara y entró para preguntarme si ya había cenado.

—¿Te pasó algo, Martín? —me cuestionó, preocupada, seguramente, al notarme extraño.

—Me pasó de todo, Victoria. Si te contara… No me lo vas a creer. Alarmada, se sentó a mi lado y me solté relatándole, paso a paso, la crónica de ese día: ¡mi encuentro con Juan Gabriel!

Me escuchó atentamente, emocionada por momentos, enojada después. Hasta que le mostré el autógrafo en el cuaderno, como prueba de que era cierto todo lo que le había relatado. Sorprendida, leyó el autógrafo y luego me abrazó y me llenó de besos.

—Finalmente y como sea —opinó—, ¡conseguiste conocerlo en persona!

LA VIDA SIGUE

Fueron tantas las cosas que me sucedieron ese día que, después de la cena con la familia completa —y de que, claro, por petición de Victoria, les repetí la crónica del día a mi padre y a mis hermanos—, terminé agotado y, al regresar a mi cama, caí como tronco.

Al día siguiente, igual que el anterior, me desperté ya muy tarde. Presuroso, ya ni tiempo me dio de darme una ducha. Me vestí, me bebí un vaso con jugo de naranja que me ofreció Victoria, y como ya era demasiado tarde para ir a la escuela, me fui directo a La Campana, la tienda donde trabajaba, según yo, para reponer parte de las horas que le debía a don Joel, el dueño, por no haber asistido el día anterior.

Cuando entré a la tienda, don Joel estaba ahí, atendiendo a una clienta. No quise interrumpirlo y ni siquiera lo saludé. La miradita que me lanzó fue suficiente para entender que estaba molesto. Me coloqué mi mandil, tomé una escoba y me puse a barrer.

Al poco rato, don Joel se me acercó y me arrebató la escoba.

—Perdón, señor, por no haberme presentado ayer. Es que…

—Es que nada. Aquí se te paga por trabajar. No para desaparecerte cuando te dé la gana y, menos, sin avisar.

—Deje que le explique —casi le supliqué.

—No hace falta, Martín. Sea lo que sea, no me interesa. Viviendo tan cerca, bien pudiste avisar o mandar a uno de tus hermanos o a tu madrastra. Aquí no haces falta. Te pago lo que te debo y búscale por otro lado.

Entendí que era inútil insistir en darle una explicación o, más bien, inventarle alguna excusa. Salí de ahí con los pocos dólares que me debía y sin empleo.

EL AMIGO DE JUAN GABRIEL

A la primera que le di la mala noticia fue a Victoria. Ella, comprensiva y animosa, me dijo que no me preocupara. Pero ¿cómo no preocuparme? Aunque no era mucha mi contribución para los gastos de la casa, ya me había acostumbrado a ganar mi propio dinero y pagar parte de mi colegiatura.

Y aunque a diario, después de asistir a la escuela, me puse a buscar trabajo, en esta ocasión no fue tan fácil. Desanimado y cansado, pero sin darme por vencido, llegaba ya noche a mi casa, para seguir practicando con la guitarra e intentar ponerle la melodía a mis letras. Una vez que conseguía hacerlo con alguna estrofa, repetía hasta el cansancio esa melodía, siguiendo también los consejos que me había dado Joan Sebastian, con respecto a la estructura de cada tema.

Nuevamente, mi amigo Jesús me ayudó, ahora, hasta viéndome con cierta admiración, luego de que a él también le conté mi experiencia con Juan Gabriel. Al igual que varios compañeros del *high school*, al principio no me creyó y, como todos, hasta se burló de mí. «Sí, Martín... Sigue soñando». Al tanto de que Juan Gabriel era mi ídolo, pensaban que me había vuelto loco, que era un mentiroso. Ah, pero cuando les mostraba el autógrafo de Juan Gabriel en mi cuaderno, no les quedaba más remedio que creerme y, al igual que me sucedió a mí, lo que más les impactaba era la frase: «tu amigo siempre».

Gracias a una amiga que estaba enamoradísima de Juan Gabriel y que era medio chismosa, me hice famoso. Llegaron a identificarme como «¡el amigo de Juan Gabriel!», como si se tratara de un acto heroico que me trajo consigo cierto respeto.

Fueron apenas un par de semanas en las que estuve desempleado, hasta que, por fortuna, conseguí un nuevo trabajo, aunque sólo los fines de semana, como lavaplatos en el restaurante Trader's Vic, donde, luego, logré un ascenso como ayudante de mesero. Con el dinero que ganaba (un poco más de lo que don Joel me pagaba en su tienda, trabajando diario),además de ayudarle a mi padre con unos cuantos dólares, el resto, como lo había planeado, lo gastaba en ropa, revistas musicales y discos de los cantantes de moda, como Juan Gabriel, por supuesto.

¡FELIZ AÑO NUEVO!

Aunque ya sabía que Juan Gabriel —tal como él mismo me lo había informado, regresaría a Chicago para presentarse el 31 de diciembre—, no pude evitar emocionarme de nuevo cuando, desde principios de ese diciembre, en la radio anunciaron un gran baile de fin de año en un gran salón. El elenco: dos grupos locales —de los que ya ni recuerdo su nombre—, el entonces muy popular grupo de Los Humildes y como gran cierre estelar, ¡Juan Gabriel!

Gracias a mis ahorros, compré mi boleto en una mesa, ya no tan alejada del escenario, ¡sino en una de pista! Llegó el esperado día y ahí estuve más que puesto, con mi primer y flamante traje.

Comenzó el *show* de los grupos, incluido el de Los Humildes. Al terminar, mientras comenzaban los preparativos para la presentación que todos estábamos esperando, apareció en el escenario el locutor para anunciar que el inicio del nuevo año estaba a punto de comenzar con el tradicional conteo: «Diez, nueve, ocho, siete…». La gente se puso de pie y lo que antes era la pista de baile, ahora era un mar de cabezas. Todos se abrazaban y casi a coro se escuchaba el clásico «¡feliz Año Nuevo!». Y yo, sentado en mi mesa de pista, solo, no tenía a quien abrazar ni quien lo hiciera conmigo. Sentí nostalgia, cuando pensé en mi familia. Seguramente, mi padre, Victoria y mis hermanos también estarían abrazándose. Era la primera vez que no celebraba el Año Nuevo con ellos.

Después de varios minutos de abrazos y más abrazos, mientras que un grupo de técnicos preparaba el escenario, colocando un montón de micrófonos, se escuchó la voz del locutor: «¡Damas y caballeros, llegó el momento esperado! ¡Qué mejor manera de iniciar 1977 con el talento y presencia de todo un ídolo! ¡Juan Gabriel!».

Y apareció un mariachi local de Chicago, el Imperial, que interpretó un popurrí de temas de Juan Gabriel, quien, minutos más tarde, salió al escenario, jovial y sonriente. Los aplausos y gritos no se hicieron esperar, mientras que Juan Gabriel lanzaba besos al aire y rozaba fugazmente la mano de las personas que estábamos en primera fila.

¡SE ACORDÓ DE MÍ!

Durante más de dos horas, interpretó su repertorio de éxitos y, ya casi para terminar, cuando se despidió y agradeció su asistencia al público, interpretó un último tema. Aprovechando la algarabía y revuelo entre el público, logré burlar a los encargados de seguridad que se encontraban al pie del escenario y que, igual de embelesados con la última canción, ni me vieron, hasta que llegué a una orilla del escenario, escondiéndome detrás de una cortina.

Minutos después, Juan Gabriel terminó su *show* y, de nuevo, muy contento y emocionado, aventando besos, pasó junto a mí, pero ni me vio. Ya tras bambalinas, quise seguirlo, para saludarlo, pero dos de los guardias me detuvieron. Uno de ellos me tomó por el brazo, mientras que el otro se me paró enfrente, impidiéndome el paso. Gracias a Dios, por ahí pasó, presurosa y atareada, la señora María de la Paz, quien, seguramente, me reconoció y les ordenó que me soltaran. Los guardias la obedecieron y se acercó a mí. Sin decirme nada, simplemente me ofreció su mano y me llevó al área de camerinos, donde, entre guardias y público, se encontraban como treinta personas. Juan Gabriel incluido. Ahora sí, al notar mi presencia, me saludó con un afecto que me desconcertó, como si fuéramos amigos de años.

—¡Huy! ¡Pero qué elegante, Martín! —Fue lo primero que me dijo. ¡Se acordó de mi nombre! y, además, ¡me dio un abrazo!—. ¡Feliz año! ¿Ya te aprendiste de memoria tus canciones?

Cuando iba a responderle, se le acercaron más personas para felicitarlo. Él simplemente les sonreía y asentía con la cabeza, con la señora María de la Paz a su lado, a quien le preguntó:

—¿Está listo el carro?

—Sí —le respondió ella.

—Pues vámonos.

Y en ese momento, me dijo al oído y en secreto:

—Estamos en el Holiday Inn de la Madison.

Varios guardias lo escoltaron a él y a la señora Alcaraz, abriéndoles paso, hasta una de las puertas de salida. Yo, al igual que otros, salimos también por la misma puerta. Ya en la calle, vi cómo se alejaba el auto en el que iba Juan Gabriel con la señora Alcaraz, siguiendo a una patrulla que le abría el paso.

Eran casi las tres de la madrugada, cuando, dispuesto para dirigirme al Holiday Inn y seguir la fiesta, esperé en vano que apareciera un taxi. Claro, todo el mundo, hasta los taxistas, estarían festejando con los suyos. No me quedó más remedio que irme caminando a casa. Un largo recorrido. Casi dos horas.

8
LA PASIÓN

Eso que nos hace vivir,
eso que nos motiva a hacer algo,
para lograr que suceda.
Pero hacerlo bien, con el alma, con el corazón…
Y conseguir ese detalle que nadie ve,
pero que luego van a percibir.

Ese primero de enero de 1977, era sábado. Me bañé, me arreglé, desayuné con mi familia y, aún emocionado, les conté del *show* de Juan Gabriel de la noche anterior, pero, sobre todo, ¡que él se había acordado de mí! Y que, ya sin necesidad de andarlo persiguiendo, ¡él mismo me había dicho que estaba hospedado en el Holiday Inn!, a donde ya no pude llegar la noche anterior. «Pero no voy a perder la oportunidad ¡y me voy directo para allá!».

Victoria y mis hermanos me escuchaban sorprendidos con el relato, pero me di cuenta de que mi papá se mostraba indiferente y pensativo, sin hacer ningún comentario.

«¿POR QUÉ TE GUSTA ESE CANTANTE?»

Minutos más tarde, en mi recámara, ya listo para salir, me topé con él, en el marco de la puerta. Lo noté igual de serio.

—Entonces, te vas a buscar de nuevo a Juan Gabriel —me dijo.

—Sí, papá —le confirmé, suponiendo en ese momento que su extraña actitud tenía que ver, quizás, con el hecho de que la noche anterior no hubiera estado en casa para festejar el Año Nuevo con la familia.

—Siéntate —me ordenó, señalando mi cama. Lo obedecí. El jaló un banco y se sentó frente a mí, mirándome a los ojos.

—¿Y con permiso de quién? —me cuestionó y antes de que le respondiera, prosiguió—: Ya no eres un niño, lo sé. Cumples con tus estudios y trabajas. Pero sigues viviendo en esta casa y, como tu padre, te confieso que me preocupa mucho ese fanatismo, por llamarlo de alguna manera... O, más bien, ese entusiasmo con el que hablas de Juan Gabriel.

—Y me soltó de pronto—: ¿Por qué te gusta ese cantante?

Me quedé helado y supe entonces a qué se debía su preocupación.

—Lo admiro, papá. Lo admiro mucho. Eso es todo.

—Eso lo sé. Pero también, lo que se dice de él... Que... Que le gustan los hombres, los muchachitos como tú...

—No, papá. La cosa no va por ahí —intenté explicarle—. Juan Gabriel es mi amigo y me da consejos, buenos consejos sobre cómo componer canciones. Es como un maestro para mí, del que estoy aprendiendo mucho.

—Sólo quiero pedirte que tengas cuidado —me aconsejó—. Sea lo que sea, la gente lo puede malinterpretar y ese Juan Gabriel también.

Mi padre me puso a pensar. Entendí perfectamente su preocupación.

Lo que me decía, era lo mismo que yo había pensado varias veces.

—No me parece normal —continuó— que un artista tan famoso como él, te invite a su hotel. Y te confieso que tampoco me parece normal que tú lo andes siguiendo, cada vez que viene a Chicago. Lo creería de cualquiera de esas fanáticas locas que se mueren por él... Pero ¿tú?

Permanecí pensativo, mirando hacia el piso. Él se puso de pie y puso su mano en mi hombro.

—Sólo te pido que tengas cuidado, mucho cuidado.

No dijo más. Yo tampoco. Salió de la recámara y seguí pensando.

«TE HACE FALTA SUFRIR»

Al llegar al Holiday Inn, todavía con las palabras de mi padre revoloteando en mi cabeza, para colmo, vi que cerca de la entrada se encontraba un grupo de fanáticas, más de veinte, a las que, seguramente, les habían prohibido la entrada. Desde adolescentes, hasta señoras, todas con una playera blanca con la foto de Juan Gabriel estampada y el letrero «Por Siempre Unidas con Juan Gabriel».

Entré al hotel y vi que el amplio *lobby* estaba prácticamente vacío. No quise cometer el error de la vez anterior ni arriesgarme a que las dos chicas que estaban en la recepción, cuando les preguntara por el número de habitación de Alberto Valadez, me prohibieran la entrada.

Se me ocurrió dirigirme a la cafetería. Había pocas mesas ocupadas, pero ni Juan Gabriel ni la señora Alcaraz estaban ahí. Así que regresé al *lobby* y me fui una salita del fondo, lejos de la recepción. Estuve ahí sentado, cerca de media hora, con la mirada fija en las puertas del elevador, por donde entraba y salía gente constantemente, hasta que, por fin, apareció Juan Gabriel, cargando un pequeño maletín, como de doctor, acompañado de dos *bellboys* que cargaban sus maletas. De inmediato me le acerqué y él se detuvo, mientras que los muchachos llevaron las maletas a una camioneta, estacionada a la entrada del hotel, hacia donde los dos volteamos cuando escuchamos los gritos histéricos de las fanáticas, mientras que varios encargados de seguridad las controlaban, impidiéndoles el paso.

Juan Gabriel sonrió divertido y las saludó a lo lejos con la mano, lanzándoles besos y provocando que los gritos de histeria se desbordaran. Luego se dirigió a mí:

—¡Hola, mijo! —me saludó, tan cordial como la primera vez, dándome la mano—. Qué bueno que viniste para despedirme de ti. Vente para acá.

Y pasándome su brazo por la espalda, nos dirigimos a la misma salita donde antes estuve sentado, apartado de la puerta de entrada y de la fanaticada. Ahí me invitó a que nos sentáramos. Él colocó su maletín de doctor en una mesita, contigua a su sillón.

—Perdón, pero como siempre, ando de prisa... ¿Qué te pareció el *show* de anoche?

—¡Maravilloso! Deberías venir más seguido, pero tú solo.

—¿No te gustaron los grupos?

—Sí —respondí—. ¡Pero más tú! —Y rectifiqué, apenado—: Bueno... tu *show*.

Él se me quedó viendo, muy sonriente y meneando la cabeza.

—¿Y por qué te sonrojas? —me preguntó con malicia—. No te preocupes. Entiendo que te refieres a mi *show*.

Más apenado y nervioso, cambié de tema.

—¿Y cuándo regresas a Chicago?

—Creo que hasta octubre. No sé bien ahorita. —Y para sorpresa mía, me preguntó sobre mis letras—. ¿Y cómo vas con tus composiciones?

¿No traes tu cuaderno?

—No. La verdad, no se me ocurrió.

—Huy... Se nota que te interesan mucho mis consejos —comentó con evidente ironía.

—Claro que me interesan. De hecho, siempre los tengo presentes.

Pero todavía me cuesta trabajo aprenderme las melodías de memoria.

—¿No tienes una grabadora?

—No. Pero me voy a comprar una. Es que no son muy baratas que digamos, pero...

No me dejó terminar. De repente, tomó su maletín de doctor y sacó una pequeña grabadora color gris, como de reportero, que colocó sobre mis piernas y que yo observé, desconcertado.

—Es un regalo. No muerde. —Y soltó una de sus clásicas carcajadas.

UNA CÁTEDRA GRATUITA

Tomé la grabadora con mis manos, revisándola y aprisionándola como un tesoro invaluable.

—Gracias —le dije, emocionado—. Muchas gracias.

—Te va a servir mucho... Ahí te va otro consejo: hazle como le hago yo. Muchas veces, de repente se me ocurre una melodía... o tonada... como dices tú. Y para que no se me vaya a olvidar, tomo una grabadora como esta y simplemente tarareo lo que se me ocurrió, lo que me viene a la mente, como la voy sintiendo. O tomo la guitarra y ella me ayuda a darle forma. Me va guiando y, a veces, de la simple tonadita, logro la melodía completa que, luego, me puede gustar o no. Si me gusta, ¡me felicito! Y si no, la borro ¡y ya! Como creo que te dije la otra vez, muchas melodías no quedan a la primera. Luego, tienes que pulirlas, ponerles lo que les falta o quitarles lo que les sobra. Las vas mejorando y, al mismo tiempo, vas aprendiendo. ¿Sí me entiendes?

—Sí —respondí en forma escueta, tratando de asimilar lo que me estaba diciendo, aún deslumbrado, con la grabadora en mis manos.

—¿Sí? —insistió Juan Gabriel—. Pero no te noto entusiasmado.

—Bueno, es que...

—¡Es que nada! —exclamó—. Entiende de una buena vez que no basta con ponerte a escribir letras y más letras, así nada más, a destajo. En ese caso, mejor escribe un librito con tus letras.

Sonreí, divertido con su ocurrencia.

—¿Sabes qué? —continuó—. Creo que lo que a ti te hace falta es sufrir, sentir hambre, sentir frío… Lo que te falta ¡es pasión! ¡Que te apasione lo que haces!

—Claro que me apasiona.

—A ver… Y según tú, ¿qué es la pasión? —me cuestionó.

—Pues, hacer algo que te guste —le respondí.

—¿Y ya? —volvió a cuestionarme, insatisfecho con mi respuesta tan simple.

Sí, demasiado simple, como entendí después, cuando, de repente, me soltó ¡toda una cátedra sobre la pasión!, hablando con vehemencia.

—La pasión es eso que nos hace vivir, eso que nos motiva a hacer algo, para lograr que suceda. Pero hacerlo bien, con el alma, con el corazón. Y conseguir ese detalle que nadie ve, pero que, luego, van a percibir. Si lo que haces no te apasiona, no tiene ningún sentido. No lo vas a hacer bien. La pasión, cuando la sientes, es invencible, nadie puede con ella, a pesar de los obstáculos. A todos nos tiene que apasionar algo.

Hizo una pausa, dio un profundo respiro, se quedó pensativo y luego prosiguió.

—La pasión hace que perseveres y que, pase lo que pase, tengas mucha más fuerza para llegar a lo que quieres conseguir. La única manera de superar los obstáculos que vas a encontrar en el camino es amando lo que hagas. Si sientes pasión, vas a lograr fuerza, para seguir buscando maneras de lograr lo que te propongas. Pero escúchame bien: cuando falles, no se vale caer en el pesimismo y desistir. Si una puerta se cierra, tienes que tocar otra y otra… hasta que se abra una. Hay que tener mucha perseverancia. ¡Pregúntamelo a mí!

Lo escuché embelesado, tratando de entender todas y cada una de sus palabras.

—Hazme caso.

—Claro que te hago caso. ¡Y te agradezco tus consejos! ¡Y este regalo! —le dije, emocionado, levantando la grabadora—. Hace unos años, conocí a otro cantante y compositor que también me daba consejos y…

—¿Quién? —me interrumpió, interesado en saber de quién le estaba hablando.

—José Manuel Figueroa. Bueno, ese es su verdadero nombre. El artístico es Joan Sebastian.

Aunque pensé que se sorprendería, no hizo ningún comentario. Como si nada, dirigió su vista hacia la entrada del hotel.

—Bueno, mijo. —Fue lo único que me dijo, intempestivamente, poniéndose de pie—. Ya me tengo que ir.

—*Okey*—le dije, luego de tan breve, pero sustanciosa plática—. Entiendo. Quizás, la próxima vez que regreses... te tenga alguna sorpresa.

—Ojalá. Me daría gusto. Pero primero, ¡sorpréndete a ti mismo!

¡Apasiónate! La pasión es la fuerza, el motor, hagas lo que hagas en esta vida.

TRISTEZA EN VEZ DE ALEGRÍA

Y se dirigió a la entrada, hasta donde lo seguí, sin soltar la grabadora. No pudo salvarse del acecho de las fanáticas que lo esperaban, enloquecidas, brincando de felicidad y, varias de ellas, hasta llorando de la emoción. Aun con la ayuda de los empleados de seguridad, tuvo que enfrentarse al acecho de las mujeres, sonriéndoles a todas y aventándoles besos con la mano. Hasta tiempo se dio para tomarse fotos con unas cuantas. Todo en cuestión de minutos. Luego, abordó un auto Caprice que se perdió por la calle.

A pesar de haber logrado hablar con él, unos cuantos minutos, y de tener en mis manos su regalo, en vez de alegría, sentí tristeza.

9
NOCHES DE DESVELO Y TERQUEDAD

A veces, cuando la inspiración se esfuma,
hay que dejar descansar
las composiciones por un rato y,
después, ya más despejado,
retomarlas.

En junio de 1978, ya había transcurrido un año y medio desde la última visita de Juan Gabriel a Chicago. Por medio de las revistas, me enteraba de que su fama y éxito seguían en aumento. Además de sus propias producciones, estaba haciendo otras, para cantantes de la talla de Rocío Dúrcal y Lucha Villa. Por otro lado, astros de la música como Raphael, Vicente Fernández, Lupita D'Alessio, Pedro Vargas y Lola Beltrán, empezaron a grabar sus temas, logrando gran aceptación, mientras que él realizó versiones de sus grandes éxitos en inglés, portugués y japonés.

Las ventas de sus discos ya andaban en más de 20 millones de copias. Con tanto trabajo, pensé con cierta tristeza, estaba difícil que regresara pronto a Chicago.

SI UNA PUERTA SE CIERRA...

La grabadora que me regaló se convirtió en otra compañera inseparable que, de acuerdo a los consejos de Juan Gabriel, me ayudaba, cuando, como él me lo había aconsejado, junto con mi guitarra, rasgueando simples acordes en las cuerdas, intentaba, una y otra vez, crear la melodía de alguna de mis letras, grabándola en un casete. Y cuando, por fin, lograba la canción completa, con letra y música, y al día siguiente la escuchaba con mi propia voz, no acababa de convencerme. ¡Qué difícil!

O como Juan Gabriel también me había sugerido, traté muchas veces de crear primero una tonada —o, al menos, una pequeña parte de ella— cuando, según yo, sentía que la inspiración me había llegado. Y ya después, a ese fragmento de tonada, le ponía letra. Pero ¡nunca lograba una melodía completa, y menos adaptarla a una de mis letras! Insistí muchas veces, sin buenos resultados.

Y aunque por días, decepcionado y medio harto, abandonaba mis intentos y me quedaba en blanco (ni letras ni melodías), no me daba por vencido y me inventaba algo con tal de recuperar el entusiasmo, recordando las palabras de Juan Gabriel que hasta me aprendí de memoria: «Cuando falles, no se vale caer en el pesimismo y desistir. Si una puerta se cierra, tienes que tocar otra y otra... hasta que se abra una».

Mi sueño de ser compositor se convirtió en algo más que eso: una obsesión que, a menudo, no me dejaba dormir. Cada noche, luego de la cena en familia —como ya no podía refugiarme en mi recámara, porque mis hermanos siempre estaban ahí, dormidos o despiertos y no me permitían concentrarme—, me apropié de un sillón en el rincón de la sala, con mi grabadora y mi guitarra, para comenzar con mi sesión diaria.

Sucedió varias veces que, sorpresivamente, cuando yo creía que ya todos en casa estaban dormidos, descubría a algunos de mis hermanos, junto con Victoria, sentados en el comedor, muy calladitos y a oscuras, escuchándome, atentos y con curiosidad, como mi pequeño público, testigo de mis intentos. Me gustaba captar su atención, pero al mismo tiempo, no me permitían concentrarme.

Sin embargo, al poco rato, cuando advertía que ya se habían ido a dormir, estando a solas, la inspiración llegaba sin previo aviso y, mientras inventaba acordes en la guitarra —que cada vez dominaba más, gracias a la insistencia diaria—, de repente, ¡comenzaban a surgir letras que se fundían con la música, como por arte de magia! Y entonces, encendía la grabadora y, antes de que se me olvidaran la letra y melodía (o ambas) de cada fragmento, grababa por partes lo que iba adelantando.

Ya de madrugada y, en ocasiones, incluso, cuando ya se filtraban los primeros rayos del sol entre las cortinas, yo seguía en la sala, empecinado en lograr un tema completo: letra y música, terco en que mis letras dejaran de ser sólo eso y se convirtieran en verdaderas canciones.

TRABAJO, AVENTURAS Y CONQUISTAS

Al día siguiente, cansado y desvelado, luego de ducharme rápidamente y desayunar lo que la buena Victoria me había preparado, me iba a la escuela. Y de ahí —a veces sin tiempo ni para comer—, corría al Trader's Vic, donde empecé a trabajar también por las tardes, además de los fines de semana, a tiempo completo. Quería ganar más dinero e independizarme. A mis diecisiete años, había llegado el momento de irme a vivir solo. No es que me molestara seguir como hijo de familia. Más bien, anhelaba tener mi propio espacio, un estudio pequeño, donde pudiera dedicarme de lleno a la composición, sin molestar a nadie con mis desveladas musicales.

Y, por otro lado, ya en un espacio propio, tendría a donde llevar a las chicas que seguían apareciendo. Reconozco que en ese tiempo me volví medio mujeriego. Más que romances, se trataba de simples aventuras, a veces de una sola noche, en algún hotelito de paso. Después de Nancy, me costaba trabajo tomarlas en serio y, menos, llevar una relación formal.

UNA LIBRETITA NEGRA

Se acercaba el fin de curso y, también, el de una etapa, la del *high school*. En la fiesta de graduación —a la que me acompañaron mi padre y Victoria—, a todos los graduados nos regalaron, como recuerdo simbólico, una singular libretita negra, forrada en imitación piel, con un cierre o *zipper*. Algo así como una libreta de autógrafos, con hojas en blanco, para que tanto los maestros como los compañeros (a los que, quizás, nunca volveríamos a ver) nos escribieran algún pensamiento, una dedicatoria. Y como quedaron varias hojas vacías, decidí transcribir ahí algunas de las letras de mis canciones, las que, según yo, eran las mejores, para tenerlas bien resguardadas y seguras. Así, cada vez que terminaba una nueva, la pasaba en limpio a la libretita que se convirtió en otro de mis grandes tesoros.

Ya concluido el *high school*, comencé a trabajar de tiempo completo en el Trader's Vic, seis días a la semana. Pero mi padre no estuvo de acuerdo: «Tienes que continuar con tus estudios —me reprochó—. Ahí está tu futuro. No en un restaurante, como simple mesero, o con tus cancioncitas que nunca te van a llevar a ningún lado. Eso, déjalo como un pasatiempo. Ya es tiempo de que te tomes la vida más en serio».

Prometiendo seguir sus consejos y reanudar mis estudios en el próximo ciclo escolar, seguí con mi rutina normal: mi trabajo en el restaurante, mis devaneos amorosos y, cada noche, como un diario ritual, olvidándome por el momento de las dificultosas melodías o tonadas, escribía más y más letras que corregía una y otra vez, hasta que, ya bien pulidas, con o sin melodía, pasaba en limpio en la libretita negra.

VACACIONES EN OCOTLÁN

En julio de ese 1978, aprovechando la época de vacaciones, mi padre, de un día para otro, propuso que hiciéramos un viaje a Ocotlán (adonde no habíamos vuelto, desde nuestra partida a Chicago). Pero, ahora, con la familia completa, incluyendo a Victoria y a los hijos que tuvo con ella. A todos nos entusiasmó la idea, en especial a mí. Se trataba de una buena oportunidad, para olvidarme por un tiempo del estrés del trabajo y de mis extenuantes sesiones nocturnas. Como una vez me aconsejó también Joan Sebastian: «a veces, cuando, como suele suceder, la inspiración se esfuma, hay que dejar descansar las composiciones por un rato y, después, ya más despejado, retomarlas».

Y como tenía ya más de un año sin tomar vacaciones, fui con el dueño del Trader's Vic y le pedí permiso para hacer ese viaje a mi pueblo. Serían sólo dos semanas. Como que no le pareció que me ausentara tanto tiempo, pero finalmente, aunque a regañadientes, me dio permiso.

Volamos de Chicago a la Ciudad de México y, luego, a Guadalajara. Y de ahí, en autobús, hasta mi querido Ocotlán, donde me reencontré con amigos de la infancia, parientes y vecinos. Se nos fue el tiempo y, en lugar de dos semanas, estuvimos cuatro. Así que, al regresar a Chicago, como me lo temía, mi jefe estaba furioso: «Te hubieras quedado allá, Martín.

¿Para qué regresar? ¡Si ya estás despedido!».

AYUDANTE DE PINTOR

A mediados de agosto de 1978, nuevamente sin trabajo, me puse a buscar uno nuevo, por todos lados. El poco dinero que tenía ahorrado (luego de gastar gran parte durante mis vacaciones en Ocotlán) se me acabó y no me quedó más remedio que vender algunos de mis discos y revistas, para reunir unos dólares. Hasta que, semanas después, caminando por una calle, precisamente en busca de trabajo, como lavaplatos o mesero en algún restaurante, pasé por el teatro State And Lake, donde vi un letrero:

«Se solicita ayudante de pintor». Aunque no tenía experiencia alguna en ese oficio, entré y me atendió un señor de unos 50 años, Fernando, quien me aceptó de inmediato: «Mira, estoy pintando el suelo del primer piso. Ya llevo tres cuartas partes, pero no puedo más con mi espalda. Necesito un muchacho fuerte, como tú, para que me ayude».

Así, comencé como pintor de brocha gorda, ganando ¡20 dólares diarios! Un trabajo extenuante que parecía que nunca iba a terminar: pisos y más pisos y, después, paredes y más paredes, como si se tratara de una pesadilla interminable. Más de diez horas diarias. A veces, hasta las doce de la noche, sin parar, casi siempre mareado por el permanente olor a pintura.

Llegaba muy cansado a casa y, a veces sin cenar, me iba directo a la cama. ¿Y mis canciones a medias? Descansando, como alguna vez me lo aconsejó Joan Sebastian.

Y mi padre, cada vez más decepcionado de mí: «Mira en lo que acabaste: pintor de pisos y paredes. ¡Ya ni siquiera te veo con la guitarra! ¿Es eso lo que quieres en tu vida? ¿Seguir como pintor de brocha gorda? ¿Y tus sueños de convertirte en gran compositor? ¿Por qué no estudias Música, Literatura…? ¡Lo que sea, lo que más te guste!... Allá tú… Ya no eres un niño y tú sabrás lo que haces con tu vida».

Sus palabras me lastimaban, porque tenía razón. Vivía una época de confusión en la que yo mismo me preguntaba ¿qué era lo que quería realmente? ¿Por qué esa apatía? Los domingos (mi único día de descanso), ya ni siquiera me daban ganas de salir con alguna amiga. Y hasta me había olvidado de mis letras, de mis canciones. Harto y cansado, me la pasaba durmiendo o viendo televisión.

EN UN CAMERINO GIGANTESCO

Y, precisamente, un domingo, a mediados de septiembre de ese 1978, recostado en un sillón de la sala y frente al televisor, algo llamó mi atención: el anuncio de una nueva caravana artística, para el domingo 8 de octubre, curiosamente ¡en el Anfiteatro Internacional! El mismo lugar donde, años atrás, había visto por primera vez a Juan Gabriel en vivo. Nuevamente, era él quien encabezaba el elenco, acompañado de Lorenzo de Monteclaro, Rosenda Bernal, Valentín Trujillo, Nelson Ned, Beatriz Adriana, Lucía Méndez y varios más.

En medio de mis ya habituales cansancio y hastío y de que, según yo, Juan Gabriel había perdido importancia en mi vida, como un simple recuerdo de mi adolescencia, repentinamente, como si estuviera despertando de un prolongado letargo, el entusiasmo volvió a hacerse presente en mi vida, como hacía mucho tiempo no me sucedía.

Al lunes siguiente, antes de que terminara mi jornada laboral, le pedí permiso a don Fernando y, como en los viejos tiempos, fui a comprar mi boleto. Y el 8 de octubre, ahí estuve en la función vespertina, sentado en mi butaca, disfrutando del *show* y con la ilusión de encontrarme de nuevo con Juan Gabriel.

Una vez finalizado el espectáculo, los obstáculos para acércame a él y buscarlo en la sección de camerinos fueron similares a los de las ocasiones anteriores. Pero ya tenía cierta experiencia y me las ingenié para burlar a los guardias de seguridad, escondiéndome donde podía, para no ser descubierto. ¡Y nuevamente, lo conseguí! Sólo que, en esta ocasión, al terminar de bajar una escalera, detrás del escenario, descubrí que la sección de camerinos no era como las otras: pequeños cuartos, uno para cada artista. Ahora, se trataba de un gigantesco y luminoso camerino, con varios espejos enmarcados por decenas de focos, sillones, mesas con botanas y carnes frías, frutas, muchísimas cervezas y botellas de diferentes licores. Un constante trajín de gente que iba y venía. Y varios artistas que reconocí, igual que gente desconocida (seguramente representantes, asistentes o personal del *staff*), sentados en los sillones, comiendo, bebiendo o fumando, en espera de que comenzara la segunda función.

Pero Juan Gabriel... Ni sus luces. Mientras esperaba que apareciera por ahí de un momento a otro, resguardado en un rincón, me entretuve observando a lo lejos a una deslumbrante y bellísima Lucía Méndez (¡una verdadera muñeca!) que acaparó mi atención en ese momento, mientras la veía muy seria y pensativa, sola, sentada en un sillón, fumándose un largo cigarrillo. También, a un hablantín Nelson Ned que acaparaba la atención de un grupo de personas que se carcajeaban con los chistes que él les contaba. Otros entraban a los diferentes baños (cerca de diez) a cambiarse de vestuario. Aquello era una locura y, para mí, algo fascinante, viendo a tantas estrellas reunidas, ahí parado, sin saber para dónde moverme y no estorbar a la gente que, constantemente, pasaba junto a mí.

«¡¿OTRA VEZ TÚ?!»

¿Por qué no estaba ahí Juan Gabriel? Imaginé que, como era la estrella, quizás él sí tenía un camerino privado.

Mirando a todos lados, pensé en salir de ahí y, arriesgándome a que alguien me sorprendiera, buscarlo en algún otro lado. A punto de hacerlo, escuché su voz:

—¡¿Otra vez tú?!

Giré la cabeza de inmediato y me topé con él, ataviado con un bonito traje azul. Al principio, pensé que le había molestado verme ahí de nuevo, pero, luego, cuando me sonrió y me dio la mano, jalándome hacia él para darme un abrazo, me di cuenta de que no.

—Pero ¡mira qué guapo te has puesto, Martín! Has embarnecido. Ya no eres el chamaquito aquel, atarantado. ¡Ya eres todo un hombre! Pero ¿sabes qué? Tu cara no cambia y te sigues pareciendo a mí, cuando tenía tu edad... ¿Cuántos años tienes ya?

—Diecisiete.

Me sonrió, divertido, sin dejar de observarme.

—Sabía que vendrías. Estaba seguro. Aunque no me creas, te estaba esperando.

—Precisamente por eso estoy aquí —le confirmé—, como siempre, escondiéndome de la gente de seguridad, con tal de verte.

—¿En serio? ¿Verme o pedirme que les eche un ojo a tus canciones?

—me preguntó con cierta burla—. ¿Sigues insistiendo en lo mismo?

—¡Claro! —le respondí muy serio—. He seguido tus consejos. Ya sé que nunca seré como tú, pero hago el esfuerzo.

—¡Muchacho testarudo! —me echó en cara, mientras meneaba la cabeza, sin dejar de mirarme a los ojos—. Por eso me caes bien... Voy a estar otros dos días en Chicago. Búscame mañana en el hotel Sheraton. Estoy en la habitación 710, para que llegues directamente, sin andar preguntando. Y si tienes problemas, que me llamen o pregunta por Paz, por la señora María de la Paz Alcaraz.

—Sí. Me acuerdo bien de su nombre.

—No recuerdo el número de su habitación, pero tú pregunta. Te espero a las doce del día. Sé puntual, por favor. —Y agregó con picardía—. Tenemos mucho que platicar.

10
EL MEMOREX

Lo que grabé, me salió del corazón.
Y cuando haces algo con el corazón, fluye solito.
Ya tienes varias canciones,
¡compuestas entre los dos!

Al día siguiente, sin contárselo a nadie, fui a buscar de nuevo a Juan Gabriel. Sin haberle pedido permiso a don Fernando para ausentarme de mi trabajo como pintor, salí rumbo al hotel Sheraton, con apenas cuatro dólares en el bolsillo, unas cuantas monedas y un boleto *supertransfer* (que se podía utilizar varias veces), para el tren de la CTA (Chicago Transit Authority). El problema era que, en ese tiempo, el tren sólo llegaba hasta la estación Jefferson Park, a varias millas del aeropuerto, la zona donde se encontraba el Sheraton. «Ni modo —pensé—. Tendré que caminar o pedir un aventón».

Llevé conmigo varios ejemplares de la revista *Notitas musicales*, con Juan Gabriel en la portada, para que me los autografiara. Y también, la libretita negra de mi graduación, donde tenía escritas las letras de mis canciones. Quería mostrárselas a él.

A las once de la mañana, ya afuera de la estación Jefferson Park, no me quedó más remedio que ponerme a pedir aventón, sin buenos resultados, hasta que unos veinte minutos después, cuando pensé que tendría que caminar el largo trecho hasta el hotel —y que ¡llegaría tarde a mi cita!, a pesar de que Juan Gabriel me pidió que fuera puntual—, un taxi se detuvo. El taxista era un cubano que me preguntó:

—¿A dónde vas? —Y yo le respondí:

—Al hotel Sheraton. ¿Cuánto me cobra? —Hizo un cálculo mental y me respondió que seis dólares. Desanimado, le confesé que sólo traía cuatro y él se quedó mirándome—.

¿No podría hacer una excepción? —le pregunté, casi en tono de súplica—. Es que tengo una cita con Juan Gabriel.

—¿Juan Gabriel? ¿El cantante?

—Sí. El cantante. Soy compositor y quedé de verme con él, para mostrarle unas canciones —le expliqué, abriendo la libretita negra y mostrándole algunas hojas con las letras.

El taxista sonrió.

—Súbete, muchacho.

JUGANDO PINBALL

Minutos antes de las doce, afuera del hotel, tal como me lo temía, estaban ahí un mar de fanáticos, hombres y mujeres, pero en esta ocasión —tal como advertí por los pósteres y discos que llevaban— ya no sólo de Juan Gabriel. También de otros artistas. Y lógico, en la puerta del hotel, dos empleados de seguridad, resguardando la entrada. Muy seguro, me acerqué a la puerta y, antes de que uno de ellos me preguntara algo, le dije: «Tengo cita con el señor Alberto Valadez en la habitación 912. Me está esperando». Mi apariencia ya no era la de un chamaco cualquiera y, menos, la de un fanático, como los que estaban ahí. Así que ningún trabajo me costó que me abriera la puerta y me cediera el paso.

Ya en el *lobby*, mientras me dirigía a los elevadores, vi que Juan Gabriel salió de uno de ellos. Venía solo y pensativo y cuando pasó junto a mí, no me vio o fingió no verme. Pero yo me le acerqué.

—¡Martín! ¡Qué puntual! Así me gusta. Ven conmigo.

Y lo seguí, hasta un pequeño casino o, más bien, una sala de juegos que estaba a un lado del *lobby*, con varias máquinas de pinball. Se paró frente a una de ellas, donde introdujo varias monedas.

—¿Sabes cómo se juega esto?

—Sí.

—Bueno, te reto a que me ganes.

Comenzamos a jugar. Se notaba que él tenía mucha práctica y habilidad. No le pude ganar una sola partida.

LA DESCONFIANZA

Después de más o menos una hora, paramos de jugar y nos fuimos rumbo a su habitación. Antes de que él abriera la puerta, se detuvo y se paró frente a mí, muy serio.

—Perdón, Martín. No es que desconfíe de ti, pero, por precaución, ¿puedes mostrarme qué traes en los bolsillos de tu chamarra y de tu pantalón?

Me quedé atónito y sin entender, sosteniendo mi libretita y las revistas en una sola mano, metí la que me quedó libre en cada bolsillo, primero de la chamarra y luego del pantalón. Le mostré todo lo que traía: un pequeño peine, dos pañuelos desechables, unas cuantas monedas y un bolígrafo.

—Esto es todo —le dije, aún desconcertado.

—¿Y en los bolsillos traseros del pantalón?

—Nada. Nunca guardo nada ahí.

No me creyó. Él mismo palpó los cuatro bolsillos de mi pantalón y los otros dos de mi chamarra.

—*Okey*. Disculpa de nuevo. De un tiempo para acá, es una costumbre que tengo. —Fue su única justificación—. Lo hago con toda la gente que meto a mi cuarto. Me he vuelto muy desconfiado.

Luego, como si nada, sacó la llave de su habitación y abrió la puerta. Yo apenas me asomé y me sorprendió ver tanto desorden: ropa regada por todos lados, sobre la cama *queen size* (aún destendida) y hasta sobre la alfombra: camisas, pantalones, calcetines, ropa interior, toallas… y una guitarra sobre la cama, cuyo estuche se encontraba en el piso.

Lo que se me ocurrió fue colocar mi libretita y las revistas a un lado de una grabadora grande que estaba sobre una mesa, junto a la ventana.

Juan Gabriel se me acercó y como ya lo había hecho otras veces, me miró a los ojos, observándome, detenidamente.

—¿Has pensado en lo que te propuse una vez?

En eso, me acarició la mejilla, pero la retiró inmediatamente, cuando di un sobresalto y me aparté, atemorizado.

—No te asustes… —me dijo, entre burlón y divertido—. No va a pasar nada. Me refería a cuando te propuse que trabajaras conmigo, como asistente.

—Es que… —Los nervios me dominaron de nuevo.

—¿Es que qué?

—Yo no… No te ofendas, pero…

Se dio la media vuelta, como si nada hubiera sucedido, y se dirigió a uno de los sillones que estaban a cada lado de la mesa, junto a la ventana.

—No te espantes —me dijo, tranquilamente, sin darle importancia a la situación—. No pasa nada.

Me quedé callado, sin saber qué decir.

—Voy a pasar al baño. —Fue lo único que se me ocurrió decirle, ante la incómoda situación.

Ya en el baño, todavía asustado, me miré en el espejo y me eché agua fría en la cara.

Cuando salí del baño, vi que tenía en sus manos mi libretita de graduación y, muy entretenido, jugaba con el cierre, subiéndolo y bajándolo. Me le acerqué y volvió a colocar la libretita sobre la mesa.

—Siéntate —me invitó, señalándome el sillón, al otro lado de la mesa.

«CÁNTAME UNA CANCIÓN»

En cuanto me senté, él se puso de pie, tomó la guitarra, se sentó de nuevo en el sillón y comenzó a tocar algunos acordes. Acordes que identifiqué. Eran los de una de sus canciones que me sabía de memoria. Sin premeditarlo, ya más tranquilo, en forma espontánea, comencé a cantar, casi en susurros, el inicio de la canción, pero en inglés, como yo mismo la había traducido alguna vez: *When you, my love, listen to my song, remember me...*

Juan Gabriel, sorprendido, dejó de tocar.

—«Cuando escuches mi canción». ¿Dónde la oíste en inglés? —me preguntó con extrañeza.

—En ningún lado, yo mismo la traduje.

—¿Y cuántas canciones mías has traducido?

—No sé... Varias. Es como una manía que tengo, traducir al inglés algunas canciones.

—¿Cualquier canción o sólo las mías?

—Sólo las tuyas.

—¿Y por qué sólo las mías?

—Bueno, ya sabes que te admiro mucho, que me gusta tu forma de componer. Y como te lo dije una vez, quisiera, algún día, llegar a ser como tú.

Se me quedó viendo y sonrió.

—Y yo también te lo digo de nuevo: me recuerdas tanto a mí mismo, cuando tenía tu edad...

Luego, me pasó su guitarra.

—A ver... Cántame una canción, una de las tuyas.

Tomé la guitarra y comencé a tocar unos simples acordes, intentando cantar, pero la voz no me salía bien, se oía temblorosa, descuadrada. Me dio pena. Así que dejé de tocar y cantar. Coloqué la guitarra sobre la mesa.

—No te preocupes, mijo —me dijo Juan Gabriel, muy comprensivo—. A todos nos pasa al principio. También me pasaba a mí, cuando iba a las disqueras a ofrecer mis canciones y me pedían que les cantara algo con la guitarra.

En ese momento, tomó de nuevo mi libretita y, como si fuera un investigador, la observó desde diferentes ángulos.

—¿Y esta libretita?

—Me la dieron en la escuela, cuando terminé el *high school.*

—Está bonita —dijo mientras seguía revisándola—. ¿Me la regalas?

Extrañado, no supe qué responderle. Esa libretita significaba para mí un tesoro y, por supuesto, no pensaba regalarla a nadie. Pero me llamó la atención que Juan Gabriel, quien podía comprarse mil libretitas como esa, me la pidiera, y de esa manera, como si fuera un niño que hubiera descubierto un juguete nuevo.

—Si quieres, luego te consigo una. Es que ahí tengo escritas mis letras —le dije, poniéndome de pie y acercándome a él, para mostrarle las hojas donde tenía escritas las letras.

Cuando le quité la libretita, para mostrarle las letras, él me la arrebató.

—¡Tranquilo! —exclamó divertido, aprisionando la libretita con sus dos manos—. Si no me la quieres regalar, ¡no te la voy a robar!

Luego, jaló el cierre y la abrió. Comenzó a hojear el contenido, leyendo en voz alta y en tono solemne algunas frases de las dedicatorias de mis maestros y compañeros, hasta que llegó a las páginas donde estaban las letras y se puso a leer con atención una de ellas, también en voz alta, al mismo tiempo que improvisaba la melodía que se le ocurrió en ese momento.

De pronto, colocó la libretita abierta sobre la mesa, tomó su guitarra y, utilizando la misma secuencia de acordes, de su tema *Cuando escuches mi canción*, comenzó a cantar muy quedito, en forma casi inaudible, la primera estrofa de mi letra, dándole forma a la melodía de una manera magistral, mientras yo lo miraba y escuchaba, atónito, siendo testigo de un genio, trabajando en lo que mejor sabía hacer: cantar y componer.

¡VARIAS CANCIONES DE CORRIDITO!

Intempestivamente, se levantó del sillón y se dirigió a un clóset de donde sacó un pequeño maletín, parecido al que traía años atrás, cuando me regaló la grabadora. De ese maletín, extrajo un paquete de casetes, marca Memorex, lo recuerdo bien. Luego, tomó uno de ellos, lo sacó de su cajita y se acercó a la grabadora que estaba sobre la mesa (junto a la ventana), extrajo el casete (también marca Memorex) que tenía dentro de la grabadora, introdujo el casete nuevo y ¡comenzó a grabar mi canción, con la melodía que acababa de improvisar! ¡Una canción mía, con música de Juan Gabriel y cantada por él mismo! ¡No lo podía creer! No tanto la forma sino cómo, con enorme facilidad y de corridito, le ponía melodía a una letra, ¡una letra mía! Sentí que estaba soñando. No daba crédito. Se aventó toda la canción, ¡hasta con su remate!

Cuando terminó, apretó el botón de pausa de la grabadora y me miró muy serio y orgulloso:

—¿Qué te parece?

—Excelente —le respondí, nuevamente con voz temblorosa, preso de la emoción y lanzando un profundo suspiro—. ¡No lo puedo creer! ¡Eres un genio!

Tomó la libretita y buscó otra canción que me mostró.

—¿Y esta cómo va?

Yo le tarareé algo apenas y él le siguió, pero a su manera. Sobre todo, me gustó que, aunque respetó casi todas las letras, sólo, de repente, le cambiaba una que otra palabra o la repetía, para darle más fuerza a la frase. Orgulloso, me di cuenta de que bien habían valido la pena los consejos que Joan Sebastian me había dado alguna vez, sobre métrica y estructura. Más satisfecho me sentí, al darme cuenta de que, aunque principiante, era un buen alumno y que algo había aprendido durante las largas horas en las que me pasaba puliendo mis letras.

A veces con guitarra y otras a capela, me grabó ¡varias canciones!, una tras otra, durante no sé cuánto tiempo, porque se me fue volando, disfrutando al máximo la experiencia y sintiendo por Juan Gabriel algo más que admiración, un cariño verdadero, gracias a su paciencia y generosidad, a su talento y genialidad.

Algo que me impresionó también fue percatarme que él también estaba disfrutando el momento. Tal vez, hubiéramos seguido grabando más temas, pero, de pronto, se rompió el encanto, cuando alguien llamó a la puerta. Juan Gabriel soltó la guitarra y oprimió el botón de *stop* en la grabadora. Yo, muy acomedido, me levanté y me dirigí a la puerta. La abrí. Reconocí al actor Valentín Trujillo, quien me miró confundido.

—¿Es la habitación de Alberto?

Antes de que le respondiera, Juan Gabriel gritó:

—¡Pásele, Valentín!

El actor entró y se dirigió a Juan Gabriel, quien lo recibió con un abrazo. Yo me les acerqué a un par de metros y me presentó:

—Mire, Valentín, él es Martín, un amiguito de Chicago. Tengo varios años de conocerlo. —Y luego se dirigió a mí—. Martín, supongo que conoces al señor Valentín Trujillo.

—¡Claro! ¡Me encantan sus películas! —exclamé.

—Gracias, Martín —me respondió Valentín—. Pues pronto me verás en otra ¡y acompañado de tu amigo, Juan Gabriel! —Y se dirigió a él, mostrándole unas hojas engargoladas que traía en la mano—. ¿Tienes tiempo? Quisiera practicar contigo los diálogos de una escena. ¿Puedes?

—¡Claro que sí! Sólo deme un minuto.

—¡Perfecto! Mientras, paso a tu baño.

Valentín entró al baño. Juan Gabriel se acercó a su grabadora, la apagó, sacó el casete, lo guardó en su cajita, dejándolo junto al otro que tenía ahí, sobre la mesa. Yo, un tanto decepcionado, pensé que me lo iba a regalar, pero no hice ningún comentario.

—Es que voy a hacer otra película, ¡donde también voy a bailar, tipo Travolta! —me comentó, entusiasmado—. Y Valentín me está ayudando a repasar los diálogos, porque he de reconocer que no soy muy buen actor que digamos.

—¿Y cómo se llama la película?

—*Del otro lado del puente.* Y voy con Valentín, don Julio Alemán y mi Lucha Villa que adoro. Si todavía tienes tiempo, espérame en el *lobby* o en las maquinitas. Yo voy a trabajar un rato con Valentín. Espero no tardarme demasiado.

—Sí, claro —le dije, lanzando una fugaz mirada hacia el casete, pero sin atreverme a preguntarle si me lo podía llevar o si, al menos, me lo prestaba—. Yo te espero abajo.

Me dirigí a la puerta, la abrí y salí. Ya afuera, en el pasillo, me quedé parado. Durante unos instantes pensé si sería muy atrevido de mi parte tocarle la puerta a Juan Gabriel y preguntarle si me podría prestar el casete, para sacarle una copia. Pero después, pensé que, quizás, se le había olvidado dármelo y que cuando nos viéramos al rato, me lo llevaría.

Di apenas unos pasos, cuando escuché que la puerta se abría y, al mismo tiempo, Juan Gabriel me llamaba.

—¡Martín! Espérate.

Se acercó a mí ¡con el casete, dentro de su estuche, en su mano!

—Toma. Es otro regalo. Dices que quieres llegar a ser como yo. Pero te aconsejo algo mejor: sé tú mismo. Tienes talento, pero te falta. Te falta mucho por aprender. Cuando llegues a tu casa, escucha con calma cómo quedaron tus canciones. Bueno, nuestras canciones. Y ya después platicaremos.

Maravillado, aprisioné el estuche con mis dos manos y lo besé.

—No sabes lo que esto significa para mí —le dije emocionado—. Es algo que muchas veces soñé, desde niño, aunque no lo creas y…

—Claro que te creo —me interrumpió—. Y escucha esto: lo que grabé, me salió del corazón. Y cuando haces algo con el corazón, fluye solito. Tenlo siempre en cuenta. Jamás lo he hecho con nadie ni creo que lo vuelva a hacer. Si quieres cambiarle alguna de las palabras que se me ocurrieron, hazlo. Ya tienes varias canciones, ¡compuestas entre los dos!

Lancé un profundo suspiro y volví a besar el casete.

—Nunca voy a olvidar esto, Juan Gabriel. En verdad, ¡mil gracias!

—Perdón otra vez.

Y en esta ocasión, sin pedirme permiso y otra vez ante mi desconcierto, volvió a palpar mi pantalón y mi chamarra, especialmente la parte de los bolsillos.

Me guiñó un ojo y agregó.

—Te veo en un rato.

11
¿Y LA LIBRETITA?

¿Quién era realmente Juan Gabriel?
O, más bien, ¿quién era realmente Alberto Aguilera Valadez?,
me pregunté una y otra vez.

Luego de esa nueva humillación a la que —gracias a lo feliz que me sentía— ya ni le di tanta importancia, solo en el elevador, todavía absorto y con el casete en mi mano, lo observaba una y otra vez, lo besaba y le daba gracias a Dios, por haberme traído ese regalo que guardé en el bolsillo del pantalón.

De nuevo en el *lobby*, me senté en un sillón, donde tuve tiempo de hacer un recuento en mi mente, de cada instante, cada momento. Lo que acababa de vivir. Lo que estaba viviendo. Más que un sueño hecho realidad.

Luego de una media hora, opté por irme al salón de las maquinitas. Ahí estaban jugando algunos huéspedes del hotel y varios integrantes del mariachi. Me entretuve viéndolos y, luego, regresé al *lobby*. Di vueltas y más vueltas. Transcurrieron cerca de dos horas y yo, muriéndome de hambre. Ya eran casi las cinco de la tarde. «Ojalá que Juan Gabriel me invite a comer algo», pensé, igual de ingenuo, como siempre.

Regresé al mismo sillón del *lobby* y, de repente, alarmado, ¡me acordé de mi libretita y las revistas que había dejado en la mesa de la habitación! Me preocupé, sobre todo, por la libretita. Pensé en ir a la habitación de Juan Gabriel, pero luego desistí. Él estaba trabajando y no quise ser impertinente. Total, después la recuperaría.

Minutos más tarde, por fin, vi que salió del elevador, junto con un señor. Más tarde, supe, por el propio Juan Gabriel, que se trataba del director de cine Gonzalo Martínez, precisamente el director de la película *Del otro lado del puente*. Vi que se despidieron y Juan Gabriel me hizo una seña para que me le acercara.

—¿Nos aventamos otro partidito de pinball? A ver si ahora sí me ganas.

—Oye, Alberto —le dije, preocupado—. Es que...

No me dejó terminar. Me tomó del brazo, jalándome hacia el salón de juegos.

—Es que nada... Otro ratito. Y después nos vamos a comer algo.

Jugamos de nuevo, durante casi una hora, pero nunca le pude ganar y, menos, porque ya estaba harto y no podía con el hambre. Sólo había desayunado un plato de cereal con leche. Hasta empecé a sentirme débil. No sabía qué hacer: si seguir jugando con él o, de plano, insistir en ir a recoger mi libretita y mis revistas, y luego despedirme. Me esperaba una larga caminata, puesto que me quedaban sólo las monedas que no me alcanzaban ni para un taxi que me llevara a la estación Jefferson Park. Y como él seguía fascinado, juegue y juegue, llegó el momento en que no me quedó más opción.

—Tengo que irme ya, Alberto, pero... ¿Podríamos ir a tu habitación?

—¿A mi habitación? —me preguntó, sorprendido.

—Es que se quedaron ahí mi libretita y unas *Notitas musicales* que quería que me autografiaras.

—¿Querías o quieres?

—Quiero.

—Vamos a aventarnos otro partido y ya...

—Está bien. Sólo déjame ir al baño.

Me dirigí al sanitario. No tardé ni cinco minutos. Y cuando regresé, ¡Juan Gabriel ya no estaba ahí! Lo esperé cerca de quince minutos. Pensé que, seguramente, estaría en el restaurante y me dirigí ahí. No podía dejarme plantado, así nada más y, menos, luego de que le dije que había olvidado mi libretita y mis revistas.

Pero tampoco estaba en el restaurante. Presuroso, fui hasta el elevador y me dirigí a su habitación. Toqué varias veces la puerta. Nadie respondió. Opté por ir de nuevo al salón de juegos, al *lobby* o al restaurante, cuando, para fortuna mía, caminando por el pasillo, escuché que una puerta de otra habitación se abría y giré la cabeza. ¡Era la señora María de la Paz!, a quien no había visto en esos dos días. Corrí hacia ella. Me reconoció y me saludó. Muy angustiado, jadeante y hablando de prisa, le conté mi tragedia:

—Perdón, doña María de la Paz. Es que estaba con Alberto en el salón de las maquinitas. Sólo fui al baño y, cuando regresé, ¡ya no estaba ahí! Ya lo busqué por todos lados, pero no aparece. Y lo malo es que dejé en su habitación unas revistas y una libretita que para mí es muy importante y que no quisiera perder.

Tan alterado me vio que me pidió que me tranquilizara:

—Vamos a buscarlo —me propuso—. Debe andar por ahí.

Fuimos al salón de juegos y luego al restaurante, donde estaban otros integrantes del mariachi de Juan Gabriel. A uno de ellos, la señora le preguntó por Juan Gabriel.

—No sé, doña Paz. Hace un rato, lo vi subirse a un taxi… Ella me miró, compadecida.

—No te preocupes, muchacho —me dijo, tratando de darme ánimos—. Debe haber salido por ahí. Si quieres, mientras regresa, tómate un café y… ¿Ya comiste?

—No —le respondí, avergonzado—. La verdad, no traigo dinero. Ni siquiera sé cómo voy a regresar a mi casa. Todo lo que tenía, me lo gasté en un taxi para venir hasta aquí, porque los trenes no llegan hasta esta zona.

—Pero ¡ya es muy tarde! Mira… Come algo, mientras llega Alberto.

—Gracias, pero ¡ni hambre tengo!

—No seas mentiroso. —Casi me regañó, mirándome, incrédula—. Yo te invito.

—Se lo agradezco, señora. Pero, mejor, espero a Alberto en el *lobby*.

—Bueno. Como quieras —desistió, contrariada—. Yo tengo una cita y ya debe estarme esperando un taxi afuera.

Salió presurosa y yo, angustiado, regresé al *lobby*.

El tiempo transcurrió lento y yo ahí, sentado, mirando a cada rato hacia la puerta de entrada, harto, muriéndome de hambre y con sueño, viendo entrar y salir gente —incluidos varios artistas—, pero sin que Juan Gabriel apareciera. Una hora, dos… Hasta que comenzó a anochecer.

Eran ya más de las ocho de la noche, cuando la que regresó fue doña Paz. La vi caminando rumbo a la recepción. Me dio pena molestarla de nuevo. Quise esconderme para que no me viera, pero cuando se dirigía al elevador me descubrió. Mortificada se acercó a mí.

—¡Muchacho! ¿Todavía aquí?

—Sí, doña Paz. No ha regresado Alberto.

Abrió su bolso de mano, de donde sacó unos dólares que me ofreció.

—Toma.

Apenado, rechacé los billetes. Ni los tomé.

—¡No, señora! ¡Cómo cree! Se lo agradezco, pero...

—Quién sabe a qué hora regrese Alberto. Come algo o vete a tu casa y ya después...

En eso, uno de los integrantes del mariachi que andaba por ahí, se nos acercó y se dirigió a ella:

—Vamos a cenar al centro, doña Paz, a un restaurante muy bueno de comida mexicana. ¿No quiere venir con nosotros?

Ella guardó los billetes y me dijo:

—¡Órale, muchacho! Aprovecha. Vete con ellos. Que te den un aventón.

—Es que prefiero...

—¡Ya te dije que sabrá Dios a qué hora va a regresar Alberto! —me dijo, ya exasperada—. Te prometo que yo misma recupero tu libreta y tus revistas, y te las dejo en la recepción, para que vengas por ellas cuando puedas.

—Es que yo preferiría...

—¡Qué necio eres! —me regañó, ya molesta, y luego le dijo al mariachi—. ¿Te pido un favor, Vicente? Llévense a este muchacho y déjenlo lo más cerca posible de donde vive. Que él les diga. Es un amigo de Alberto.

INTERROGATORIO ENTRE MARIACHIS

El tal Vicente me lanzó una miradita burlona y yo supe de inmediato qué estaba pensando. «Claro que sí, jefa. —Y luego se dirigió a mí—: Vente, amigo».

No me quedó más remedio que hacerle caso a doña Paz. ¿Para qué seguir ahí, cansado, hambriento y causando lástima? Si, como me dijo ella, no sabía a qué hora regresaría Juan Gabriel. Al menos, ya tenía resuelto mi regreso a casa.

Me despedí de la señora, dándole las gracias por su ayuda y generosidad. Y seguí al tal Vicente.

Otros cuatro integrantes del mariachi ya estaban sentados dentro de una camioneta cuando subí y me senté en la parte trasera, seguido por Vicente, quien me presentó con los demás: «¡Es un amigo de Juan Gabriel y le vamos a dar un aventón!». Aun sin verles la cara y estando ellos de espaldas a mí, percibí que los otros cuatro se miraban de reojo, y uno de ellos hasta lanzó una risita burlona.

Vicente fingió no darse cuenta y, ya durante el trayecto al centro, comenzó a sacarme plática: que de dónde era, que cómo había conocido a Juan Gabriel, que si era su admirador... Tan desconcertado estaba, con mi mente por otro lado, que respondí a sus preguntas en forma escueta. Los demás, incluido el chofer de la camioneta, permanecieron en silencio, escuchando la «plática» o más bien, el interrogatorio, en medio de más risitas que también advertí.

Llegamos al centro de Chicago y, luego de que todos nos bajamos, me despedí sólo de Vicente, ignorando a los demás.

—¿Vives cerca de aquí? —me preguntó él.

—No tanto. Todavía tengo que caminar un buen trecho.

Y él, compadecido y sin decirme nada, les dijo a sus compañeros:

—Voy a llevar al amigo a su casa. Nos vemos aquí mismo, en dos horas. Más risitas y expresiones de burla que otra vez ignoré, igual que el buen Vicente, quien me pidió que me subiera de nuevo a la camioneta y luego ordenó al chofer:

—Vamos a llevar a este muchacho a donde le diga. —Y luego se dirigió a mí—. ¿Dónde vives exactamente?

Le di la dirección al chofer y le fui indicando cómo llegar hasta mi casa, mientras que Vicente y yo seguimos platicando, ya sin los testigos burlones. Su detalle sirvió para que, en medio de mi «tragedia», me sintiera un poco mejor.

Ya frente a mi casa, le pregunté si quería pasar. Igual de cordial, me respondió que no, pero que me lo agradecía. Y finalmente, cuando le di la mano para despedirme, él me jaló y me dio un abrazo. «Mucha suerte, Martín... Seguramente nos veremos en la próxima visita de Juan Gabriel».

SENTIMIENTOS ENCONTRADOS

Ya en casa, apenas saludé a mi padre y a Victoria. Junto con mis hermanos, estaban viendo televisión. Tan atentos estaban con lo que sucedía en un programa de concursos que, prácticamente, me ignoraron.

Mejor así. No estaba de humor para sentarme con ellos, como lo hacía casi siempre, cuando regresaba del trabajo.

Apenas entré a mi recámara, cerré la puerta y saqué el casete de mi bolsillo. Me ganó el coraje. «¡Qué imbécil eres, Martín!». Miré el casete y, con rabia, lo aventé contra la pared, sin importarme que se hubiera salido de su estuche. «Más que ingenuo, ¡eres un pendejo!».

Me sentía extraño, confundido, pero feliz por tener en mi poder ese casete que, claro, seguía significando un preciado tesoro. Por mi mente transitaban, como flashazos, diferentes momentos: ver a Juan Gabriel, con su guitarra, frente a la grabadora, tarareando o cantando una de mis letras, poniéndole melodía... Pero también, el enojo, cuando, por estúpido, salí de su habitación, dejando ahí mi libretita y mis revistas. Esas revistas que no me importaban tanto como mi libretita con mis letras. ¡Las letras de mis canciones! Y para rematar, me pregunté: «¿Por qué, finalmente, Juan Gabriel desapareció así nada más? Sin avisarme, sin despedirse, dejándome ahí. ¿Quién era realmente Alberto Aguilera Valadez?».

Me dejé caer sobre mi cama y la vorágine de reproches y coraje que me atormentaban se fue apaciguando poco a poco. No sé en qué momento, me quedé profundamente dormido.

Cuando desperté, sin que el cansancio hubiera desaparecido, con los ojos semiabiertos, vi que mi hermano Manuel estaba sentado en su cama, con el casete Memorex, ¡colocándolo en mi grabadora! Reaccioné de inmediato. Salté de la cama y se lo arrebaté. Él me miró asustado.

—¡Huy! ¿Qué te pasa? —me preguntó.

Vi que, junto a él, estaba el estuche del casete y lo guardé en él.

—Me lo encontré tirado en el piso —se justificó—. ¿Pues qué tienes grabado ahí?

No le respondí. Volví a guardarme el casete en el bolsillo y salí de la recámara.

En el comedor, Victoria estaba terminando de cenar. Tres de mis hermanos seguían viendo televisión en la sala. Con desgano, me senté a la mesa.

—Fui a despertarte para que vinieras a cenar, pero estabas profundamente dormido —me dijo Victoria—. ¿Quieres que te prepare un sándwich?

—Sí, Vicky. Gracias.

12
INSÓLITAS MELODÍAS

Sí, era su voz,
pero cantando en un idioma extraño e indefinible.
¡Hasta pensé que eran conjuros diabólicos!

Al otro día, el despertador sonó a las ocho de la mañana, como de costumbre. Mis hermanos ya se habían ido a la escuela. Mi primer pensamiento: recuperar mi libretita, aunque, la verdad —advertí en ese momento—, no tenía ganas de toparme con Juan Gabriel. ¿Qué me diría?

¿Cómo se justificaría, luego de su repentina desaparición? No quería sus explicaciones. Quería mi libretita. Y las revistas… ¡que se las quedara!

Luego de ducharme, me vestí y me dirigí a la cocina, donde me preparé un café y una rebanada de pan con mermelada. Ya con la mente más despejada, me senté en la pequeña mesa y, mientras bebía mi café, me enfrenté al mismo dilema del día anterior:«¿Cómo voy a llegar hasta el Sheraton?, si no tengo dinero para los taxis».

Primero, pensé ir con don Fernando, ofrecerle una disculpa por no haber ido a trabajar el día anterior, inventarle que estaba enfermo, pedirle permiso para faltar de nuevo y, de paso, algunos dólares de adelanto, para comprar unas medicinas. Pero, inmediatamente, desistí. No me creería. Y sería mucho descaro de mi parte.

Afortunadamente, en ese momento… ¡Mi salvación! Victoria, en bata y camisón, apareció en la cocina.

—Buen día —me dijo.

—Buen día, Victoria.

Luego de un breve silencio, me preguntó.

—Te noto cansado. ¿Dormiste bien?

—Sí. No te preocupes.

Se quedó callada, sin dejar de observarme. En eso, algo se me ocurrió.

—Es que… La verdad, estoy en problemas. Alarmada, se sentó frente a mí.

—¿Qué pasa?

—Es que hace una semana, don Fernando me adelantó unos dólares —le mentí— y quedé en que hoy se los repondría, pero…

No hubo necesidad de más explicaciones. Victoria adivinó lo que yo pretendía.

—¿Cuánto necesitas?

—Quince dólares. —Fue la cantidad que calculé, rápidamente. Tendría que tomar dos taxis: uno de ida, desde la estación Jefferson Park al Sheraton, y otro de regreso. Hasta me sobraría algo.

—Todo fuera como eso.

Se levantó, salió de la cocina y regresó casi de inmediato con su portamonedas en la mano, de donde sacó tres billetes de cinco dólares que me entregó.

—¡Gracias, Vicky! Te los pago en la quincena.

Por ningún lado

Con los dólares y el casete ya en el bolsillo de mi pantalón, salí a la calle, dispuesto a recuperar mi libretita, a costa de lo que fuera.

Durante el trayecto en el tren, seguí pensando en los sucesos del día anterior. ¿Para qué iba a querer Juan Gabriel mi libretita —aunque me hubiera pedido que se la regalara— o las letras de las canciones que ahí tenía escritas?

Ya en la estación Jefferson Park, tomé un taxi que me cobró ocho dólares. Llegué al Sheraton, cerca de las nueve y media de la mañana. El *lobby* estaba casi vacío. Fui directo al restaurante, con la esperanza de encontrar ahí a Juan Gabriel, desayunando. Pero no estaba ahí. Era demasiado temprano. Seguro, seguiría dormido.

En mi angustia y terquedad, presuroso y cuidándome de que en la recepción alguien me sorprendiera, me dirigí al elevador y, luego, directamente a la habitación de Juan Gabriel. Ni modo. Tendría que despertarlo. Toqué la puerta. Nada. Pegué la oreja y no se escuchaban voces ni movimiento adentro. Volví a tocar. Tampoco hubo respuesta.

Desanimado y molesto, pensé que, una vez más, para variar, tendría que esperarlo en la recepción.

Hasta ese momento, ¡recordé lo que me había prometido la señora María de la Paz! Y salí disparado, rumbo a la recepción. Ya ahí, me acerqué a una de las recepcionistas.

—Buenos días, señorita. Vine a buscar al señor Alberto Valadez, ¡a Juan Gabriel!

La mujer me miró con desconfianza. No me importó.

—El señor ya abandonó el hotel.

—Sí, ya lo sé, pero ¿de casualidad no dejó algo para mí? Él o la señora María de la Paz Alcaraz. Me llamo Martín Padilla.

La mujer me dio la espalda y revisó en los compartimentos de las habitaciones, que estaban detrás de ella. Luego, abrió varios cajones y buscó dentro de ellos.

—Eres amigo de él, ¿verdad?

—Sí, ayer estuve aquí con él y...

—Sí. Me acuerdo.

Cerró el último de los cajones y me miró a los ojos.

—No. Ni él ni la señora Alcaraz dejaron nada para nadie. Todo el grupo salió muy temprano. No sé a qué hora saldría su avión, pero, con suerte, a lo mejor los encuentras todavía en el aeropuerto.

Sin pensarlo y como autómata —maldiciendo a Juan Gabriel y hasta a doña Paz, luego de que me prometió que recuperaría mi libretita y las revistas y que me las dejaría en la recepción—, salí del hotel, dispuesto a agotar mi última esperanza. Ya afuera, con varios taxis a mi disposición, abordé uno de ellos y le pedí al chofer que me llevara al aeropuerto que, por suerte, quedaba cerca de ahí. Pensé que el dinero que me quedaba me alcanzaría perfectamente. Sin embargo, el taxista —seguramente, para cobrarme más— se metió por diferentes calles. Minutos después, reaccioné, cuando vi que el taxímetro marcaba ¡cinco dólares con cincuenta centavos! Hice cuentas. Luego de los ocho que me costó el primer taxi, ¡sólo me quedaban siete!

—¡Aquí me bajo! —le grité al chofer, quien, sin entender, giró el volante y se desvió a una orilla de la calle por la que transitábamos.

—¿No me dijiste que vas al aeropuerto? —me preguntó, mirándome a través del espejo retrovisor.

—Sí —le respondí—. Pero acabo de darme cuenta de que sólo me quedan siete dólares y no me va a alcanzar.

¿CON QUÉ FIN?

Caminando sobre una avenida, de repente, me detuve y me di por vencido.

¿Qué caso tenía llegar hasta el gigantesco aeropuerto y buscar a Juan Gabriel entre un mar de gente?, si ni siquiera sabía el número de su vuelo. Y si aún se encontraba ahí, estaría en alguna de las salas de abordaje, a donde no me permitirían pasar.

Luego del aventón que me dio una generosa señora, hasta la estación Jefferson, donde tomé el tren, decepcionado, tuve que aceptar que, seguramente, Juan Gabriel se había llevado mi libretita o... quizás, la había tirado a la basura. Para él no tenía ningún valor. El valor que tenía para mí. Muchos momentos y sueños plasmados ahí, en mis letras, en cada frase, en cada verso. Total... Buscaría entre mis hojas sueltas y cuadernos las letras de las canciones que había copiado en esa libretita. Además, varias de esas letras ya me las sabía de memoria. ¿Para qué seguir martirizándome por una simple libretita con los buenos deseos de mis maestros y compañeros, plasmados en sus hojas?

Pero me dolía la pérdida de una etapa de mi vida. Era como si me la hubieran arrancado. «¿Con qué fin?», me pregunté otra vez. No sabía si el dolor era por esa pérdida o —como también pensé después—porque la imagen de Juan Gabriel, mi ídolo, se me había derrumbado.

Cuando entré a la casa, noté que mis hermanos menores —que, segundos antes, escuché que platicaban, en medio de risas— se callaron de pronto. Estaban sentados a la mesa, terminando su desayuno. Me miraron con extrañeza. Victoria no estaba ahí. Yo apenas les dije un simple «hola» y me dirigí a mi recámara.

Ya ahí, saqué el casete Memorex de mi bolsillo y lo guardé en el cajón de una cómoda, debajo de unas camisas.

ENTRE RABIA Y DESILUSIÓN

Luego de una larga siesta, aún deprimido y cansado, me pregunté si debería presentarme con don Fernando, para ofrecerle una disculpa, por haberme ausentado dos días dejándolo solo con la pintada de paredes. Sabía que estaría furioso y que, seguramente, me mandaría al diablo. Me dio flojera. Decidí ser yo quien lo mandara al diablo a él. Después de todo, ese trabajo interminable como pintor nunca me había gustado. Pero ¿y qué haría entonces? No me importó. Nunca me había sentido así, en la indiferencia total. En ese momento, nada me importaba: ni el trabajo, ni el dinero... ni mis canciones.

Sin embargo, al poco rato, miré el cajón de la cómoda, donde había guardado el casete. Ese casete que todavía, un día antes, había significado un gran tesoro para mí y que ahora sólo me recordaba la burla y humillaciones de las que había sido víctima. Mi mezcla de rabia y desilusión era tal que hasta eso dejó de entusiasmarme. Sin embargo, saqué el casete del cajón y con flojera, lo extraje del estuche. Lo coloqué en mi grabadora. Dudé. No quería escucharlo. «Este maldito casete», pensé. Finalmente, me decidí y oprimí el botón de *play*.

PALABRAS EN UN «IDIOMA» EXTRAÑO

Segundos más tarde, empecé a escuchar algo que no sé cómo describir y que me dejó perplejo. No entendía. ¡No eran ninguna de mis canciones lo que estaba oyendo! Sí, era la voz de Juan Gabriel, pero cantando o tarareando, a veces a capela, a veces con acompañamiento de guitarra, fragmentos de canciones en un idioma extraño e indefinible. Algunas palabras en inglés y, otras, ¡ininteligibles! ¡Hasta pensé que eran conjuros diabólicos!

Sin entender, pensé que quizás la cinta del casete no estaba corriendo bien o que las pilas de la grabadora ya estaban gastadas. Oprimí el botón de *stop*. Saqué el casete y lo revisé. En eso, vi algo de lo que antes no me había percatado, una etiqueta con un texto escrito a mano, con un bolígrafo: *Canciones por hacer*.

Cambié las pilas de la grabadora por unas nuevas y volví a introducir el casete en la grabadora, pero del otro lado. Lo retrocedí hasta el inicio y volví a darle *play*. ¡Lo mismo! Seguí escuchando fragmentos de canciones inaudibles en el mismo y raro «idioma» o dialecto.

—¿Qué es eso? —Oí la voz de mi hermano Manuel.

Di un sobresalto y apagué la grabadora, sin responderle a Manuel, mirándolo simplemente, como si me hubiera sorprendido en un acto delictivo. Él, curioso, insistió.

—¿Qué estás escuchando?

Yo pretendía que ese casete y la experiencia vivida con él fuera un secreto muy mío. No quería contárselo a nadie. Pero en ese momento, me nació hacerlo, con mi hermano.

—Es Juan Gabriel —le respondí, avergonzado.

—A ver. —Y me extendió su mano en la que puse la grabadora.

Él le dio *play* y escuchó parte de una de las melodías, sin poder evitar tremenda carcajada. Apagó la grabadora y me la devolvió.

—¿En serio es Juan Gabriel? ¿Estaba borracho o qué? —me preguntó, atónito.

Sin entrar en detalles, le expliqué a Manuel que, seguro, eran sólo tonadas que Juan Gabriel había grabado y que, claro, faltaban las letras.

—¿Y por qué tienes tú ese casete?

Guardé la grabadora en el cajón y no quise darle más explicaciones.

—Sólo te pido un favor, Manuel: tú no has oído nada de esto. Ya después te contaré. Pero guárdame el secreto. No quiero que nadie sepa que tengo este casete.

Él levantó los hombros, como no dándole importancia a lo que acababa de escuchar.

—*Okey*. Te guardaré el secreto…

Sacó una chamarra del clóset. Se la puso y salió.

—Nos vemos luego.

ATANDO CABOS

Otra vez a solas, saqué de nuevo la grabadora y estuve cerca de media hora corriendo el casete por los dos lados y escuchando lo mismo, hasta que me quedé pensando.

Eran dos los casetes que Juan Gabriel sacó de su maletín. Seguramente, se había confundido y como los dos eran iguales, marca Memorex, el que me había entregado era otro que él ya tenía grabado. Entonces até cabos. Ese casete y la etiqueta de *Canciones por hacer* eran melodías en ese lenguaje extraño a las que, seguramente, después él les pondría letras. Recordé que era una de sus formas de componer, cuando, como él me había comentado, primero se le ocurría una tonada. ¡Claro! Porque las melodías, también con guitarra, sí tenían una coherencia.

Mi apatía desapareció de pronto: ¡tenía en mis manos varias melodías, producto del talento de Juan Gabriel! Pero ¿qué iba hacer con ellas?

13
UN TESORO SECRETO

¿En realidad Juan Gabriel se había equivocado,
entregándome, por error, el casete con sus Canciones por hacer?
O, quizás, lo que pretendió fue jugarme una broma para burlarse de mí.

Como alguien que acaba de encontrar un gran tesoro y teme que lo descubran, decidí no compartir mi secreto con nadie. Aún sin asimilar del todo lo que acababa de descubrir y sin haber escuchado el casete completo, lo saqué de la grabadora y lo volví a esconder en el cajón de la cómoda, debajo de unas camisas.

Lo único que tenía claro era que el hallazgo me devolvió a la vida. Aún con pensamientos y sentimientos confusos, respiré hondo y salí de mi recámara.

Como era habitual, la familia estaba reunida: mis dos hermanas, preparando la mesa para la comida, mientras que Victoria atendía a sus hijos pequeños. El resto de mis hermanos, viendo televisión, en la sala, o haciendo su tarea escolar. De pronto, después de un terrible paréntesis en mi vida, dos días de esa vorágine de sucesos inesperados, todo volvía a ser como antes, como si nada hubiera sucedido. En ese escenario ideal, sólo faltaba mi padre, quien en ese momento llegó de la calle, para ser recibido con enorme júbilo por todos.

Yo, sentado en un sillón, también me levanté para darle un beso de bienvenida, enfrentándome a otra de sus clásicas miradas de desaprobación. En esos dos días, no habíamos coincidido.

—¿Y tú? —Prácticamente, me echó en cara, para agregar con ironía—.

¿Sigues correteando al mentado Juan Gabriel y pintando paredes?

«Si supieras...», pensé, con ganas de contarle lo que había vivido en esos dos últimos días. Pero me contuve y no le respondí. Sin embargo, me sorprendió que mencionara a Juan Gabriel, aunque luego lo entendí.

—Supongo que ya sabes que está en Chicago...

—No. No lo sabía —le mentí, sin darle importancia a su comentario.

—¡Ah! Pues pensé. Como no te he visto... —Y me miró de frente—. Traes una carita de desvelado. Pero si lo que quieres es continuar como pintor de brocha gorda y mandar al carajo los estudios...

PREGUNTAS SIN RESPUESTA

Más noche, luego de la cena familiar y de que casi todos (incluido mi padre) se fueron a dormir, me senté en un sillón de la sala. Mis hermanos, Rogelio y José Luis, estaban viendo una serie de televisión, junto con Victoria, quien, al poco rato, antes de dirigirse a su recámara, se me acercó y me plantó un beso en la mejilla.

—¿Todo bien, Martín? —me preguntó en voz baja.

—Sí, Vicky. Todo bien.

—*Okey*. Buenas noches. —Y luego se dirigió a mis hermanos—. No se desvelen demasiado. Hasta mañana, muchachos.

«¿Todo bien?», me pregunté, con la mirada fija en el televisor, pero sin poner atención. Mi mente andaba por otro lado, de ida y vuelta y sin quedarse quieta.

Cuando el capítulo de la teleserie llegó a su fin, Rogelio y José Luis se fueron a dormir. ¡Al fin solo! Apagué el televisor y salí al porche, para seguir pensando a mis anchas y sin interrupciones, sin tener que simular ante nadie.

Mi vida había dado un giro de 180 grados, prácticamente, de un momento a otro. La rabia y las humillaciones quedaron en segundo plano, dando paso a nuevos cuestionamientos. A mi mente llegó el momento en que Juan Gabriel me entregó el casete: «Toma. Es otro regalo. Dices que quieres llegar a ser como yo... Pero te aconsejo algo mejor: sé tú mismo. Tienes talento, pero te falta. Te falta mucho por aprender... Cuando llegues a tu casa, escucha con calma cómo quedaron tus canciones... Bueno, nuestras canciones... Y ya después platicaremos».

Un regalo... ¿No sería que él, consciente de que yo tenía facilidad para escribir letras y que lo que se me dificultaba eran las melodías, me dejó unas que ya tenía compuestas para que yo les pusiera la letra?

¿Sería ese el verdadero regalo? Pero... ¿qué iba a hacer él con las letras mías a las que le puso la melodía? ¿Se trataba de un intercambio?

Tantas preguntas sin respuesta que, más tarde, ya recostado en mi cama, no me permitían conciliar el sueño.

EL ESCONDITE PERFECTO

A la mañana siguiente, era domingo. Me desperté cuando sentí que alguien me jaloneaba en mi cama.

—Martín, Martín. —Era la susurrante voz de Victoria—. Ya van a dar las once.

Abrí los ojos y luego lancé un bostezo. Reaccioné y me enderecé.

—Sí... Es que volví a dormirme muy tarde.

—Ya te dejé tu desayuno en la mesa. ¡Apúrate! Y salió de la recámara.

Me levanté de la cama y lo primero que hice fue sacar el casete del cajón. Tenía que dejarlo bien escondido en un lugar seguro. Recorrí la recámara con la vista, tratando de dar con el sitio correcto. Volví a guardarlo en el cajón.

Mientras me daba una ducha, seguí piense y piense. Cuando salí del baño, me dirigí de nuevo a mi recámara. Estaba solo en la casa. No había moros en la costa. Saqué el casete del cajón y lo introduje en la grabadora. Durante una hora (treinta minutos de cada lado), por primera vez, escuché con atención el contenido completo. Las letras inentendibles en ese idioma tan peculiar, ya no me resultaron tan extrañas. Hasta empecé a imaginar las frases que yo les pondría. Juan Gabriel era tan hábil que me resultaba más o menos sencillo imaginar palabras o hasta frases completas, mientras que el entusiasmo característico en mí, hasta dos días antes, volvía a tomar su cauce.

Escuché todo el casete, mientras anotaba en un papel el número de melodías. ¡Quince en total!

Harto de tantos cuestionamientos, recordé aquel consejo de José Manuel Figueroa: «Cuando la inspiración se va, déjala descansar». Aunque ahora no se trataba de inspiración, sino de una inquietante indecisión, apliqué el consejo y, después de pensar y pensar en un escondite, por fin algo se me ocurrió: tomé el casete, lo guardé en su estuche y luego, tomé una cinta de *masking tape*. Me agaché y, debajo de mi cama, en la pata de madera de la parte trasera, pegué con el *masking tape* el estuche con el casete, dándole varias vueltas para que quedara bien pegado y fijo.

Satisfecho con mi maniobra, me puse de pie. Nadie encontraría ahí el casete. Quedaba a buen resguardo. ¡El escondite perfecto!

EL ESCONDITE PERFECTO

14
EL GASLIGHT CLUB

Lejos ya de mis traumas y malos recuerdos,
pero aún con mi sueño de ser compositor en serio,
dio inicio una época muy bonita
y de prosperidad en mi vida.

El lunes por la mañana, como ya lo había decidido, no regresé con don Fernando. Ni adiós le dije. Tendría que buscar otro empleo. Pero no comenté con nadie mi decisión.

Fuera de eso, retomé mi vida normal, procurando apartar de mi mente lo que había vivido, incluyendo lo que haría con el casete que ahí se quedó mucho tiempo, pegado a la pata de la cama. Ni siquiera doña Pachita (la señora que seguía con nosotros, ayudando con el aseo y otras labores) se percató del escondite.

Todas las mañanas, me levantaba a las ocho de la mañana y —mientras que en casa pensaban que me iba a trabajar— salía a la calle y me la pasaba entrando y saliendo de restaurantes y cafeterías, ofreciendo mis servicios, como lavaplatos, mesero o lo que fuera, pero sin buenos resultados. No me quedaba ni un centavo para transportes o para comer algo. Me aguantaba el hambre, hasta que, ya a punto del anochecer, a la hora de siempre, regresaba a casa para, más que comer, devorar como desesperado lo que Victoria o doña Pachita habían preparado.

Así, siempre con la esperanza de encontrar un buen empleo, seguí en la búsqueda, hasta que mi situación ya era insostenible, al grado de que pensé confesarle a Victoria la verdad: que llevaba semanas sin trabajar, para que —además de los quince dólares que me había prestado y que hasta entonces no me había cobrado— me ayudara con algo más de dinero, arriesgándome a que traicionara mi confianza y, finalmente, me delatara con mi padre, quien —ignorando aún que ya no estaba trabajando— insistía en que retomara mis estudios. La relación con él iba de mal en peor, cada vez más distante. Casi ni nos dirigíamos la palabra.

Sólo cuando él continuaba lanzándome indirectas, burlándose del «brillante futuro» que me esperaba como pintor de brocha gorda.

Afortunadamente, un sábado por la mañana, mi amigo Jesús —con quien seguía en contacto, aunque nuestra amistad ya no era tan estrecha como antes, pero sabía que andaba buscando trabajo— me buscó, para decirme que se había enterado de la próxima inauguración de un nuevo club privado, donde, seguramente, necesitarían empleados. Me dijo más o menos dónde se encontraba el lugar y, al siguiente lunes, estuve ahí a primera hora, bien vestido, con traje y corbata.

A DONDE TENÍA QUE LLEGAR

Era el Gaslight Club, tan espectacular desde su fachada que me deslumbró a primera vista. Y más, cuando me asomé por una de sus ventanas: amplio, elegante, decorado con muy buen gusto y decenas de enormes candiles. «¡Gracias, Dios mío! —pensé entusiasmado, invadido por una corazonada, de esas que hacía mucho tiempo no sentía—. ¡Aquí es a donde tenía que llegar!».

Como el lugar aún estaba cerrado, tuve que rodearlo y fui a la parte de atrás, donde había una enorme reja y una puerta metálica con un timbre que toqué. Me abrió un señor de edad avanzada, uniformado como policía, al que le expliqué que andaba buscando trabajo. «Creo que ya no hace falta gente —me dijo—, pero déjame preguntar. Espera aquí». Cerró la puerta y, minutos después, apareció de nuevo: «Sígueme. Te va a recibir don Antonio Cayuela, el gerente general».

Mientras el corazón me palpitaba con fuerza, el señor me llevó hasta una oficina, igual de elegante. Ahí, detrás de un escritorio de madera, estaba don Antonio, un hombre de unos cincuenta años, impecablemente vestido y muy serio. Sin levantarse de su sillón de respaldo alto, me pidió que me sentara en una silla, frente a él, revisándome con la mirada.

—Lo siento, chico. Tienes buena apariencia, buena presentación —me dijo con un acento marcadamente español—. Pero como estamos a punto de abrir, ya tenemos ocupadas todas las vacantes.

Mi entusiasmo se desplomó. Total, ya estaba acostumbrado a las constantes negativas. Con una sonrisa forzada, me puse de pie, dispuesto a retirarme.

—Está bien señor, gracias por recibirme —le dije, sin esconder mi decepción, mientras que él, igual de serio, me ordenó:

—¡Espera! Siéntate de nuevo. ¿Qué estudios tienes?

—Terminé el *high school* y…

—Queda un puesto libre, pero no sé si te convenga ni si vaya de acuerdo con tus aspiraciones. Lo único que puedo ofrecerte es empezar como ayudante de mesero. Si quieres, piénsalo, pero…

No lo dejé terminar.

—¡Acepto! ¡Necesito el trabajo!

Y a la semana siguiente, desde la inauguración del club, ¡empecé con mi nuevo empleo! Ahí, lejos ya de mis traumas y malos recuerdos (pero aún, eso sí, con mi sueño de ser compositor en serio) dio inicio una época muy bonita y de prosperidad en mi vida, ¡ganando mucho más que como pintor de pisos y paredes!

¡TIPO CONEJITAS DE PLAYBOY!

El Gaslight era un club muy exclusivo para gente rica, en especial, hombres de negocios y empresarios. Y debido a eso, para fortuna mía, mi trabajo no consistía en asistir a meseros —como me lo esperaba—, ¡sino a jóvenes meseras, muy guapas y esculturales!, que no andaban ataviadas con el clásico uniforme con su delantal, ¡sino con trajes de baño y medias de red, tipo conejitas de Playboy! La mayoría de ellas ganaba bastante bien, porque, además de su labor habitual y de las generosas propinas que recibían de los clientes, también eran cantantes que, por las noches —como otro atractivo del lugar—, junto con un pianista, llamado Clyde Batton, integraban grupos de cuatro o cinco, para interpretar canciones de los años 60, en un enorme *music bar*, decorado al estilo de esa década. Así que, cada noche, en especial los fines de semana, el ambiente era único y el lugar se abarrotaba.

Aparte del *music bar*, había dos restaurantes: uno de comida francesa, otro tipo *steakhouse* y, además, un amplio salón para banquetes y bailes.

En medio de aquel ambiente en el que el tiempo se me pasaba demasiado rápido, porque el día entero andaba como loco, corriendo de un lado a otro, asistiendo a la meseras y distribuyendo los servicios con licores, hielo, botanas y lo que se necesitara en los dos restaurantes y en el bar, trabajé desde 1978 hasta 1985.

A los tres meses de mi ingreso, luego de simple ayudante de las meseras, me ascendieron a barman. Y tiempo después, ¡jefe de meseras y garroteros!

Ese último puesto fue el que más me gustó, porque ya sólo me dedicaba a supervisar a mi flota y, por otro lado, era muy respetado por todo el personal, además de ser el que más ganaba, entre los latinos que trabajaban ahí.

Algún envidioso (nunca supe quién) inventó que mis rápidos ascensos se debían a que yo era «sobrino de don Antonio», el gerente. El rumor corrió como reguero de pólvora y, por supuesto, nunca me ocupé de desmentirlo.

Me convenía. Como veían que me llevaba de maravilla con el jefe y que era el único, entre todos los empleados, que entraba a su oficina sólo con llamar a la puerta y sin esperar respuesta…

FAVORES CLANDESTINOS

Si me convertí en «el consentido» de don Antonio, despertando la envidia de muchos, incluso con puestos superiores al mío, no sólo fue por mi buen desempeño. También, porque me gané su confianza, al grado de que un buen día llegó al club y cuando me vio por ahí, se me acercó y me pidió que fuera a su oficina. Ya ahí, me ordenó que cerrara la puerta con seguro y que me sentara frente a su escritorio.

—Sabes que te tengo una enorme confianza. Y debido a esa confianza que te has ganado a pulso y que espero nunca traiciones —me advirtió—, voy a confiarte algo que debe quedar entre tú y yo y que, por ningún motivo, puedes comentar con nadie. Ni dentro ni fuera del club.

Me quedé absorto. ¿Qué era lo que me iba a confiar?

—Por supuesto, don Antonio.

—Tú ya sabes que varios empleados, aprovechando el prestigio que les da este club, reciben mejores ofertas de trabajo en otros lugares y se van de aquí. Sin embargo, por un «error» del contador general, se ha dado el caso de que siguen saliendo los cheques de esos empleados y, lógicamente, no se los podemos hacer llegar…

—Pero ¿cómo? —le cuestioné ingenuamente, sin entender y preguntándome qué tenía que ver yo con eso.

—Déjame terminar. La cuestión es esta…

Y en ese momento, de un cajón, sacó un cheque que me colocó sobre su escritorio.

—Este cheque ya no se puede cancelar —me explicó— porque Rodríguez, el contador, quien por un descuido lo giró, se metería en graves problemas si los dueños del club se enteran de su equivocación… me obligarían a correrlo y hasta demandarlo. Y yo no quiero eso. Rodríguez es un buen empleado que también goza de mi confianza y no quisiera perjudicarlo.

Empecé a entender más o menos de qué se trataba el asunto. ¿Por qué don Antonio, como gerente del Gaslight, estaba encubriendo a un empleado que había cometido un error tan grave? Lo que entendí fue que, aun tratándose de un «descuido», lo más sencillo y correcto hubiera sido cancelar ese cheque. Y punto. Eso de la «confianza» hacia mí en la que don Antonio hacía tanto hincapié, en lugar de tomarla como una distinción de su parte, empezó a darme mala espina. Y no me equivoqué.

Tomó el cheque y me lo acercó. Vi que era por 350 dólares.

—¿Tú podrías cambiar este cheque por dinero en efectivo? —me preguntó.

No supe qué responder. Estaba por demás confundido.

—¿Puedes o no hacerme el favor? —insistió—. Y la mitad es tuya.

Más claro ni el agua, pensé rápido. El hombre me estaba proponiendo ser cómplice de un delito en el que, evidentemente, tanto él como el contador estaban implicados. Un «negocito» extra, además del considerable sueldo que, seguro, cada uno ganaba en el club.

Más que la «comisión» que me ofrecía, pensé que si no aceptaba hacerle el «favor», podría perder mi situación privilegiada en el Gaslight y hasta quedarme sin trabajo.

—Voy a intentarlo —le prometí, consciente del riesgo que estaba corriendo—. El problema es que… como el cheque no está a mi nombre...

Volvió a mostrarme el cheque.

—Fíjate bien. El cheque sí está a tu nombre. De eso se trata el favor. La única diferencia es que, en el registro de la nómina, aparece a nombre de otra persona, el cocinero que renunció, así como una firma falsificada de él, que nadie, ni siquiera por medio de una auditoría, se va a poner a averiguar.

Observé el cheque. En efecto, estaba a mi nombre. Estuve a punto de preguntarle: «¿Y por qué no viene a nombre de Rodríguez, de usted o de cualquier otra persona?». Pero reaccioné rápido. No me convenía cuestionarlo. Me quedó claro que ni él ni Rodríguez querían arriesgarse. Yo, como su «empleado de confianza», era el elegido.

—Está bien, don Antonio. Ya entendí.

—¡Gracias, Martín! —exclamó, sonriente—. Y ya sabes: esto es estrictamente confidencial. Un secreto entre tú, Rodríguez y yo. ¡Nadie más! Confío en ti y sabré recompensarte.

Salí de la oficina, con el cheque en mi cartera. Durante el resto del día, casi no pude concentrarme en mi trabajo. Mi felicidad y tranquilidad de hasta entonces, se vio interrumpida. «¿Y si me meto en problemas?», pensé.

BAJO EL MISMO Y CONSTANTE ESTRÉS

Saliendo del club y después de darle muchas vueltas al asunto, tuve una idea. Para más seguridad, decidí que no me expondría, cambiando el cheque en un banco. Me daba miedo que, por cualquier descuido o error, me descubrieran. Se me ocurrió ir con don Nick, el dueño de un bar al que, desde que trabajaba en el Gaslight, iba a menudo, con alguna o varias de las meseras para tomarnos unas cervezas. Y como era cliente asiduo, me hice amigo de don Nick.

Una vez, platicando con él en la barra, vi que uno de sus clientes, al encontrarse en apuros, porque los dólares que traía no le alcanzaban para pagar la cuenta, le ofreció un cheque que don Nick le cambió sin mayor problema. Así que recurrí a él, inventándole que un compañero del trabajo al que le había ganado en una partida de póker, me había pagado con un cheque de 350 dólares y que, como andaba sin un centavo y ya era tarde para cambiarlo en el banco, quería ver si era posible que él me lo cambiara. No tuve que insistirle. Aceptó de buena gana y me dio el dinero en efectivo. Lo único que me pidió fue que le endosara el cheque con mi nombre y firma. Así lo hice, aunque, de nuevo, con miedo de meterme en problemas.

Don Antonio, como me lo había ofrecido, me dio la mitad del dinero.

«¡Prueba superada!», pensé. Lo malo es que, después, me pidió el mismo favor con otros cheques. Fueron cerca de quince. Y al igual que la primera vez, no pude negarme, ingeniándomelas para que me cambiaran los cheques en otros lugares, donde inventaba el mismo cuento o cualquier otro, siempre, bajo el mismo y constante miedo de que me sorprendieran o sospecharan de mí. Pero con los otros cheques, sin importar la cantidad, el viejo avaro de don Antonio, sólo me daba cincuenta dólares como «comisión». Hasta que, seguramente, encontró otra forma —o a cualquier otro menso— para continuar con sus «negocios» por debajo del agua.

Más que los dólares que gané, lo importante fue que don Antonio siguió apoyándome, como su consentido. «Haz lo que quieras —me dijo una vez—pero no abuses». Y nunca lo hice, mientras que mi fama como «sobrino del jefe» con privilegios fue en aumento, sin que nadie se enterara jamás del verdadero motivo.

15
DOS TRAGEDIAS

Igual que había sucedido años atrás,
cuando Juan Gabriel me entregó el casete,
lo besé, sin poder evitar las lágrimas
que brotaron de mis ojos.

Aquellos años en el Gaslight significaron una época de esplendor en todos los aspectos. A mis dieciocho años, hasta me compré mi primer auto y, también, ¡una preciosa guitarra, marca Gibson!, como la que tenía Joan Sebastian, y que me costó 1200 dólares. Fuera de la arriesgada experiencia con los cheques clandestinos, aparte de contar con un buen empleo que me encantaba, me la pasaba de lo mejor: después del trabajo, ya noche, la costumbre era irme de juerga a bares cercanos, con mis compañeros y las lindas meseras, con varias de las cuales tuve uno que otro desliz amoroso que, al igual que en mi adolescencia, no trascendió a más.

Lo malo es que, sin darme cuenta, me fui alejando de la familia. Cuando llegaba a casa, ya todos estaban dormidos. Y cuando me levantaba, mis hermanos ya se habían ido a la escuela y mi padre a su trabajo. Victoria era la única con la que apenas platicaba a veces. Como yo también trabajaba los fines de semana y sólo descansaba los lunes, casi todo el día me la pasaba durmiendo, para reponerme del trabajo y las juergas... Juergas que, finalmente, llegaron a hartarme, incluidas las constantes borracheras y las consiguientes crudas.

Tiempo después, advertí que era una forma de evadir algo que tenía pendiente en mi vida, algo que no quería enfrentar: el casete con las melodías de Juan Gabriel, ese tesoro que tenía escondido, pegado a la pata de mi cama, y con el que aún no sabía qué hacer, además de los malos recuerdos que me traía.

Contar con un trabajo estable, en el que me estaba yendo cada vez mejor y, gracias al cual, nuevamente ayudaba a mi padre con los gastos de la casa, sirvió para que él desistiera de sus indirectas sobre mi futuro, aunque siempre que podía, volvía a preguntarme si, de plano, ya no seguiría con mis estudios. Y yo le respondía que sí, que no lo había descartado, aunque, más bien, quería estudiar música.

—¿Para llegar a ser como Juan Gabriel? —me preguntaba, con burla.

Y yo le respondía:

—No, papá. Para ser yo mismo, como el propio Juan Gabriel me aconsejó una vez.

Y era la verdad. A pesar de todo, ese seguía siendo mi sueño.

UNA DECISIÓN

Casi un año después del último encuentro con Juan Gabriel y, ya con tiempo de sobra para pensar las cosas tranquilamente, luego del cuestionamiento de mi padre y de lo que yo le respondí, una noche, recostado en mi cama, tomé una decisión para deshacerme de una vez por todas de esa tortura que no me dejaba en paz: el casete Memorex.

Tarde o temprano, Juan Gabriel regresaría a Chicago y, como ya antes me las había ingeniado para verlo, haría lo mismo. Pero en esta ocasión, no para pedirle un autógrafo o para que me diera consejos sobre mis letras. Más bien: devolverle el casete con las melodías, aunque, como tantas veces lo había pensado, quizás él ya ni se acordaría de ese casete.

Tal decisión, hizo que me quitara un gran peso de encima y me sintiera mejor. A pesar de todo, esas melodías le pertenecían a Juan Gabriel. Ya sabría él qué hacer con ellas. Quizás, hasta le daría gusto recuperar ese casete. Y a cambio, yo estaría en todo mi derecho para pedirle que me devolviera mi libretita negra, aunque, luego, me desanimaba, cuando pensaba que, tal vez, esa libretita ya ni existiría o habría ido a dar quién sabe a dónde. ¿Para qué le serviría a él? ¿Qué valor tendrían para un artista como él las letras de mis canciones? Si podría escribir cien o más mucho mejores.

TREMENDO SUSTO

Luego de regresar al buen camino, lejos de las parrandas diarias, ya con mi guitarra Gibson, retomé mis intentos como compositor. Busqué los escritos originales de mis letras, entre los cuadernos y hojas sueltas que aún conservaba, para comenzar de nuevo e intentar, una y otra vez, ponerles música, aunque me seguía costando mucho trabajo.

Un lunes, mi día de descanso, aprovechando que estaba solo en casa, luego de mantener escondido el casete Memorex, durante meses, lo despegué de la pata de mi cama, para escucharlo de nuevo, tranquilamente, y tratar de imaginar cómo serían las letras que Juan Gabriel les iba a poner después.

Sin embargo, cuando coloqué el casete en la grabadora, ¡ocurrió una tragedia! ¡No se escuchaba nada!, ¡la cinta no corría! Como antes me había sucedido, pensé que las pilas ya estarían muy gastadas y las cambié por unas nuevas. Pero de nada sirvió. Alarmado, abrí la grabadora y vi que la cinta se había atorado. Avanzaba o retrocedía apenas un poco y, luego, se detenía de nuevo. Angustiado, traté de correrla con ayuda de un bolígrafo que introduje en uno de los orificios del casete y, al forzarla, lo que logré fue que ¡se apretara todavía más! Ni para atrás ni para adelante. Con mucho cuidado, intenté aflojarla, extrayendo una buena parte que, como descubrí en ese momento, con el forcejeo, se había torcido, quedando con un montón de pequeños dobleces, como si fuera un diminuto acordeón.

Desesperado, estuve más de una hora tratando de enderezar y estirar las partes afectadas de la cinta, con miedo de que se rompiera. Y aunque no pude «plancharle» del todo los dobleces, ¡sí logré enderezarla! Luego, con ayuda del bolígrafo que de nuevo giré una y otra vez, conseguí que volviera a correr, aunque en forma más lenta. Hasta que decidí dejar en paz el casete que volví a pegar en la esquina de la parte alta de la pata de la cama.

Una vez lograda la hazaña de «salvar» a medias mi preciado tesoro, cené con mi familia, como en los buenos tiempos, disfrutando nuevamente de esos momentos que llegué a añorar. Y ya cerca de las doce de la noche, me fui a dormir, mientras escuché que, afuera, se había desatado una fuerte lluvia, con truenos y relámpagos.

ENTRE EL TERROR Y LA IMPOTENCIA

Debieron transcurrir varias horas —no sé cuántas—, cuando me despertaron las voces y risas de mis hermanos, muy divertidos, al mismo tiempo que escuchaba repetidos chapoteos sobre el piso y, desde la estancia, los dramáticos gritos de Victoria: «¡Dios santo! ¡Esto es un diluvio!». Alarmado, me incorporé e intenté encender la lámpara que estaba sobre mi buró. Pero fue inútil. Aunque ya había dejado de llover, se había ido la luz, tanto en la casa como en la calle. Cuando salté de la cama, advertí que el cuarto estaba totalmente inundado. El agua nos llegaba hasta arriba de los tobillos.

Seguido por mis hermanos, abrí la puerta del cuarto. ¡La inundación era general! En la sala y el comedor, alumbrados apenas por una linterna que traía mi padre, mis hermanas y mis hermanitos, asustados y llorando, estaban sobre los sillones, mientras que Victoria y mi padre, empapados y entre chapoteos, corrían de un lado a otro, colocando las sillas del comedor y otros objetos, sobre la mesa, mientras que el agua seguía filtrándose por debajo de la puerta de entrada, la de la cocina, la del baño y hasta por las ventanas.

—¡Dios mío! ¿Qué es esto? ¡Virgen santísima, ten piedad de nosotros! —seguía gritando Victoria. Y mi padre, desesperado, intentaba calmarla, también a gritos:

—¡Ya cállate, mujer! ¡Estás espantando más a los niños!

Aún en medio de la catástrofe, reaccioné y, junto con mis hermanos, nos pusimos a desconectar todos los aparatos eléctricos, para que cuando regresara la luz, no se produjera una desgracia mayor.

Como la casa era de una sola planta, lo que se nos ocurrió fue que todos nos subiéramos por la escalera de servicio, a la también encharcada azotea. Ahí, al menos, el agua iba bajando de nivel, poco a poco, a través de las coladeras. Desde ahí, descubrimos un panorama todavía más desolador: la calle, aunque también estaba prácticamente en penumbras —alumbrada sólo por las luces giratorias, azules y rojas, de las torretas de varios camiones de bomberos—, se había convertido en un caudaloso río de lodo en el que flotaban escombros, basura, ramas de árboles y hasta ropa y diferentes objetos.

Mientras que los bomberos drenaban las coladeras, con bombas y otros aparatos, por todos lados se veía a gente, con el agua casi hasta las rodillas, sacando lo que podían de sus casas, incluyendo a sus asustadas mascotas (perros y gatos) que colocaban en el cofre y en el techo en sus autos, también sumergidos en el lodazal. Otros, igual que nosotros, sobre los tejados y en las azoteas, o desde las ventanas de sus casas, observaban aterrados la catástrofe. Gritos, lamentos y llantos se escuchaban por todos lados.

Transcurrieron cerca de dos horas en las que, gracias a los bomberos —y con ayuda del sol que comenzó a brillar detrás del horizonte—, el nivel del agua comenzó a bajar paulatinamente.

UN REFUGIO

Ya a la luz del día, sólo con la ropa de dormir que traíamos puesta, la cartera de mi padre que logró rescatar, junto con su llavero, el bolso de Victoria y nada más, bajamos y abrimos la puerta de entrada. Y a pesar del agua que en mayor cantidad invadió todavía más la estancia —y que no tuvimos más remedio que enfrentar—, con muchos trabajos, cargando en brazos a mis hermanos menores, salimos a la calle y, ayudándonos unos a otros, nos subimos a la camioneta Van de mi padre. Gracias a sus gruesas y grandes llantas (aunque cubiertas por el agua), estaba a salvo en su parte interior, y nos sirvió como nuevo resguardo, a pesar del agua que se filtró al abrir una de las portezuelas por donde entramos todos.

Afortunadamente, después de varios intentos fallidos, la camioneta por fin arrancó. A pesar de que las calles seguían encharcadas, lentamente fuimos escapando de la parte más afectada de la zona y nos dirigimos a la casa de mi tío Arnulfo, quien desde años atrás se había mudado a la parte oeste de Chicago, con su esposa y sus dos hijos.

Gracias a Dios, igual de alarmados que nosotros, nos recibieron con los brazos abiertos. Tanto ellos, como algunos de sus vecinos, también enterados de la tragedia, nos ofrecieron hospedaje, ropa y comida. Esa primera noche, a la hora de dormir, nos repartimos en tres casas diferentes. A mí me tocó el sillón de la sala de un matrimonio de norteamericanos, Ginger y Jacob, dos ancianos muy amables y paternales que vivían solos. Tanto a mí, como a mis hermanos, Manuel y José Luis, nos trataron como si fuéramos sus hijos y hasta nos prestaron pijamas del señor Jacob.

Esa primera noche, ya recostado en el sillón (a mis hermanos les tocó compartir una cama) aunque desvelado y cansado, no lograba conciliar el sueño. Aún impresionado y recordando los dramáticos momentos vividos, como una pesadilla de la que aún no lograba despertar, de repente me enderecé, cuando una imagen llegó a mi mente: ¡el casete de las *Canciones por hacer*! ¿Qué habría sido de él? El agua, seguramente, lo habría alcanzado, aún pegado a la pata de la cama que, según yo, era el mejor escondite. Entonces, me di cuenta de que, más bien, había sido el peor. O, quizás, con el agua, hasta se habría despegado y estaría flotando o sumergido en el lodazal... Si lo hubiera dejado guardado en el cajón de algún mueble o en cualquier otro lugar... Sentí una profunda tristeza. ¿En qué había acabado mi gran tesoro?, ese pobre casete...

LO QUE MÁS IMPORTA

Al otro día, cuando nos enteramos por la televisión de que, a pesar de los estragos que había dejado la tormenta, todo estaba volviendo a la normalidad, mi padre y yo fuimos a nuestra casa.

El nivel del agua había bajado considerablemente, aunque un charco interminable, seguía ocupando la casa, con un desagradable olor a caño.

Paredes y techos agrietados, invadidos por la humedad y aún chorreando. Afortunadamente, algunos muebles y aparatos eléctricos se salvaron. Otros, aunque afectados, se podrían reparar. «¡Qué desastre, Martín! —exclamó mi padre, a punto de llorar, mirando a todas partes—. Pero pudimos salvar nuestras vidas y eso es lo que más importa».

Mientras él seguía revisando los desperfectos en la estancia y en las recámaras, yo me dirigí a la mía. Las camas de parte alta de las literas estaban intactas. Y las de abajo, aún empapadas, igual que otros muebles. De inmediato, me acerqué a mi cama. Sin importarme quedar prácticamente recostado sobre el agua puerca, me asomé... ¡ahí seguía, el estuche con el casete!, pegado a la pata de la cama, aunque todavía mojado y a punto de despegarse del *masking tape* que, por fortuna, lo protegió. Como lo supuse, el agua lo había alcanzado. Feliz, lo despegué y, sorprendido, vi que el letrero de *Canciones por hacer* sólo se había borrado un poco y estaba a punto de desprenderse. Al tener de nuevo ese casete en mis manos, igual que había sucedido años atrás, cuando Juan Gabriel me lo entregó, lo besé, sin poder evitar las lágrimas que brotaron de mis ojos, dándole gracias a la imagen enmarcada del Sagrado Corazón de Jesús, que estaba sobre la pared, en medio de las dos literas. ¡Gracias, Dios mío!

16
UN BOLETO GRATIS

Agradécele a Juan Gabriel.
Él es quien te lo envía.
Como ya no lo volviste a buscar
ni supo de ti en estos tres años,
pues... quiere verte y que vayas a su show.

Dicen que después de la tempestad, viene la calma. Pero esa calma no llega de inmediato. En nuestro caso, tardó un buen tiempo y aunque la traumática experiencia de la inundación nos mantuvo en estado de alerta y miedo constante, poco a poco nos fuimos reponiendo.

Con los ahorros que tanto mi padre como yo teníamos, reunimos el dinero suficiente, por principio de cuentas, para comprar nuevos tapetes y cortinas, y reparar los desperfectos en muebles, paredes y techos, dejando la casa nuevamente habitable. Hasta que, meses después, quedó no como antes, sino mucho mejor.

Gracias a aquella arriesgada experiencia en el Gaslight, con los cheques clandestinos, como cómplice de don Antonio, él se portó de lo mejor conmigo: aparte de un buen aumento de sueldo y de haberme pagado los días que me ausenté, a menudo me preguntaba cómo iban los adelantos en la casa. Yo le contaba y él me extendía algún cheque extra (nunca supe si de su bolsa o de sus «maniobras» en el club) para ayudarme. «Ya me pagarás cuando puedas», me decía siempre, cuando notaba que me preocupaba lo mucho que me estaba endeudando con él. Más que la deuda que iba creciendo, me angustiaba comprometerme más con él, en caso de que nuevamente se le ocurrieran nuevos «negocios» por debajo del agua.

INDIFERENCIA

En ese 1979, me enteré de que Juan Gabriel se presentaría de nuevo en Chicago. Para sorpresa mía, por primera vez, no me entusiasmó la noticia, como en ocasiones anteriores. Por otro lado, aún estábamos en la etapa de reparación de la casa y reponiéndonos del susto de la inundación. Y aunque no me sentía con ánimos para ir a su *show*, tenía pendiente la devolución de su casete —aunque me daba pena regresárselo tan deteriorado— y preguntarle por mi libretita negra, con la esperanza de recuperarla. Sin embargo, como no sabía en qué hotel estaba hospedado y ni me preocupé por averiguarlo... Fue más bien un pretexto. Sí. Quería devolverle el casete, pero aún no me sentía preparado para verme con él, cara a cara, luego de la humillante experiencia de nuestro último encuentro, cuando se me desapareció y me dejó esperándolo durante horas. Así que, finalmente, ni fui al *show* ni a buscarlo.

VISITA INESPERADA

Fue hasta abril de 1981 que regresó, para presentarse en el Teatro México. Cuando lo supe, nuevamente dudé. ¿Quién me lo iba a decir? A mis veinte años, la emoción que antes me invadía, cada vez que me enteraba de que Juan Gabriel se presentaría en Chicago, cuando yo corría a la taquilla para comprar mi boleto, ahora se había convertido en indiferencia.

Dejé pasar los días, sin decidirme, consciente de que los boletos para su *show* podrían agotarse. La fecha sería el 25 de abril y, un día antes, dando por hecho que, nuevamente, no iría a verlo y, menos, a buscarlo, cuando llegué a mi casa, me llevé tremenda sorpresa: apenas entré, encontré, sentado en un sillón de la sala ¡a Vicente!, el mariachi aquel que tres años atrás fue tan amable conmigo, llevándome hasta mi casa, desde el hotel Sheraton. Al verlo, me quedé paralizado, sin saber ¿qué demonios hacía ahí, platicando con Victoria?

—¡Amigo Martín! ¿Te acuerdas de mí? —Se levantó del sillón extendiéndome sus brazos—. ¡Qué gusto verte de nuevo!

Yo recibí el abrazo, aún confundido, ante la mirada complacida de Victoria.

—Ya me contó el señor ¡que es uno de los músicos del mariachi de Juan Gabriel y la forma en que te conoció!

Vicente notó mi desconcierto y la frialdad con que recibí su abrazo.

—Perdón por el atrevimiento, Martín —se excusó, un tanto apenado—. Pero afortunadamente, aunque no tenía tu dirección exacta, sí recordé cómo llegar a tu casa. Pero si te incomoda…

—No, don Vicente —respondió Victoria por mí—. ¿Cómo va a incomodarnos su visita? Lo que pasa es que Martín, de seguro, no se la esperaba.

—Claro, Vicente —hablé por fin—. Yo nunca me olvido de todo lo que hiciste por mí.

Victoria ya le había servido un café y le ofreció otro, igual que a mí. Mis hermanas Rosa Isela y Luz Elena estaban sentadas en el comedor, observando a Vicente con curiosidad.

Me contó que seguía en el mariachi y luego, como en la vez anterior, cuando nos conocimos, comenzó a interrogarme: ¿qué había sido de mí en esos casi tres años que habían transcurrido, desde que nos conocimos? Le conté de mi trabajo, de la inundación... Platicamos cerca de veinte minutos, con Victoria y mis hermanas ahí, muy atentas a la conversación, hasta que se fueron a sus respectivas recámaras y nos dejaron solos.

—Bueno, no te quito más tiempo. Ya es tarde —concluyó Vicente, cuando yo aún me preguntaba para qué me había buscado, después de tres años. En eso, del bolso de su chamarra, sacó un sobre blanco que me entregó.

—Aquí te mandan esto.

—¿Quién? —le pregunté con curiosidad y sin entender.

—Abre el sobre —me pidió, muy sonriente.

Lo hice y lo que encontré fue ¡un boleto para el *show* de Juan Gabriel, al día siguiente!

Perplejo, observé el boleto, sin entender.

—Te cuento rápido —me explicó—: Resulta que hoy por la mañana, nuevamente en el Sheraton, donde nos conocimos, doña Paz... ¿Te acuerdas de ella? María de la Paz Alcaraz, la *manager* de Juan Gabriel.

—Sí, claro que la recuerdo —le respondí, pensando que era ella quien me había enviado el boleto.

—Pues resulta que se acordó de la vez aquella en que me pidió que te diéramos un aventón al centro de Chicago y que, ya después, yo le conté que no sólo te habíamos dado el aventón, sino que yo te había traído hasta tu casa. Y ella, sorprendida, me preguntó: «Entonces, Vicente, ¿tú sabes dónde vive ese muchacho, el amigo de Alberto?». Y pues le respondí que sí. No sé si hice mal. Pero yo creo que no, porque, ya por la tarde, cuando estaba con unos compañeros en el restaurante del hotel, me buscó de nuevo y me entregó este boleto, preguntándome si yo te lo podría traer.

Doña Paz, pensé. Esa señora tan educada y buena gente, a pesar de que —recordé— en ese entonces, no cumplió su promesa de dejarme mi libretita en la recepción del Sheraton.

—Ah, pues agradécele de mi parte el detalle a la señora —le pedí a Vicente.

—Más bien —me aclaró él—, agradécele a Juan Gabriel. Él es quien te lo envía. Me contó doña Paz que, como ya no lo volviste a buscar ni supo de ti en estos tres años, pues… quiere verte y que vayas a su *show*. Ahí estarás, ¿verdad?

—Sí, claro —le aseguré sin dejar de observar el boleto.

—Entonces, mañana nos vemos en el Teatro México. Me dio otro abrazo, se despidió y salió.

En cuando cerré la puerta, observé de nuevo el boleto. Más que un detalle inesperado de doña Paz o del mismísimo Juan Gabriel, un detalle que, por supuesto, me halagó, supe que se trataba de algo más: el casete de las *Canciones por hacer*.

17
TREMENDO EMBROLLO

Las letras son tuyas.
Espero que las hayas pulido, como te aconsejé.
Pero las melodías son mías.
Y espero que no vayas a hacer mal uso de esas canciones.

Ese 25 de abril, antes de dirigirme al Teatro México, tomé el casete Memorex. No me molesté en comprobar si seguía corriendo o no o si de nuevo se había atorado. Pronto, dejaría de estar bajo mi responsabilidad. Lo que sí hice fue ponerle una cinta adhesiva sobre la etiqueta de *Canciones por hacer*que, ya muy deteriorada, estaba a punto de despegarse. Por último, lo coloqué en un estuche nuevo y lo guardé en el bolsillo interior de mi saco.

En esta ocasión, ya no tuve que tomar el tren, un camión o un taxi, como antes. Me dirigí al teatro México en mi propio auto, mi segundo auto, un Lemans.

Llegué un cuarto de hora antes del *show*, con mi boleto en mano, encontrándome lo que suponía y que ya había visto muchas veces: una multitud que iba entrando, poco a poco, al teatro, formada en cinco largas filas. Me formé en una de ellas y cuando pasé enfrente de una de las taquillas ya cerradas, vi un letrero: «*Sold Out*. Localidades Agotadas». La popularidad de Juan Gabriel estaba en pleno apogeo.

Tal como ya lo había notado en mi boleto, mi butaca se encontraba en la tercera fila, la sección vip, entre invitados especiales. Ya sentado en mi lugar, miré hacia atrás. La gente seguía entrando y el teatro ya estaba casi lleno. Miles de personas, aguardando el gran espectáculo.

COMO UN *DÉJÀ VU*

Una emoción similar a la que, años atrás, había sentido tantas veces, cuando esperaba con ansias que Juan Gabriel apareciera en el escenario, inevitablemente y muy a mi pesar, volvió a invadirme. Sentí nostalgia de aquellos días en los que, como cualquier fanático ilusionado, me las ingeniaba para reunir el dinero necesario con tal de verlo en escena. A pesar de todo lo sucedido y de que en determinado momento sentí que la imagen de ese ídolo se me había derrumbado, en medio del bullicio del público y esa atmósfera tan especial, reconocí que, finalmente, Juan Gabriel seguía siendo alguien muy importante en mi vida. Y yo ahí, como un privilegiado, con un boleto, cortesía de él mismo o de su representante, doña Paz. Daba igual.

¿Para qué se había tomado la molestia de investigar mi dirección y enviarme ese boleto con Vicente? ¿Para qué invitarme a su *show*? Algo que jamás pensé que sucedería. Iba preparado con el casete por el que, seguramente, me iba a preguntar, después de tres años de habérmelo entregado.

A pesar de los nervios —cuando imaginaba qué cara pondría él cuando viera su casete tan amolado—, disfruté cada momento, cada canción, durante las más de dos horas en las que Juan Gabriel, mejor que nunca, acompañado de una orquesta y del mariachi —en el que reconocí a Vicente—, cantó sus grandes éxitos que, ahora, eran muchos más que antes, con su muy peculiar estilo de dominar el escenario y, como siempre, generar esa magia que me era tan familiar, motivando el regocijo general del público que le aplaudía a rabiar y que, como ya también había atestiguado antes, lo despedía con una prolongada ovación de varios minutos a la que, como siempre, yo también me uní.

Una vez terminado el espectáculo, reviví también el momento en que, mientras que la gente iba desocupando el local, yo me quedaba sentado, preguntándome «¿cómo le haría ahora para verme con Juan Gabriel?». Sabía perfectamente que, más que honrarme con la invitación, lo que esperaba era que lo buscara en su camerino.

Cuando el lugar estaba ya casi vacío, vi que Vicente —aún con su traje de mariachi— venía bajando por una de las escaleras laterales del escenario. Ya me tenía localizado en la fila de mi butaca y me hizo una seña con la mano. Yo me puse de pie y me dirigí a él, para encontrarnos en uno de los pasillos. Nos dimos un abrazo.

—Qué bueno que viniste, Martín. ¿Te gustó el *show*?

—Me encantó. Luego de tres años de no ver a Juan Gabriel en un escenario, comprobé que está mejor que nunca.

—Me mandó por ti —me dijo Vicente—. Ya lo viste tú y ahora es él ¡quien quiere verte a ti! Se nota que te estima de veras —añadió con la misma ironía de años atrás.

El momento de la verdad había llegado. Ya no podía echarme para atrás.

—Ven conmigo, para que no tengas problemas con los de seguridad.

ACLARACIONES Y OLVIDOS

Llegamos a la sección de camerinos. Otra escena se repetía, como un *déjà vu* que me remitió al pasado: un montón de gente, felicitando y abrazando a Juan Gabriel, ataviado todavía con el mismo traje plateado con el que cerró en su *show*. Aunque sonriente, se notaba un tanto agobiado.

Casi empujado por Vicente, me acerqué a él, quien al verme ¡de nuevo me reconoció!

—¡Martín! —Y como de costumbre, se quedó observándome por unos instantes—. Pero, mijo, ¡ya eres todo un *gentleman*! ¡Qué gusto volver a verte! ¿Por qué me abandonaste? —Y luego se dirigió a Vicente—. Lo conocí hace años, cuando era un adolescente, y siempre le he dicho que me recuerda a mí mismo cuando tenía su edad.

Me dio un abrazo y me dijo al oído, en secreto:

—Búscame mañana. Estoy en el hotel… No dejé que terminara. Lo interrumpí:

—No puedo, Alberto.

Me lanzó una mirada, mezcla de desconcierto y molestia. ¿Yo? ¿Rechazándole una invitación suya para verlo en privado?

—Trabajo todo el día.

Evidentemente, se sintió ofendido con mi inesperada negativa.

—A ver… Ven conmigo.

Me pasó el brazo por el hombro y nos dirigimos a su camerino, abriéndonos paso, entre la bola de personas que estaban ahí. Vicente nos siguió, pero antes de que Juan Gabriel abriera la puerta del camerino, le ordenó que nos dejara solos. Vicente obedeció, seguramente, imaginando lo mismo que cuando lo conocí.

Juan Gabriel abrió la puerta. Dentro se encontraba un muchacho joven (supuse que un asistente suyo), acomodando su ropa en varios portatrajes y en una maleta. Juan Gabriel le pidió que saliera y el muchacho lo hizo.

Ya a solas, me señaló un sillón y me hizo una seña para que me sentara. Así lo hice. Él tomó una botella abierta con champaña a medias, que sirvió en dos vasos de plástico, ofreciéndome uno de ellos. Luego acercó su vaso al mío.

—Por el gusto de verte de nuevo, aunque ya no me quieras —dijo en tono irónico, mientras se sentaba en una silla, frente a mí.

—No. No es eso. Sigues siendo mi ídolo —le confirmé—. Lo que pasa es que…

—Lo que pasa es que ¡nada! —me interrumpió de nuevo—. Creo que hicimos una bonita amistad. Y un amigo no abandona al otro, así nada más. Siempre que he venido a Chicago me ha extrañado que no aparecieras, como antes. Lo comenté con María de la Paz y fue ella quien me dijo que uno de los muchachos del mariachi, precisamente Vicente, sabía dónde vives. Por eso te mandé el boleto, para asegurarme que volvería a verte. ¿Por qué, Martín? —me preguntó una vez más, en tono de reclamo, con su clásica manera de observarme, mirándome fijamente a los ojos.

—¿Por qué? No sé si te acuerdes que la última vez que nos vimos —aproveché para echarle en cara, aunque sonriendo y a manera de broma— te me desapareciste de repente y me dejaste ahí, en el Sheraton. No sé si la señora María de la Paz te contó que estuve esperándote varias horas…

—¿Eso hice? —me preguntó, divertido—. ¡Perdón, mijo! Pero no recuerdo. Seguro me salió algún compromiso inesperado o cualquier otro asunto… No sé… Ahorita no tengo cabeza para hacer memoria.

—Supongo que tampoco te acuerdas de la libretita negra en la que tenía escritas treinta de mis letras y que, por un descuido mío, dejé olvidada en tu habitación.

Soltó una carcajada, igual de divertido.

—¡Una libretita! ¿De qué me hablas?

—La libretita de mi graduación. ¡Acuérdate, Alberto! ¡Hasta me pediste que te la regalara!

Otra carcajada, mientras meneaba la cabeza.

—Pues, la verdad, ni me acuerdo. Imagínate, con tantas cosas que traigo en la cabeza y viajando de un lado a otro… ¿Qué voy a andar cuidando yo una libretita que dejaste olvidada? Pero voy a pedirle a mi asistente que la busque entre mis cosas.

—Hasta la señora María de la Paz me prometió que la recuperaría y me la dejaría en la recepción del Sheraton, pero…

No me dejó terminar. Sin darle importancia al asunto de la libretita y haciéndose el occiso —o al menos, eso pensé— dio un largo sorbo a su vaso con champaña y, como me lo esperaba, me dijo muy serio y sin preámbulos, mirándome de nuevo a los ojos.

—No tengo tiempo para que platiquemos bien. Si te mandé buscar y te invité al *show* fue para otra cosa. Sabes que dejamos un asunto pendiente.

—Sí. Lo sé —respondí muy serio.

—¿Qué pasó con el casete que te di?

Antes de que le respondiera, alguien llamó a la puerta. Juan Gabriel se levantó y abrió. Era su asistente, para decirle que el señor Willy Miranda, su promotor, ya se iba y quería despedirse de él. Juan Gabriel, molesto, le respondió tajante: «Pues que se vaya y que me busque mañana en el hotel». Cerró de nuevo la puerta y regresó a la silla.

—¿Qué hiciste con las canciones que te di? Más bien, con tus letras a las que yo les puse la melodía —me recalcó—. Las letras son tuyas. Espero que las hayas pulido como te aconsejé. Pero las melodías son mías —me advirtió—. Y espero que no vayas a hacer mal uso de esas canciones, si no es que ya lo hiciste...

—¿Mal uso?

—Sí. Mal uso. Que se te ocurra dárselas a alguien. O que las vendas. ¡Qué se yo! No lo has hecho, ¿verdad?

Una vez más, me sentí ofendido. Ahora, yo también podría advertirle que no fuera a «hacer mal uso» de mis letras.

—No has hecho esa tontería, ¿verdad? —Volvió a preguntarme. Más humillado me sentí.

—No sé por quién me tomas —repuse, ya molesto, mientras me puse de pie y metí mi mano al bolsillo de mi saco, sacando el casete de las *Canciones por hacer*, dentro de su estuche, para acabar de una vez por todas con ese embrollo que tendría que recordarle, paso a paso, para sacarlo de su confusión.

—¡Ay! Pero no te enojes —me dijo en tono de burla, mientras que también se levantó, descubriendo el estuche con el casete que yo aprisionaba en mi mano—. Sólo quise advertírtelo, por si acaso.

En eso, bruscamente, me arrebató el estuche con el casete. Pensé que, por fin, al revisarlo —al menos por curiosidad— y ver la etiqueta con el letrero de *Canciones por hacer*, escrito de su puño y letra, me daría pie para explicarle la confusión y, de una buena vez, acabar con ese asunto. Pero, para sorpresa mía, ni siquiera abrió el estuche ni le dio mayor importancia. Sólo lo puso frente a mis ojos.

—Este casete es un regalo que te hice con mucho cariño. Un regalo para ti y para nadie más. Es un secreto entre tú y yo. Guárdalo como un recuerdo.

Me quedé callado. Y él, dando por concluida la advertencia, me devolvió el estuche con el casete y, contrariado, abrió la puerta del camerino. Afuera, aunque ya no había tanta gente, estaba esperando su asistente, quien entró de nuevo para seguir guardando la ropa.

—Oye, Alberto, es que…

—Perdón, pero hay gente esperándome y ya estoy muy cansado. Nos vemos en la próxima. Y no olvides lo que te acabo de decir.

—Pero es que… —insistí y hasta le di un empujón a la puerta, cerrándola de nuevo, para impedir que Juan Gabriel saliera.

Él, sorprendido, me miró, sin entender.

—¡Oye! ¿Qué te pasa? —me reclamó.

—Perdón —le supliqué—. Sólo dame cinco minutos.

—Te doy los minutos que quieras, pero la próxima vez que nos veamos.

—Y agregó, nuevamente molesto—: ¿No entiendes que tengo prisa, que estoy cansado y que lo único que quiero en este momento es llegar al hotel? ¡No seas impertinente ni abuses de mi confianza!

Con desdén, volvió a abrir la puerta, sin ni siquiera mirarme. Tan furibundo lo vi, que ya no insistí más.

Salió del camerino, dejándome ahí parado, mientras su asistente me miraba de reojo y en silencio, seguramente pensando lo que otros —como Vicente y los otros mariachis— pensaban de mí y de mi relación con Juan Gabriel.

Y yo, con el casete en mi mano, lo miré y pensé, mortificado: «¡Otra vez este maldito martirio!».

18
RUMBO AL OTI

Sorprendido, descubrí que el tipo
¡utilizó varias frases de mi canción!,
cambiándoles la melodía
y una que otra palabra.

Luego de ese nuevo, confuso y decepcionante encuentro, en el que, además de sus «advertencias» y de que —como muchas veces supuse—, Juan Gabriel ni se acordaba de sus *Canciones por hacer*, me quedé con el mismo dilema a cuestas: ¿qué hacer con ese casete?

«Por mí no quedó», pensé, quitándome de encima ese sentimiento de culpa, esa inquietud que tanto me había torturado. Así como Juan Gabriel no se acordaba de mi libretita negra ni del maldito casete, yo estaba en todo mi derecho de olvidarme de ese asunto y seguir adelante con mi vida. Sin embargo, en ningún momento pensé en deshacerme de esas *Canciones por hacer*. Un recuerdo, sí, bueno o malo, pero un recuerdo que, quizás, algún día, a pesar de todo lo sucedido, si el destino así lo quería, le devolvería a Juan Gabriel, para quien, seguramente, ese casete tendría más valor del que yo le estaba dando entonces, viéndolo, más bien, como un estorbo. De nuevo, lo escondí, ya no debajo de la pata de mi cama, sino en el mismo cajón a donde fue a dar después de la inundación, debajo de unas camisas.

MEDIANOCHE

Meses después, ya en 1982, llegó al Gaslight un elegante y altivo señor de unos cincuenta años, acompañado de otros dos hombres. Yo mismo los recibí y los conduje a la mesa que el cincuentón había reservado a su nombre: David Baldwin.

Sharon, una de las meseras-cantantes, cuyo sueño era llegar a ser famosa, lo reconoció y me pidió ser ella quien lo atendiera.

—¿Y por qué tanto interés? —le pregunté.

—¿No sabes quién es David Baldwin? —me preguntó, sin ocultar su emoción.

Por ella, me enteré de que se trataba de un músico y productor, dueño de un estudio de grabación, en el que se dedicaba a producir *jingles* para radio. Además, eventualmente, hacía arreglos de temas, para varios cantantes y grupos locales.

—¡A un amigo mío le grabó un demo y lo está ayudando a conseguir una casa disquera! —siguió contándome Sharon—. ¡Tiene muchos contactos! ¡Déjame que lo atienda! —me suplicó—. A lo mejor, él también me puede ayudar a mí.

Claro que le permití a Sharon que lo atendiera. En ese momento, me acordé de mis propias canciones (música y letra) que, luego de las noches de desvelo y terquedad, había grabado en un casete. Pensé que era el momento de lanzarme por mi cuenta y cumplir mi gran sueño. Esas canciones merecían ser concluidas y aprovechadas.

Así que cuando David Baldwin, después de comer y tomarse unas copas con sus amigos, ya estaba a punto de marcharse, me acerqué a él y, sin preámbulos, me presenté y le dije que tenía un casete con varias canciones de mi autoría.

—¿Y en qué te puedo ayudar? —me preguntó.

—Me gustaría grabarlas de una manera más profesional.

—¿Unos demos? ¿Hacerles arreglos?

—Sí. Exactamente. O lo que usted me aconseje.

Asintió con la cabeza y sacó una tarjeta de presentación que me entregó.

—Llámame cuando quieras. Primero, tengo que escuchar esas canciones.

Esa misma noche, en la sala de mi casa, cuando ya todos se habían ido a dormir, puse el casete en mi grabadora (la misma que Juan Gabriel me había regalado) y escuché la primera canción, tarareada por mí y con acompañamiento de guitarra. Ya sin hacerle cambios a la melodía (con tal de ahorrar tiempo), sólo le hice algunos cambios a la letra, que tenía escrita en un cuaderno. A la noche siguiente, trabajé más en esa letra, hasta que quedé conforme con el resultado y la pasé en limpio en una hoja, poniéndole por título: *Medianoche.*

EN RITMO DISCO

Al otro día, me presenté en el estudio de Baldwin con mi casete. Él lo puso en un reproductor y escuchó la primera melodía.

—¿Qué es esto? —me preguntó en tono despectivo, haciendo que mi entusiasmo se derrumbara de pronto.

—Pues... una de las melodías que le comenté. Pero si no le gusta, tengo otras más.

—¿La voz que se escucha es tuya?

—Sí —le respondí.

—¿Y cuál es el título de la canción?

—*Medianoche.* —Y le mostré la hoja en la que tenía escrita la letra.

Para sorpresa mía, de repente, Baldwin hizo a un lado su actitud indiferente. Volvió a poner la melodía, mientras que, en voz baja, cantaba la letra que iba leyendo.

—Eres muy entonado. No está mal. —Sorprendido, tragué saliva y dejé que continuara—. Lo primero es hacer las partituras y, luego, los arreglos. Y ya después, grabarla con músicos. Tú podrías cantarla o, si quieres, contratamos a un cantante profesional. Para empezar, te cobro veinte dólares por la partitura y veinte dólares más por cada instrumento.

¿Cuántos quieres?

No supe qué responderle. En mi ignorancia e inexperiencia, no había tomado en cuenta lo que Baldwin me estaba proponiendo: lo que se requería para un simple demo y, sobre todo, lo que me costarían los arreglos, partituras, músicos...

—No sé —le respondí, dudoso.

—Para que no gastes demasiado —me propuso—, yo creo que basta con guitarra, batería, piano y bajo. Ya después, te presento un presupuesto de músicos, renta del estudio y hasta el cantante y coros.

¿Qué te parece?

—Bien.

—¿Y en qué ritmo quieres los arreglos?

—Pues...

—Te aconsejo que sea en ritmo disco, que es lo que está de moda.

—Me parece bien —le dije, pensando, más bien, en lo que iba a gastar y si me alcanzaría con mis ahorros.

LOS DEL CHICAGO LATIN

Me pasé todo un día pensando. De alguna manera, tenía que comenzar y dar el primer paso, rumbo a la realización de mis sueños. Con lo que tenía ahorrado, me alcanzaba perfectamente para las partituras, pero… ¿Y después? Los músicos, el estudio, el cantante, los coros… ¿Cuánto más tendría que invertir? Finalmente me decidí.

En una semana, Baldwin me entregó las partituras. Cien dólares en total que le pague inmediatamente, teniendo en mis manos, por primera vez, las partituras de una canción completa: ¡letra y música de mi autoría!

El siguiente paso, como me lo aconsejó Baldwin, era grabar la canción con músicos profesionales. Y ya después, los demás temas. Me dijo que él tenía varios músicos y coristas con los que trabajaba, y hasta un cantante que podría poner la voz. Pero cuando hizo un cálculo de lo que cobraría cada uno, más o menos ¡250 dólares más!, le pedí que me permitiera buscar yo a los músicos. Y estuvo de acuerdo.

El problema era que ninguno de los músicos locales que yo conocía, incluidos los que me recomendó Clyde Batton, el pianista que tocaba por las noches en el Gaslight, sabían leer música. Todos eran líricos, aunque me decían que no tendrían ningún problema en entrarle a la grabación.

Lo consulté con Baldwin, pero me dijo que trabajar con músicos «aficionados» —como los llamaba él— se llevaría más tiempo, lo cual significaría más horas en la renta del estudio de grabación y más dinero que yo tendría que pagar.

Ahí anduve con mis partituras, buscando músicos que supieran leerlas y que, claro, me cobraran menos. Pero los que sí sabían leer música no se mostraban muy interesados, además de que me querían cobrar más que los músicos de Baldwin. Y los otros que contacté, aunque más accesibles, no sabían leer música. Además, necesitaba conseguir, juntos o por separado, un guitarrista, un pianista, un bajista y un baterista.

En medio de esa búsqueda, de repente, me acordé de unos vecinos míos, todos más o menos de mi edad, que tenían un grupo local, el Chicago Latin, aunque no sabía si eran profesionales o líricos. Sólo una vez los había escuchado tocar —bastante bien, por cierto—, en una fiesta. Los busqué y les hablé de mi proyecto. Gracias a Dios, me confirmaron que, por supuesto, ¡sabían leer partituras! Y, encantados, aceptaron de inmediato. Lo mejor: por puro amor al arte, ¡me cobrarían muchísimo menos que los músicos de Baldwin!

MEJOR, BALADA ROMÁNTICA

Saliendo del trabajo, me reunía con los muchachos del Chicago Latin, cada vez más ilusionado, cuando los escuchaba montando *Medianoche* que, finalmente, por consejo de ellos, quedó, más bien, como balada romántica, con nuevos arreglos y partituras de las que se encargaron ellos mismos, sin cobrarme ni un dólar. Las que le había pagado a Baldwin, finalmente, no sirvieron para nada. Dinero tirado a la basura.

Después de varios días de verlos trabajando con tanto ahínco y entusiasmo, les propuse que, además de *Medianoche*, quería grabar otras canciones con ellos. Claro, poco a poco, les aclaré. La idea los entusiasmó más todavía. Tanto así que, además de que renunciaron a sus honorarios como músicos, me ofrecieron sus ahorros, para ayudarme con los gastos de la grabación. Al mismo tiempo, me aconsejaron que me olvidara del estudio de Baldwin. Me recomendaron otro que ellos conocían y que resultaba más barato: el Odissey, en el centro de Chicago.

Finalmente, ¡ahí grabamos, por fin, *Medianoche*!, interpretada por Pancho, el vocalista del Chicago Latin. Y todos los demás, incluido yo, haciendo los coros que montó y dirigió Enrique, el guitarrista del grupo.

Sin embargo, ya a la hora de escuchar el tema terminado, nos sentimos decepcionados. Esperábamos otro resultado. La canción se escuchaba muy plana. Fue culpa nuestra. Ni ellos ni yo habíamos participado antes en una grabación. Los muy ingenuos, no tomamos en cuenta que no se trataba sólo de grabar la canción y ya, dirigidos por un simple ingeniero de audio, el del Odissey. Necesitábamos un productor que la mezclara y produjera de una manera más profesional.

LA GRAN OPORTUNIDAD

Como dicen: echando a perder se aprende. Y la lección nos sirvió a todos. Muy a pesar mío, de nuevo, me vi en la necesidad de recurrir a Baldwin, para que, ya con la ventaja de contar con los músicos indicados (que sabían leer música, como él exigía), grabar de nuevo el tema en su estudio y que fuera él, como productor, quien se encargara de la mezcla. Claro, sin decirle que ya lo habíamos intentado en otro estudio, con resultados lamentables. Pero, como tanto temía, el presupuesto que me presentó era altísimo, calculando las horas de renta del estudio y, por supuesto, sus honorarios.

Entonces, tuve una «brillante» idea: ya contando con el Chicago Latin, que muy de vez en cuando tocaba en alguna fiesta o evento, les propuse a los muchachos promover al grupo, para que fueran más conocidos y tuvieran más presentaciones, hasta reunir el dinero que nos hacía falta para grabar de nuevo la canción, con Baldwin o cualquier otro productor.

Y, quizás, ¿por qué no?, hasta podrían despertar el interés de una disquera o algún representante que los manejara.

Ningún trabajo me costó contagiarles mi entusiasmo. Lo que les hacía falta y que siempre habían anhelado era un representante o *manager*. Y yo asumí esa función.

Lo primero que hice, como «representante» del Chicago Latin, fue ir al programa de televisión *Una cita con Palomo,* del Canal 26, en el que su conductor, Fernando Abarca, alias «Palomo», un cantante de música regional (ya fallecido), además de promoverse él mismo, daba oportunidad a nuevos cantantes y grupos locales.

En televisión, parecía un tipo simpático y hasta carismático, de unos cuarenta y cinco años. Pero, ya en persona y fuera de cámaras, su actitud era, más bien, la de un tipo egocéntrico y arrogante, ligeramente pasado de peso. Después de solicitar una cita con él, me recibió días después.

Ya en su oficina, luego de presentarme con él, como compositor y «representante» del Chicago Latin, le pedí una oportunidad para el grupo, en su programa de televisión. Me dijo que, primero, necesitaba escucharlos. Entonces, le puse el casete de *Medianoche*. Después de escuchar la canción, con indiferencia y criticando detalles de la grabación, me preguntó:

—¿De quién es el tema?

—Mío —le respondí.

—¿Y ya lo tienes registrado?

—No... Pero voy a hacerlo lo antes posible.

—*Okey*... Voy a ser muy claro: el grupo, definitivamente, no me interesa —me dijo en forma petulante—. Pero la canción, sí. Y lo que te ofrezco es grabarla yo mismo con otros músicos.

Me quedé pensando unos segundos, ante la inesperada propuesta. No podía traicionar a los muchachos que tanto me habían ayudado.

¿Cómo les iba a decir que Abarca los quería sacar de la jugada y que sólo le interesaba mi canción? Además, para mi gusto, ese señor no era el gran cantante.

—Yo también seré claro con usted —le respondí muy envalentonado—: la verdad, lo que a mí más me interesa es promover al grupo. ¿Por qué, si lo que a usted le interesa es grabar la canción, no lo hace con los integrantes de Chicago Latin como músicos?, y en lugar de pagarles lo que cobrarían, les da oportunidad de presentarse en su programa. Así ganamos todos.

—Pues entonces —prosiguió en el mismo tono prepotente—, búsquenle por otro lado. Yo te estoy dando a ti la oportunidad. Pero si no te interesa...

Me quedé callado, sin saber qué decirle.

—Mira, muchacho... Te voy a contar algo muy confidencial que, te pido, no comentes con nadie: yo voy a ser el representante de Chicago en el Festival OTI de Estados Unidos. Y ando buscando un tema que... ¡podría ser el tuyo! ¿Qué mejor oportunidad? Olvídate de ese grupo y, mejor, piensa sólo en ti.

Por supuesto, la idea me entusiasmó. En ese tiempo, el Festival OTI (o Gran Premio de la Canción Iberoamericana) era el máximo escaparate, no sólo para un cantante; también, para un incipiente compositor como yo. Y en caso de que Abarca ganara el OTI de Estados Unidos, ¡llegaríamos a la fase internacional! Y *Medianoche* sería conocida en otros países, gracias a que el certamen era transmitido por televisión en toda América Latina, incluido Estados Unidos y hasta España.

—Pero decídete ahorita —me presionó. Y sin tiempo para pensarlo más, acepté.

Saliendo de la oficina de Abarca, lo primero que hice fue reunirme con los muchachos del Chicago Latin y, aunque no les dije que «el Palomo» los había menospreciado, sí les conté lo que me había propuesto: no sólo grabar él mismo la canción —aunque con sus propios músicos, les aclaré— sino, también, cantarla en el Festival OTI de Estados Unidos, en el que él, como cantante, representaría a Chicago. «¡Se nos pueden abrir muchas puertas! Y les prometo que, pase lo que pase, no me olvidaré de ustedes, para seguir con nuestros planes».

Aunque descorazonados, sin embargo, me apoyaron, sugiriéndome, al mismo tiempo, que, como autor del tema, yo podría presionar a Abarca para que los presentara en su programa, como inicialmente era nuestro objetivo.

NOTICIA INESPERADA

Abarca comenzó a ensayar la canción y consiguió que el Canal 26 lo apoyara, poniendo a su disposición toda una orquesta y pagando nuevos arreglos. Y yo, nuevamente maravillado, pensé una vez más lo que mi madre tanto repetía: «Todo sucede siempre por algo».

Cuando ya daba por hecho que *Medianoche* llegaría al OTI, algo comenzó a darme mala espina. Abarca, por alguna extraña razón, no me permitía asistir a los ensayos con la orquesta, con la que él se reunía a diario en el mismo estudio del Canal 26, desde donde transmitía su programa.

Después de dos semanas, una noche en que me reuní con él en su oficina, me salió con una noticia inesperada:

—Me da mucha pena, Martín, pero a los dueños del canal, no terminó de convencerles tu canción y decidieron que, mejor, vayamos al OTI con otra, una que yo mismo compuse hace tiempo —me dijo tranquilamente.

Una vez más, pero ahora frente a ese Palomo que en nada se comparaba con Juan Gabriel, volví a ser víctima de esa ya tan conocida mezcla de rabia y decepción. Sin pedirle más explicaciones ni comentarle nada, me puse de pie y salí de su oficina.

¡EL *COPYRIGHT*!

Semanas después, por simple curiosidad, reunido en casa con mis amigos del Chicago Latin, Victoria y algunos de mis hermanos, vimos en televisión el Festival OTI de Estados Unidos, con Fernando Abarca, como representante de Chicago, interpretando un tema de su autoría: *Mi corazón quiere cantar* que, no es por nada, era muy inferior al mío. De repente, azorado y sin dar crédito, descubrí que el tipo ¡utilizó varias frases de mi canción!, cambiándoles la melodía y una que otra palabra.

Mis amigos del grupo también se dieron cuenta de ello. Anonadados, nos miramos unos a otros, sorprendidos, pero yo les hice una seña con mi dedo índice en los labios, para que no comentaran nada. No quería que Victoria y mis hermanos se enteraran.

En cuanto concluyó la participación de Abarca, nos salimos al porche de la casa, todos igual de enojados y desconcertados. «¡Pinche viejo!».

«¡Pero qué descaro!», fueron algunos de los comentarios.

Para variar, me solté llorando del coraje, sintiéndome nuevamente burlado. Los muchachos, tratando de consolarme, me aconsejaron buscar a Abarca lo antes posible. Pero ¿para qué? «¡Pues para reclamarle!».

«¡Hijo de su puta madre!».

Yo sabía que se encontraba en Los Ángeles, donde se llevó a cabo el Festival OTI. «Pero ya regresará y ¡claro que me va a escuchar!».

Emilio, el baterista del grupo, tuvo una fabulosa idea:

—Mañana mismo, te presentas en la redacción de uno o varios periódicos locales, para denunciarlo. Y yo tengo un amigo que tiene un programa de radio. ¡Claro que lo haría!

—Pero, ¿cómo vas a demostrar que te plagió varias frases de tu canción? —Me hizo ver Pancho, el vocalista—. No basta con que les muestres el casete y que escuchen la canción y comparen. ¡Necesitarías tener la canción registrada!, ¡necesitas el *copyright*!

¡El *copyright*! Por supuesto. Yo mismo le había dicho a Abarca que aún no había registrado el tema.

Al poco rato, cuando los muchachos se marcharon y entré de nuevo a casa, Victoria me dio la que, después de todo, era una buena noticia: «El ganador del OTI no fue el Palomo. Ni siquiera llegó a finalista. Ganó una chica, la representante de Florida.

La buena nueva hizo que se apaciguara mi coraje y hasta me alegré.

«Vaya que existe la Justicia Divina», pensé.

19
PARÉNTESIS MÍSTICO

Llegué a sentirme un hombre renovado.
Incluso, me olvidé de las
Canciones por hacer
y también superé mi fanatismo
por Juan Gabriel.

Ese desastroso capítulo en mi vida, incluido el sueño de que una canción mía pudiera llegar al Festival OTI, aunque terminó con un sucio plagio, me sirvió como una gran lección de la que aprendí mucho, no sólo con respecto al proceso de grabación de un tema. También, lo que no se debe hacer. Y en especial, que antes de entregarle una canción a cualquiera, tenía que registrarla.

Luego de esa experiencia, trabajando aún en el Gaslight, aunque no desistí de mis sueños, inesperadamente se operó un cambio en mí, un cambio casi involuntario que me serviría para un crecimiento a un nivel muy personal.

POR CULPA DE LOS BEATLES

Luego de las malas experiencias y de que, un buen día, los muchachos del Latin Chicago —mis grandes cómplices en aquella etapa de mi vida— decidieron desbaratar su grupo, tomando, cada uno, un camino diferente, me invadió un sentimiento de soledad, en medio de la cual sentí la necesidad de explorar otros géneros musicales, en especial, el legado del grupo Los Beatles, que, aunque no pertenecía a mi generación —porque el cuarteto de desintegró en 1970, cuando yo era apenas un niño de nueve años—, sí crecí con sus canciones. Eran los ídolos de mi padre que tenía todos sus discos.

Por otro lado, diez años después de que el famoso cuarteto se separó, un hecho dramático que sacudió al mundo entero me marcó también a mí: la muerte de John Lennon, uno de sus integrantes, el 8 de diciembre de 1980. Tanto me impresionó, que me dio por escuchar, uno a uno, los discos de Los Beatles, que mi padre me prestó, y, muy en especial, los de Lennon, ya en su etapa en solitario. Temas que me provocaban un remanso de paz, especialmente el tema *Imagine*, cuya música, y en especial la letra, me erizaban la piel, alimentaban mi alma y me transportaban a universos desconocidos, precisamente, imaginando lo que Lennon describía en su letra:

Imagina que no hay cielo.
Es fácil si lo intentas.
Sin infierno, bajo nosotros.
Encima de nosotros, sólo el cielo.

Imagina a todo el mundo viviendo el día a día.
Imagina que no hay países.
No es difícil hacerlo...

Y lo mismo me sucedía, cuando escuchaba otra canción, pero en este caso, de George Harrison: *My Sweet Lord, Mi dulce señor*:

Mi dulce Señor. Hum, mi Señor.
Realmente quiero verte.
Realmente quiero estar contigo.
Realmente quiero verte, Señor.
Pero falta mucho tiempo, mi Señor.

Dos temas muy significativos en mi vida que, más tarde, gracias a las revistas musicales que había coleccionado, me llevaron a adentrarme en la fascinante historia de Los Beatles y, sobre todo, descubrir su parte mística: la influencia de la meditación trascendental en ellos y en su carrera, cuando, en varias de esas publicaciones, leí sobre un viaje que en febrero de 1968 realizaron a la ciudad de Rishikesh, en el norte de la India, para asistir a una sesión de entrenamiento avanzado de meditación trascendental, en el *ashram* de Maharishi Mahesh Yoghi, un gurú de la India, fundador, precisamente, del movimiento meditación trascendental.

Un viaje que, gracias a la fama de Los Beatles, contó con toda la atención de los medios internacionales de comunicación de ese entonces. Un evento que coincidió con uno de los períodos más productivos del grupo.

En esa etapa, a lo largo de sus reuniones con el Maharishi, John Lennon, Paul McCartney y George Harrison compusieron algunos de sus más célebres temas. Dieciocho de ellos, fueron grabados en su memorable producción *El álbum blanco*; dos más, aparecieron en su disco *Abbey Road,* y varios más fueron utilizados en otros proyectos individuales de sus carreras en solitario.

El interés de Los Beatles en el Maharishi, según me enteré, gracias a la amplia cobertura de los medios, contribuyó para cambiar la percepción occidental sobre la espiritualidad hindú y sirvió para que muchas personas en el mundo entero, en especial miles de sus seguidores, se interesaran en la meditación trascendental.

Y yo, aunque quince años después, fui uno de esos seguidores.

LA MEDITACIÓN TRASCENDENTAL

Gracias a toda esa serie de reportajes, sobre las reuniones de Los Beatles con el Maharishi Mahesh Yoghi, incluyendo unas muy interesantes entrevistas con George Harrison, surgió en mí un enorme interés por saber más sobre la meditación transcendental, no sólo por curiosidad, también, como parte de una búsqueda interior.

Una tarde, en una librería, encontré el primer libro que escribió Maharishi Mahesh Yogi: *La ciencia del ser y el arte de vivir* que, prácticamente, devoré. En ese entonces, ya era todo un clásico, traducido a más de quince idiomas. Aunque había cuestiones que no entendía del todo, me quedó claro que la meditación trascendental es la forma más simple y eficaz de meditación que existe. La técnica pura de trascender, de situarse en el estado más poderoso de la conciencia, libre de cualquier control mental o proceso de pensamiento.

Cada vez más interesado en el tema, me sumergí en él, durante una buena época. Seguí leyendo más libros sobre el tema y hasta tomé varios cursos: uno de introducción a la meditación trascendental, otro más avanzado (el TM Sidhi Program) y, el último, el de la levitación. Sí, ¡llegué al primer grado de levitación! Fueron varios meses y muchos dólares invertidos para llegar a ese nivel.

Llegué a sentirme un hombre renovado, sumergido en un mundo que antes no conocía. Incluso, me olvidé por un tiempo de mis intentos como compositor. También, de la música en español y en inglés (con excepción de la de Los Beatles) y me dio por comprar discos y casetes de música hindú, clásica y *new age*, que me ayudaban en mis meditaciones diarias —después del trabajo y ya noche—, como una disciplina que me sirvió para modificar mi carácter y la forma de tomarme la vida.

Y es que la meditación trascendental —hoy lo veo así y entiendo más claramente— permite que nuestra mente se asiente en el interior, más allá del pensamiento, en el nivel más silencioso y tranquilo de la conciencia: nuestro yo más profundo. Permite, en forma natural y espontánea, bucear en nuestro interior y experimentar el más pacífico estado de la mente y el cuerpo.

MI GUARIDA

Mi vida se volvió más tranquila y armoniosa, trabajando aún en el Gaslight, hasta que, en noviembre de 1984, aquel que fue mi paraíso de constante prosperidad, comenzó a derrumbarse, cuando mi jefe, don Antonio, fue despedido y, antes de irse, me advirtió: «Martín, búscate otro empleo, porque van a cerrar para siempre el Gaslight Club».

Y así fue en abril de 1985.

Luego de una buena liquidación, que me sirvió para vivir tranquilamente durante varios meses, preferí buscar de inmediato un nuevo empleo. Y lo conseguí, como gerente del Grand & Wells Tap, un antiguo y legendario restaurante italiano en cuyas paredes colgaban fotos de clientes célebres como Frank Sinatra, Tony Curtis, Sammy Davis Jr. y muchos más. Ahí, conocí en persona a John Travolta y a la actriz Barbara Eden (*Mi bella genio*) a quienes tuve el gusto de atender, pero ya sin que me deslumbraran, como me sucedió con Juan Gabriel y otros artistas en la época de mi adolescencia.

Fue en ese tiempo, en 1987, a mis 26 años, que decidí independizarme y me puse a buscar la guarida que tanto había soñado. No me costó mucho encontrarla: un pequeño departamento, en la planta baja de un edificio, sólo con cocina, baño y sala. Ah, pero eso sí, en Lincoln Park, un barrio muy elegante, de los mejores de Chicago. Poco a poco, lo fui amueblando y quedó como si fuera la *suite* de un hotel. En la sala, sólo tenía un clóset, un pequeño librero-escritorio, una silla de madera y un sofá que, por las noches, convertía en mi cama. Entre mi ropa y pertenencias, mi guitarra Gibson y mi colección de discos y casetes, ahí estaban también el de las *Canciones por hacer* y el otro, con mis propias canciones, como simples recuerdos.

Aunque me fui de casa, seguí ayudando a mi padre con los gastos y los estudios de mis hermanos, varios de ellos ya en la universidad.

PARTE DEL PASADO

A finales de 1988, dejé el Grand & Wells Tap, porque surgió una mejor y muy atractiva oferta en el hotel Marriott Downtown, como capitán de meseros en su restaurante, ganando mil dólares (de aquella época) a la semana.

Una nueva etapa de esplendor que disfruté todavía más, en ese departamento, donde, cada noche, continuaba con mis ya acostumbradas sesiones de meditación, apartado del mundanal ruido.

Tanto fui cambiando en esa etapa de mi vida, que, desde mi último encuentro con Juan Gabriel, siete años atrás, a pesar de que era imposible no enterarme de sus acostumbradas visitas a Chicago (su fama seguía en ascenso), aunque sintiendo un dejo de nostalgia, ya no me llamaba la atención asistir a sus conciertos y, menos, quería encontrarme con él. Pensé que, quizás, ya ni se acordaría de mí, de su «amiguito de Chicago». La idolatría o fanatismo —igual que el rencor o la rabia que, luego, llegué a sentir por él— se quedaron también en el pasado.

Y aunque ya teniendo mi propio espacio, como siempre lo soñé, para dedicarme a mis anchas a componer, más bien, seguí con mis rutinas de meditación que me ayudaron a no sentirme solo, alejado de la familia.

Sin embargo, de repente, me daba por ponerme a componer, ya con más dominio de la guitarra. Pero ya sólo como un pasatiempo. Ya no me interesaba buscar quien pudiera ayudarme a grabar mis canciones. Eso también era parte del pasado. Una etapa que había quedado atrás.

20
CAÍDO DEL CIELO

Tan linda, con un cuerpecito escultural...
Era el tipo de mujer que me hubiera encantado
tener a mi lado como compañera.
Se veía tan cándida y hasta tímida.

Ya en 1990, una noche, a las nueve, mi hora de salida del restaurante del Marriott, tomé el elevador para dirigirme al estacionamiento subterráneo. Cuando la puerta se abrió, me topé con una linda y menudita joven de tez blanca y cabello oscuro a la que nunca antes había visto, a pesar de que traía puesto el uniforme de las empleadas del hotel. En ese tiempo, luego de mis experiencias con la meditación trascendental y viviendo solo en mi estudio, a mis casi treinta años, aunque en ocasiones salía con amigas, ya no me llamaban la atención las aventuras intrascendentes a las que me había acostumbrado, años atrás, y que, al final, me dejaban sólo un gran vacío.

Aquella fama de mujeriego también era parte del pasado. Estaba en la edad perfecta para casarme y formar una familia, con la esperanza de encontrar a la mujer indicada. Quería enamorarme de verdad, como me había sucedido en mi adolescencia, con Nancy, aquella alemana con la que descubrí el amor que anhelaba sentir de nuevo, con la misma intensidad. Pero no había conocido hasta entonces a una mujer que me llenara en todos los aspectos, sobre todo en el espiritual. Todas las que conocía me parecían demasiado frívolas. Sólo buscaban divertirse y pasarla bien, sin asumir un compromiso en serio. Y otras, en cambio, lo que pretendían era, prácticamente, la boda inmediata o, más bien, un marido que las mantuviera.

LAURA

Así que, en medio de aquella abstinencia amorosa, algo me llamó la atención en esa muchacha que encontré en el estacionamiento. Quizás, aparte de su belleza, su semblante apagado y triste. Estaba sentada en una banca de madera, con su bolso sobre las piernas, pensativa, ausente. Me le acerqué y le sonreí.

—Hola. Soy Martín Padilla —me presenté—. Trabajo en el restaurante.

Ella, con expresión de cansancio, sonrió apenas y me devolvió el saludo.

—Hola. Yo soy Laura. Laura Martínez.

—Veo que trabajas aquí, pero nunca te había visto.

Lanzó un profundo suspiro y de nuevo sonrió, pero casi a fuerzas.

—Es que hoy es mi primer día… En la recepción.

—Ah, ¡pues bienvenida! —exclamé entusiasmado y le di la mano.

—Gracias —respondió, indiferente.

Me senté junto a ella y, desconcertado por su evidente tristeza, la miré de reojo durante unos instantes y luego le pregunté:

—¿Te pasa algo?

—No. Nada… Bueno… Es que llevo horas dando vueltas… Primero, me dijeron que mi horario sería de las dos de la tarde a las diez de la noche. Pero a la mera hora, después de haber llegado puntual, me salieron con que sólo por hoy, como otro chico de recepción se reportó enfermo, tendré que cubrir su turno ¡de las doce de la noche a las ocho de la mañana! Y…

En eso, su expresión de cansancio se transformó en una mueca de angustia, mientras que sus ojos se nublaban.

—Tengo un hijito de dos años y no me quedó más remedio que dejarlo con una vecina a la que le prometí que Oscar, mi novio, tal como quedé con él, pasaría a recogerlo a más tardar a las ocho de la noche… Pero acabo de hablar con esa vecina ¡y me dice que el irresponsable de Oscar no ha pasado por el niño! ¡Y ya son más de la nueve! Y ahora, para colmo, me salen con el cambio de horario… ¡Que saldré hasta las ocho de la mañana!

Ante el drama que estaba viviendo, traté de tranquilizarla.

—No te preocupes. Vamos a la recepción y yo me encargo de que te respeten el horario convenido y, más, después de explicarles el apuro por el que estás pasando.

—¡No! Te lo agradezco —me dijo ya más tranquila—. Gracias a Dios, hablé con mi mamá y ella va a pasar por el niño… Cuando me avisaron del cambio de turno, pensé en irme a mi casa y, al menos, pasar la tarde con mi hijo, darle de cenar y dejarlo dormido. Pero como, por desgracia, traigo apenas lo necesario para mis camiones de regreso…

Sus palabras me hicieron recordar situaciones parecidas, cuando llegué a verme en apuros por lo mismo. No sólo las veces en las que, años atrás, en mi afán de encontrarme con Juan Gabriel y él se desaparecía, me entraba la angustia por no tener dinero para regresar a mi casa.

—Además, no quiero dar problemas en mi primer día de trabajo —prosiguió—. Lo necesito en serio.

Y se soltó llorando.

—Pero me da coraje —continuó— que abusen de la gente, que no te respeten, que te digan una cosa y luego te salgan con otra.

De su bolso, sacó un pañuelo desechable. Se secó las lágrimas, se sonó la nariz y por primera vez me miró a los ojos. Sentí una profunda pena por ella, pensando cómo ayudarla.

—Ay, perdón —y sonrió otra vez, ahora en forma más espontánea—.

Ya te estoy contando mis penas y ni siquiera te conozco. Pero es que...

—No te preocupes —le dije, intentando que se sintiera mejor—. Te entiendo perfectamente. Todos hemos pasado por situaciones así. La humillación y...

—Eso: ¡humillación! ¡Diste con la palabra exacta! Aparte de la preocupación por mi niño que me necesita... Yo que me organicé bien para cumplir con mi primer día de trabajo, como te digo, me la he pasado vagando por todos lados, durante horas. Ni siquiera he comido y...

¡Todavía tengo que esperar otras tres horas!

Me puse de pie y, muy caballeroso, la invité a cenar.

—A una cuadra, hay un restaurante italiano muy bueno. ¡Te invito!

Ella me miró con cierta desconfianza, pero finalmente aceptó.

Durante la cena, ya más tranquila y sin dejar de darme las gracias por haber aparecido como «un angelito caído del cielo», me contó que, además de Oscarito, su hijo, estaba esperando otro y que, en cuanto naciera, se casaría con Oscar, el desobligado de su novio —como ella misma lo calificó—, padre de Oscarito y del bebé que estaba esperando.

Aunque mi intención no era enamorarla, a pesar de ser tan bonita, reconozco que me sentí decepcionado. Tan jovencita (veinte años apenas) y ya esperando su segundo hijo del tal Oscar que, pensé, en esos momentos difíciles, debería estar con ella para apoyarla. Tan linda, con un cuerpecito escultural. Ni se le notaba aún el embarazo. Era el tipo de mujer que a mí me hubiera encantado tener a mi lado, como compañera. Se veía tan cándida y hasta tímida.

Más que conversar, fue ella la que, luego de desahogarse, me contó a grandes rasgos lo que era su vida, al mismo tiempo que saciaba su hambre. «Mi novio, como te dije, se llama Óscar y vivimos juntos, desde que me embaracé de Oscarito. Fue por un descuido, te lo confieso. Pero ahora es mi gran bendición y lo más importante en mi vida, igual que el niño o niña, no lo sé todavía, que estoy esperando. En cuanto nazca, Óscar y yo queremos casarnos. Él es dos años mayor que yo y trabaja como obrero en una fábrica... La casa donde vivimos, la estamos pagando y apenas si nos alcanza... Por eso me urge el trabajo. Si dejamos de pagar las mensualidades, perdemos no sólo la casa. ¡También todo lo que hemos invertido en ella!».

En las más de dos horas que estuvimos cenando, mientras la escuchaba, sin que ella me preguntara nada sobre mí, llegó a inspirarme una profunda ternura.

POR UNA CONFUSIÓN DEL DESTINO

Veinte minutos antes de las doce de la noche, regresamos al Marriott y la acompañé a la recepción. Para sorpresa suya (y también mía), uno de los dos recepcionistas que estaban ahí (Mario, a quien yo conocía bien y que me miró con extrañeza, al lado de Laura) le dio una mala noticia.

—¡Perdón, amiga! Dijiste que estarías en el *lobby*. Y te estuvimos buscando por todos lados... ¿Dónde te metiste?

—Anduve dando vueltas y...

—Es que... resulta que sí vino a trabajar Ricky, el recepcionista al que ibas a cubrir. —Y señaló al otro muchacho que se acercó—. Y pues quería avisarte que podías irte a tu casa y ya mañana presentarte en el horario que se te indicó.

Laura se quedó muda. Fui yo quien reaccionó con rabia.

—Oye, Mario, ¿sí te das cuenta de la falta de seriedad con esta señorita?

¿Sí sabes que le cambiaron la jugada a última hora y que ella, por profesional y decente, lleva horas esperando y dando vueltas? ¿Y ahora le sales con esto?

—Sí, Martín. Claro que lo entiendo —respondió él, muy apenado—. Pero tú que trabajas aquí, entenderás que no es cosa mía. Hubo una confusión de la que yo no soy responsable... La señora Hartman... Ya sabes.

La señora Hartman, Griselda Hartman, la jefa de Recursos Humanos.

—Perdón, muchacha —intervino Ricky, también apenado—. Yo avisé de que tenía que ir al médico. ¡Pero jamás que no me presentaría a trabajar! No es culpa mía... Ni de Mario...

Laura siguió callada.

—*Okey*, muchachos —intervine—. Laura seguramente entenderá.

Ella me miró, levantó los hombros y luego se dirigió a sus nuevos compañeros.

—Entiendo. No hay problema. Mañana me presento a las dos de la tarde. Denegando con la cabeza, tomé a Laura del brazo y nos dirigimos al elevador. Pero a medio camino, ella se detuvo.

—Gracias, Martín. En verdad muchas gracias por todo.

—Te llevo a tu casa —le propuse—. Mi auto está en el estacionamiento.

—¡Pero ya es muy tarde!

—Por eso, precisamente. No es bueno que andes sola por la calle a esta hora.

DE LA MEDIANOCHE A LA MADRUGADA

Desde que iniciamos el trayecto a su casa, por fin Laura me preguntó acerca de mí. Le conté a grandes rasgos mi vida, en especial, mi afición por la música y mis recientes experiencias con la meditación trascendental. Me hizo muchas preguntas, interesada en los dos temas y, ya afuera de su casa —que en efecto estaba muy lejos del Marriott—, se nos fue volando el tiempo, hasta que nos dimos cuenta de que ¡ya eran casi las cinco de la madrugada!

—Mejor ni le cuento a mi mamá lo sucedido. ¡Me va a matar! —Me plantó un fugaz beso en la mejilla y agregó—: ¡Gracias en verdad, Martín! Seguro, nos estaremos viendo muy seguido. Vete con cuidado y perdón por desvelarte.

Me esperé hasta que entró a su casa, deleitándome con el gracioso y seductor contoneo de sus caderas. «¡Lástima, preciosa! —pensé—. Eres lo que siempre soñé».

Pasamos la mañana, [illegible] de algunos [illegible].

—Rompo un [illegible] —interrumpe [illegible] [illegible] —[illegible] que [illegible] [illegible] [illegible].

[illegible]

—[illegible] [illegible].

[illegible] [illegible] comprender.

[illegible] —No hay [illegible]. Mamá [illegible] [illegible] [illegible] [illegible] a [illegible].

[illegible] Martín [illegible] [illegible].

—[illegible]

—[illegible]

[illegible] [illegible] llegó.

DE LA MEDIA NOCHE A LA MADRUGADA

[illegible] [illegible] [illegible] con [illegible] [illegible] [illegible] [illegible] Martina, [illegible] [illegible] que nos dimos cuenta de que ya [illegible] la madrugada.

—[illegible] [illegible] [illegible] [illegible] [illegible].

[illegible] [illegible] [illegible].

21
UNA MUJER PROHIBIDA

Sin pensarlo, ya no lo pude evitar:
la atraje de nuevo hacia mí,
acerqué mi rostro al de ella
y la besé en los labios.

Al día siguiente, Laura comenzó a trabajar como recepcionista en el Marriott, ya en el horario convenido: de dos de la tarde a diez de la noche. Sin embargo, no aguantó ni dos meses. A menudo llegaba tarde o pedía permiso para salir antes de su hora. Además, se ganó fama de conflictiva e irresponsable.

El problema era Oscarito, su hijo. Aunque doña Consuelo, su abuela, era quien lo cuidaba, mientras que Laura se iba a trabajar, la señora comenzó a quejarse. También laboraba por las mañanas, como enfermera de medio turno en un hospital. Y por las tardes, ya no podía disfrutar de su tiempo libre, por hacerse cargo de su nieto. Más bien, a sus cuarenta y cinco años, andaba ilusionada con Julián, un muchacho de veintiocho, su novio formal, con el que ya no podía vivir a sus anchas su tórrido romance, por cumplir, de mala gana, con su papel de cuidadora que, además, no le gustaba.

Por otro lado, Óscar el novio y futuro marido de Laura, aunque vivían juntos y compartían gastos, tampoco podía cuidar a Oscarito. También trabajaba como obrero en una fábrica. Así que Laura se veía en constantes aprietos. Todo un drama familiar, con el niño de por medio, como un estorbo. La solución, según yo, tal como se lo comenté a Laura, era que buscara otro trabajo de medio tiempo, por las mañanas, y dejar a Oscarito en una guardería.

Y de nuevo, el «angelito caído del cielo» entró al rescate. Experto en esos menesteres, le conseguí otro empleo, como dependienta en la tienda de ropa de un amigo judío —al que había conocido en el Gaslight—, ya con un horario de medio tiempo y, además, ganando casi lo mismo que le pagaban en el Marriott, y a veces hasta más, gracias a las comisiones.

Más agradecida quedó conmigo y nuestra amistad se vio fortalecida.

Laura me gustaba cada vez más y ella lo sabía, aunque entonces nunca tocamos el tema. Era una mujer comprometida que, en todo momento, aún al tanto de la atracción que ejercía en mí, siempre se dio a respetar.

LA FAMILIA «PERFECTA»

Meses después, en abril de 1990, nació el segundo hijo de Laura y Óscar, al que pusieron por nombre Luis, quien, luego del periodo de incapacidad que le concedieron a la madre en la tienda donde trabajaba, se convirtió en un nuevo problema. Como el pequeño resultó muy enfermizo y requería de cuidados constantes, no lo aceptaron en la guardería donde dejaban a Oscarito.

A pesar de que, lógicamente, los gastos aumentaron en casa, Laura pensó que la única solución era renunciar a su trabajo, para cuidar a su bebito, al menos, hasta que creciera un poco más. Pero Óscar, el marido, puso el grito en el cielo. Su simple sueldo no les alcanzaba para el sostén de la familia y, además, seguir cubriendo las mensualidades de la casa que hasta podían perder.

Afortunadamente, doña Consuelo se compadeció de su hija: ante el gran dilema, se le ocurrió que podría cambiar su horario en el hospital, y hacerse cargo de Luisito por las mañanas, para que Laura siguiera trabajando. Sólo puso una condición. Más bien, dos: instalarse en la casa de la hija y el yerno, para ahorrarse la renta del departamento donde vivía y, además, llevarse con ella a su novio, Julián. A Laura y Óscar no les quedó más remedio que aceptar.

Solucionado el nuevo conflicto, seis meses más tarde, cuando Laura, en forma sorprendente, ya había recuperado su escultural figura y se veía radiante, se casó con Óscar. Una boda sencilla a la que asistí como uno de los testigos.

Fue después de esa boda que se dio un distanciamiento entre Laura y yo. Ella, con su trabajo de medio tiempo, madre de dos hijos y, para colmo, réferi de las discusiones que, como era de esperarse, comenzaron a darse entre los miembros de la «familia perfecta», ocasionados casi siempre por la metiche y manipuladora de doña Consuelo, plantada como ama y señora en esa casa. Algo con lo que el yerno nunca estuvo de acuerdo.

La que me interesaba era Laura. No su conflictiva familia. Y ella ya no tenía tiempo para mí. Yo extrañaba nuestras largas conversaciones, esos momentos en los que se nos iba volando el tiempo, hablando de todo, sintiendo que era la única mujer con la que había logrado una verdadera identificación.

CONFESIONES

Con tal de seguir con mi vida e intentando escapar de la cada vez más fuerte tentación que Laura significaba para mí, como en los viejos tiempos, empecé a salir con diferentes muchachas, tratando de olvidarme de esa mujer prohibida que no lograba sacarme de la cabeza y que hasta rompió con la vida armoniosa que había logrado desde tiempo atrás, gracias a mis meditaciones que ya sólo practicaba de vez en cuando y en las que ya no lograba concentrarme como antes.

El mismo cuento de antes, sólo que ahora fui más cínico. Me hice novio de varias al mismo tiempo: Ivonne, Tracy, Trina y Christina, sin que ninguna se diera cuenta de mis engaños. Me las ingeniaba para atenderlas a todas, según yo, como todo un donjuán.Hasta que llegó a cansarme la situación que, al igual que antes, finalmente, sólo me dejaba un gran vacío y, luego, un montón de problemas con cada una de esas novias: celos, reclamos, amenazas...

En diciembre de ese 1990, ya en la época de Navidad, una noche, al terminar mi turno en el Marriott, tremenda sorpresa me llevé. Igual que meses atrás, al abrirse la puerta del elevador que daba al estacionamiento, me encontré a Laura, nuevamente, sentada en la banca de madera. Después de meses de no saber de ella, inevitablemente, me dio gusto verla otra vez. De inmediato se acercó a mí y me abrazó con fuerza.

—Como me abandonaste —me echó en cara— y ni siquiera dijiste adiós, inventé una cena de fin de año, con tal de verte. Me acaban de dar mi aguinaldo y yo invito en esta ocasión. ¿Tienes algún compromiso o algo por el estilo?

—¡Por supuesto que no! —exclamé de buena gana—. Y aunque lo tuviera. Para ti siempre voy a tener tiempo.

Fuimos a cenar al mismo restaurante italiano donde estuvimos cuando nos conocimos. Ahí, le expliqué con franqueza el motivo de mi alejamiento.

—Me lo supuse —me dijo, lanzando un largo suspiro—. A nadie le gusta presenciar pleitos ajenos. Pero no quiero hablar del relajo que se volvió mi casa. Necesitaba estar un rato contigo, platicar como antes. Un momento de relax. Olvidarme por un rato de tantas cosas... Pero cuéntame: ¿qué ha sido de ti? ¿Ya tienes alguna novia? ¿Ya me cambiaste por otra? —me preguntó, con una mezcla de broma e ironía.

A lo largo de la cena, fui sincero con ella, igual que antes, cuando hablábamos de nuestras cosas. Con cierta vergüenza, le conté de mis novias, del tipo de vida que estaba llevando, aunque ninguna de esas novias me llenaba.

Ella me escuchó con atención, aunque seria e inexpresiva.

—Y si ninguna te llena ¿para qué seguir con ese jueguito tan estúpido? —me cuestionó—. Ya estás bastante grandecito, para andar con esas cosas.

—Por soledad, supongo...

—¿Soledad? —se burló—. Ay, Martín. Te has convertido en un maldito canalla.

Eso de «maldito canalla» me dolió. Y más que me lo dijera ella, luego de que, en algún momento, hasta llegué a sentir que me admiraba, por la forma en que me había comportado, como su «angelito caído del cielo», su héroe. Me dolió, sí. Pero también percibí que, en sus palabras, había un dejo de celos. Y eso, más que molestarme, me dejó pensando.

—Si encontrara a una como tú —le confesé, envalentonado, ya con unas copas encima—, otra cosa sería.

Ella, simplemente se me quedó viendo a los ojos, con una mirada inquisidora. Hizo como que no había escuchado lo que acababa de decirle y miró su reloj de pulsera.

—Ya es tarde. ¿Me llevas a mi casa?

LO QUE TENÍA QUE SUCEDER

Durante el trayecto en mi auto —aunque, según ella, no quería hablarme de eso—, me contó lo que yo ya sabía: los pleitos y discusiones, desde que doña Consuelo y su novio se fueron a vivir con ella y con su marido.

—Óscar se queja conmigo, igual que mi mamá. Tengo broncas con los dos. De repente, no se dirigen la palabra y, luego, discuten de todo y por todo y los dos me reclaman a mí, como culpable de la situación. Y los niños, presenciando disputas e insultos. ¿Y sabes qué, Martín? Mi vida se ha convertido en un infierno. Mi matrimonio se ha ido al demonio. Si no fuera por mis hijos, ya me hubiera largado de ahí. Pero… ¿a dónde?

Sin opinar, dejé que se desahogara. ¿Qué podría decirle?

Ya afuera de su casa, esperó hasta el último momento, para confesarme algo que me dejó paralizado.

—Ojalá que Óscar ya esté dormido. Me tardé más de la cuenta. A ver si no me mete una tranquiza…

—¿Qué? —exclamé, alarmado—. ¿Te ha puesto la mano encima? Soltó una ligera y amarga carcajada.

—Te lo cuento a ti porque eres mi único amigo y porque te tengo confianza… ¿Ponerme la mano encima? ¡Ya me ha golpeado varias veces!

—¿Y cómo se lo permites? —le pregunté, enfurecido.

—¿Qué quieres que haga? ¿Dejarlo? ¿Que se quede con la casa en la que yo también he invertido mi dinero? ¿Que me salga con mis hijos? ¿Y a dónde me los llevo? ¿Qué hago con ellos? Lo que gano no me alcanzaría ni para rentar un cuarto y, menos, para mantenerlos. ¿Y que el maldito me demande por abandono de hogar y por llevarme a los niños?

Ya no pudo seguir. Se soltó llorando amargamente. Me nació abrazarla y ella no se resistió. Así estuvimos unos segundos, hasta que se separó de mí y se secó las lágrimas con la mano.

—¿Qué puedo hacer? —me cuestionó, con una sonrisa agria.

Sin pensarlo, ya no lo pude evitar: la atraje de nuevo hacia mí, acerqué mi rostro al de ella y la besé en los labios. Ella me correspondió. Un prolongado y apasionado beso.

De repente, me empujó. Sin más, abrió la portezuela y se bajó del auto, sin despedirse ni decirme nada.

ESE BESO FURTIVO

Aquella noche, ya en mi departamento, no pude conciliar el sueño. No lograba apartar de mi mente ese primer beso que tantas veces anhelé. Fue mucho mejor de lo que había imaginado. Y también me daban vuelta en la mente las confesiones de Laura, preguntándome si por haber llegado casi de madrugada a su casa, el infeliz de Óscar la habría golpeado de nuevo. No quedamos en nada. Tampoco si volveríamos a vernos. No sabía si ella se habría asustado con el beso furtivo que surgió en forma espontánea.

En plenas fiestas decembrinas, transcurrieron apenas dos días cuando, en la noche del 23 de diciembre, fue ella quien me buscó de nuevo, pero ya no esperándome frente al elevador del estacionamiento del Marriott, sino en el restaurante a donde llegó sin previo aviso.

¡FUERA MÁSCARAS!

Igual que la vez anterior, nos fuimos a cenar y, durante un buen rato, platicamos como dos buenos amigos, sin que ninguno mencionara nada del beso, como si no hubiera existido. Hasta que, luego de que ordené dos copas de coñac, fue ella quien tocó el tema.

—Como ya no me buscaste —me reprochó—, pensé que, quizás, te habías asustado con el beso que nos dimos…

—¿Cómo me iba a asustar?, si fui yo el que lo provocó.

—Bueno, no que te hayas asustado —rectificó, con evidente ironía—. Más bien, como estás tan acostumbrado a ese tipo de situaciones y pasaron dos días sin saber de ti…

—Tú lo has dicho, Laura: dos días.

Dio un sorbo a su copa y me miró fijamente.

—No nos hagamos tontos, Martín. ¡Fuera máscaras! Yo te gusto. Te gusto mucho. Y ese beso para mí significó algo importante.

—Para mí también.

—Pero sabes que no estuvo bien. Como sea, para bien o para mal, yo soy una mujer casada y como fuiste tú, precisamente, el que provocó ese beso, no quisiera que te sientas culpable y que por eso termine nuestra amistad. Por eso vine a buscarte… ¿Dónde vas a pasar la Nochebuena?

—Con la familia. Con mi padre, su mujer y mis hermanos.

—¿Con la familia o con alguna de tus novias?

«Nuevamente celosa», pensé. Y eso la hacía más atractiva a mis ojos.

—¿Quieres que la pasemos juntos? —le pregunté, divertido.

—Sí —respondió para sorpresa mía—. Te invito a mi casa.

—¿Y tu marido, tus hijos, tu mamá…?

—Nada tiene de malo que vayas como invitado. Somos amigos, ¿no? Óscar y mi mamá lo saben. Y al menos, estando tú, espero que se comporten.

La idea no me entusiasmaba, pero acepté. Después cenar con mi familia, prometí ir a su casa.

UN REGALO DE NAVIDAD

Lo importante era que ella me había buscado de nuevo y que estaba plenamente consciente de que siempre me había gustado.

Como se lo prometí, después de cenar con mi familia, fui a su casa, donde fui muy bien recibido y, en efecto, representé muy bien mi papel de amigo, conviviendo con ella, con Óscar, doña Consuelo y hasta el tal Julián, quienes, guardando las apariencias, junto con Laura y los niños, parecían integrar una familia unida y feliz. Juntos, brindamos, primero con sidra y luego con ron, hasta que ya casi de madrugada, luego de que Óscar, ya muy borracho, se fue a dormir, y doña Consuelo y Julián hicieron lo mismo, Laura y yo nos quedamos solos en la sala.

Los dos ya también traíamos nuestras copas encima. Casi estaba a punto de salir el sol, cuando ella se acercó al arbolito de Navidad y tomó una caja de mediano tamaño, envuelta para regalo.

—Feliz Navidad, Martín —me dijo, entregándome el regalo que abrí. Era una playera color azul cielo. Me conmovió el detalle y al mismo tiempo me sentí apenado.

—Perdón, Laura. Yo no te traje nada. Pero prometo...

No me dejó terminar. Se me acercó provocativa, pegando su cuerpo al mío y colocando sus brazos sobre mis hombros, ante mi sorpresa y nerviosismo, temiendo que la madre o el marido aparecieran por ahí.

—El único regalo que quiero es que me prometas que no me vas a dejar —me pidió.

Me dejé llevar por ese otro momento inesperado y le susurré al oído:

—Prometido.

Y entonces fue ella quien me besó en los labios. Pero ahora, no fue sólo un beso, sino varios más, olvidando el riesgo que los dos estábamos corriendo, mientras la atraía más fuertemente hacia mí, sintiendo su cuerpo muy pegado al mío.

«COMPLETAMENTE TUYA»

A partir de esa noche, comenzamos a vernos a diario. Ya no sólo íbamos a cenar o a tomar la copa. El 30 de diciembre, la llevé por primera vez a mi departamento. Decidimos adelantar, juntos, la celebración de Año Nuevo, nuestro Año Nuevo. Ella le inventó al marido un festejo con sus compañeros del trabajo.

Cenamos varios platillos que llevé del restaurante, brindamos una y otra vez con champán. Completamente solos y sin el temor de ser descubiertos, se dio otro gran momento que siempre había soñado: nuestro primer encuentro sexual. Una Laura que me sorprendió. Tan modosita ella, en aquel momento, desinhibida y seguramente ávida de lo que ya no tenía con Óscar, se entregó a mí por completo, como una fiera en brama, gimiendo de placer y repitiéndome a cada rato al oído: «Soy tuya... Completamente tuya».

22
OTRA VEZ EL CASETE

¿Y qué vas a hacer con esas tonadas?
¿Sabes que tienes un verdadero tesoro en tus manos?

Decepcionada del marido, quien —según sospechaba Laura—, además de golpearla, la engañaba con otras mujeres, reconoció que hacía mucho tiempo había dejado de amarlo. Sin embargo, la idea de un divorcio estaba descartada, por los motivos que ya me había explicado.

No quise influir en sus decisiones, aunque, ya como mi mujer, me preocupaba que Óscar volviera a maltratarla. Sólo le aconsejé que la próxima vez que él le pusiera una mano encima, lo enfrentara con seguridad y amenazara con demandarlo: «Hazle saber que ya te has informado y que las leyes te protegen como mujer. Muéstrate decidida y dile que hasta puedes enviarlo varios años a la cárcel. Por lo menos, le vas a meter un buen susto».

Pero también le advertí que teníamos que ser cuidadosos, porque si Óscar descubría que lo estaba engañando conmigo, podría acusarla por adulterio.

Asesorada por mí, inventó en su casa que su jefe —y amigo mío— le había propuesto que su empleo de medio tiempo fuera ahora de tiempo completo. Y aunque, por lógica, se suponía que ganaría más dinero, podría pretextar que ese dinero quería ahorrarlo en una cuenta bancaria, destinada, exclusivamente, para asegurar el futuro de sus dos hijos.

MENTIRAS ATRAEN MÁS MENTIRAS

Como esperábamos, a Óscar no le pareció la idea. Ese supuesto dinero extra que Laura ganaría hacía falta en casa, no en una cuenta bancaria. Los gastos eran cada vez más, tomando en cuenta que muy pronto Oscarito comenzaría a asistir a una escuela.

Para colmo, doña Consuelo también quiso aprovecharse de la situación. A pesar de que, desde que se fue a vivir con la hija y el yerno, se estaba ahorrando la renta del departamento, donde vivía antes, y tanto ella como el mantenido de su amante vivían a costa de Laura y Óscar, al enterarse de que la hija ganaría más, le exigió un «salario simbólico», a cambio de seguir cuidando a sus nietos. Lo que ganaba con su empleo de medio tiempo como enfermera, ¡ya no le alcanzaba!

«¿Ya no te alcanza para qué, mamá? —me contó Laura que le cuestionó—. Si aquí, tanto tú como Julián, tienen techo y comida. ¡Y yo te doy hasta para tus medicinas!».

Una disputa más, ahora entre madre e hija. Doña Consuelo acusó a Laura de egoísta y la amenazó con irse a vivir a otro lado, con su novio.

Y si se marchaba doña Consuelo, Laura se vería de nuevo en aprietos. ¿Quién se encargaría de sus hijos, mientras ella trabajaba? Y, sobre todo, ya no podría ausentarse por las tardes y parte de la noche, para encontrarse conmigo.

Una vez más, como «angelito caído del cielo», le propuse a Laura contribuir con unos buenos dólares de mi bolsa para que le concediera a doña Consuelo el «salario simbólico» que le pedía, con la condición de que Óscar no se enterara. Y menos aún, que su madre supiera que era yo quien estaba poniendo ese dinero. Doña Consuelo, complacida, aceptó el trato. Y asunto arreglado.

Más mentiras. Y todo, por seguir adelante con aquel amor clandestino.

Gracias a esas artimañas, Laura y yo nos las ingeniamos para dar rienda suelta a nuestra pasión, poniéndonos de acuerdo para que nuestros días de descanso coincidieran y poder estar más tiempo juntos, incluso, días enteros, encerrados en mi departamento. Hasta le entregué una copia de la llave de la puerta. Varias veces, cuando llegaba del trabajo, me la encontraba ahí, esperándome, después de haber preparado una deliciosa cena que, juntos, disfrutábamos, hasta que, como en el cuento de la Cenicienta, llegaba la hora en que se rompía el encanto y la llevaba de regreso a su casa.

SOSPECHAS INESPERADAS

Así estuvimos cerca de un año, hasta que un día, me salió con la sorpresa de que su madre comenzó a sospechar que estaba viviendo una «aventurilla» con otro hombre y que ese hombre seguramente era yo. Laura lo negó terminantemente, tal como me lo relató una noche.

—No soy tonta, Laura. Tú misma me has contado que Martín es tu único amigo, tu «ángel caído del cielo» que te ha sacado de tantos problemas.

¿Y esa amistad terminó de repente? ¿Ya no lo ves? —la cuestionó doña Consuelo, con evidente ironía.

—Claro que lo veo a veces —me contó Laura que le respondió, tranquilamente, haciéndose tonta y, en apariencia, sin darle importancia a las suposiciones de su madre.

—¿Y por qué Martín ya no viene a visitarnos? Si, según recuerdo, ¡hasta se hizo amigo de Óscar! ¿No venía todos los sábados para ver por televisión las peleas de box con tu marido?

—¡No sé, mamá! Martín tiene muchas amigas y, seguramente, anda muy ocupado con ellas.

Doña Consuelo, según Laura, no quedó satisfecha con tal explicación y, para asombro suyo —y después, también mío—, reaccionó de una manera inesperada.

—Soy tu madre, Laura. Te conozco. Bien harías en tenerme confianza. ¿Piensas que me creo el cuento de que, cada vez que llegas tan tarde, es porque trabajas hasta altas horas de la noche? Si no es Martín, debe ser otro hombre. Pero te entiendo y no te lo reprocho. Es más, no voy a abrir la boca. Óscar nunca ha sido santo de mi devoción. Y menos ahora. Se ha convertido en un patán y no es un secreto para nadie que tu matrimonio se fue al carajo hace mucho tiempo. No creas que no me duele, como tu madre, ver la forma en que él te trata y que ¡hasta te ha golpeado! No me lo niegues. Julián y yo nos hemos dado cuenta y si no hemos intervenido…

—¡Ya basta, mamá! Son problemas entre nosotros y yo sabré cómo resolverlos. Así que no te preocupes.

—Sólo quiero que sepas una cosa —concluyó doña Consuelo—. Sea lo que sea, tú todavía estás joven y bonita. Si se te presenta la oportunidad de rehacer tu vida, yo te apoyo. No dejes pasar la oportunidad. Y menos, si se trata de Martín, que es un buen hombre que tanto te ha ayudado. Es un buen partido y puede ser tu salvación.

UNA AVENTURA SIN FUTURO

Cuando Laura me contó su conversación con doña Consuelo, me quedé estupefacto. Más aún, cuando ella, en vez de preocuparse, se mostró divertida.

—Mi mamá y sus cosas. Simples elucubraciones suyas. Nada le consta. Simplemente lanzó el anzuelo. Pero yo le negué todo… ¡Que tú eres un buen partido y mi salvación! —Y comenzó a carcajearse, muy divertida—. Ni se imagina que lo nuestro es solamente sexo.

Seguramente, esperaba que le rebatiera sus palabras o que me sintiera ofendido.

—Tienes razón, Laura: lo nuestro es solamente sexo.

Sí, puro sexo, según ella. Pero había algo más que, por lo visto, Laura no había advertido o no le daba importancia: una identificación total en la cama y fuera de ella. No sólo a escondidas, en mi departamento. También, en diferentes moteles, donde disfrutábamos de horas de placer. Nunca nos aburríamos, siempre teníamos de qué hablar, aparte de sus «remordimientos», por tener casi abandonados a sus dos hijos, con tal de verse conmigo.

Y yo me burlaba de la que consideraba su fingida preocupación como madre, lo que desató nuestras primeras discusiones, echándome en cara que yo no valoraba su «sacrificio» y que yo era el culpable de sus infidelidades y de que, tanto Oscarito como Luisito, vieran cada vez más a doña Consuelo como su verdadera madre y no como a una abuela, mientras que su relación con Óscar, como siempre me lo aseguró, se convirtió, prácticamente, en la de dos desconocidos que ya casi ni se dirigían la palabra y a los que sólo los unían sus hijos y la casa que compartían y que seguían pagando por partes iguales.

No obstante, los fines de semana los dedicaba por completo a sus niños, dándome «permiso» a mí para que me viera con alguna de mis novias, lo cual ya no me interesaba. Laura me tenía hechizado y en ninguna otra encontraba lo que ella me hacía sentir. Y eso, ella lo sabía muy bien, como también que, en lugar de salir los fines de semana con alguna de esas supuestas novias, me la pasaba con mi familia, como en los viejos tiempos. Sabía muy bien que me tenía atado a ella, comiendo de su mano, esperando con ansiedad el momento de volver a estar con ella, aunque fuera sólo por dos o tres horas.

Así, continuamos en una «relación abierta», como ella la llamaba, con una mezcla de burla y cinismo, repitiéndome siempre que podía —o cuando yo intentaba ser romántico con ella— que lo nuestro era una simple aventura. Una aventura sin futuro y que cada uno era libre de marcharse cuando se aburriera.

AL DESCUBIERTO

Una noche, cuando llegué a mi departamento, más temprano que de costumbre, antes de abrir la puerta me recorrió un escalofrío por todo el cuerpo, cuando escuché, desde adentro, las melodías distorsionadas de Juan Gabriel, ¡las *Canciones por hacer*!

Irrumpí en el departamento y ni siquiera saludé a Laura, quien estaba sentada sobre la alfombra. Me dirigí a la grabadora, donde estaba puesto el casete y, con brusquedad y sin decir nada, la apagué y saqué el casete de ahí. Ni siquiera busqué su estuche. Me lo guardé en el bolsillo del pantalón. Laura me miró desconcertada, sin entender.

—¿Qué te pasa? —me preguntó, molesta y sin entender.

—¿De dónde sacaste ese casete? —le devolví la pregunta.

—Me lo encontré en un cajón y, como estaba aburrida, lo puse, sólo por curiosidad, como pude poner cualquier otro de los casetes que tienes ahí. Pero se atora a cada rato. No corre bien. Me llamó la atención la etiqueta que dice *Canciones por* hacer. ¿Sí son tuyas esas canciones tan extrañas?

Hasta ese momento, el casete Memorex regresó a mi vida. Ya eran catorce años que lo tenía en mi poder (desde 1978 hasta 1992), muchas veces, dándolo por perdido o sin recordar dónde lo tenía escondido.

No le respondí a Laura. Simplemente fui al refrigerador, saqué una cerveza, la destapé y le di un trago.

Ella se puso de pie, se acercó a mí y me encaró.

—¿Ahora resulta que tienes secretos conmigo? ¿Qué tienes en ese casete?

En alguna de nuestras conversaciones, ya le había contado de mi admiración o, más bien, del fanatismo que en mi adolescencia llegué a sentir por Juan Gabriel, incluso, que lo había conocido en persona y que me dio muchos consejos sobre la forma de componer una canción. Pero de lo demás —y menos de la historia de ese casete— ni una palabra. Seguía siendo mi gran secreto. Un secreto que apenas compartí con mi hermano Manuel, sin reparar en detalles.

Ofendida ante mi silencio, Laura tomó su bolso y se dirigió a la puerta.

—Nunca pensé que te pusieras así por un mugroso casete con esas tonadas tan extrañas. Pero si tanto te molestó que lo hubiera descubierto y que me pusiera a escuchar esas porquerías que ni se entienden, pues perdón y nos vemos otro día en que estés de mejor humor.

En cuanto Laura abrió la puerta, corrí y la cerré de golpe. Tratando de tranquilizarme.

—Perdóname tú —le pedí—. No me hagas caso.

Ella se quedó callada durante unos instantes. Colocó su bolso sobre el sofá y, haciendo alarde de esa perspicacia que tanto le conocía, me preguntó tajante:

—¿Quién es ese que canta o hace como que canta? ¿Eres tú?

Me sentí acorralado, sin saber qué responderle.

—Es Juan Gabriel —le confesé, finalmente. Abrió los ojos como platos y se quedó perpleja.

—¿Juan Gabriel, el cantante?

—Sí —le confirmé—. Ya te conté una vez que, hace años, lo conocí y...

—¿Y por qué tienes tú ese casete?

Lo pensé un poco. Después de todo, Laura seguía siendo mi confidente y la mujer con la que, a pesar de que no existía un compromiso serio —como ella misma me lo había aclarado varias veces—, compartía mi vida. Era el momento de deshacerme de ese secreto que tantas veces me había martirizado.

Me senté en el sofá y le pedí que hiciera lo mismo.

A grandes rasgos, le conté la historia de ese casete y cómo llegó a mis manos.

—Él compone así, a veces —traté de explicarle—: primero se le ocurren las melodías y para que no se le olviden, las graba en un casete como este, con su guitarra, tarareándolas o poniéndoles palabras en español, inglés o simples palabras extrañas. Y ya después, les pone las letras...

—Pues qué raro —comentó y se quedó pensativa, dudando de mis palabras. Luego de un rato, me miró a los ojos.

—Me estás viendo la cara, ¿verdad? —Y empezó con sus clásicas deducciones—: En caso de que la voz que se escucha sea en verdad la de Juan Gabriel y, como dices, son tonadas de canciones a las que después les iba a poner la letra, ¿cómo es que tienes tú ese casete? ¿No será, más bien, tu voz la que se escucha, tratando de imitar la de él?

No me creyó. Mi explicación le pareció absurda e inverosímil.

—¿A quién quieres engañar?

Saqué el casete de mi bolsillo, tomé a Laura de la mano y la llevé a mi auto. Ahí, con las poderosas bocinas de mi estéreo, se oiría mejor.

Escuchamos casi todo el casete —aunque en algunas partes se seguía atorando— mientras que Laura, anonadada, finalmente, se convenció. «¡Sí! Tienes razón. ¡Es Juan Gabriel!».

Y comenzó a hacerme todo tipo de preguntas, rematando con dos muy importantes y que durante años yo mismo me había hecho: «¿Y qué vas a hacer con esas tonadas? ¿Sabes que tienes un verdadero tesoro en tus manos?».

23
MISIÓN IMPOSIBLE

¿Crees que a alguien tan famoso
y millonario como él no le va a dar gusto
recuperar unas canciones
que creyó perdidas durante tantos años?
Y si él no te ofrece una recompensa,
¡tú se la puedes pedir!

Cada vez más sorprendida con la historia que le conté, ya con más detalles sobre aquella tarde en que Juan Gabriel les puso melodía a varias de mis letras, mientras las grababa en un casete Memorex, Laura casi ni pestañeaba, literalmente con la boca abierta, escuchándome con atención y sin interrumpirme. Yo mismo, mientras le relataba lo sucedido, además de revivir los sentimientos que en ese entonces me invadieron, igual que las dudas que tanto me inquietaron, sentí la misma emoción de aquel entonces.

Durante muchos años, cargué con ese secreto y, a la hora de revelárselo a alguien por primera vez —precisamente a Laura, la que en ese momento consideraba la mujer de mi vida—, advertí una vez más que, en efecto, tenía un tesoro en mis manos.

Ella me cuestionó si el propio Juan Gabriel no habría grabado ya alguna de esas melodías, poniéndole él su propia letra. O que si no existía la posibilidad de que les hubiera dado esas canciones a otro cantante.

Aunque desde hacía mucho había abandonado mi fanatismo por Juan Gabriel, seguí comprando cada disco compacto que lanzaba, por simple hábito o costumbre y, también, porque seguía gustándome su música y jamás dejé de reconocer que era un verdadero genio. Me sabía de memoria las melodías de las *Canciones por hacer* y las hubiera identificado fácilmente, en caso de que él las hubiera grabado. Sin embargo, me quedé pensando si, como Laura me lo preguntó, él no habría utilizado una o varias de esas melodías para ponerles letra y dárselas a cualquiera de los cantantes que se morían por uno de sus temas, incluidos a los que desde tiempo atrás les producía álbumes completos con canciones de su inspiración: Estela Núñez, Rocío Dúrcal, Angélica María, Lucía Méndez, Lucha Villa, Isabel Pantoja...

Me surgió una nueva duda. Aunque yo tuviera en mis manos ese casete de las *Canciones por hacer*, Juan Gabriel, quizás, podría tener una copia. O también, esas melodías, grabadas en su memoria, pudo dárselas a cualquier otro cantante. Y yo ni me había enterado. Podría ser.

¿UNA RECOMPENSA?

La historia de ese casete y, sobre todo, su contenido, comenzó a obsesionar a Laura. Siempre que nos veíamos, volvía a preguntarme qué iba a hacer con ese casete. Ya le había contado una y mil veces que por mí no quedó, que en algún momento intenté devolvérselo a Juan Gabriel, pero que él, quizás, ya ni se acordaba de él.

—Por eso mismo —insistió Laura una vez más—. Así como conseguiste verlo en persona en otras ocasiones, puedes hacerlo ahora y hablar con él, mostrarle el casete, sacarlo de su confusión y recordarle que ese casete contiene esas melodías que, seguramente, él dio por perdidas. ¡Y hasta te puede dar una buena recompensa!

—¡Ya salió el peine! —exclamé entre risas—. Más que devolverle a Juan Gabriel ese casete del que ni se acuerda, ¡tú crees que me va a dar una recompensa!

—¡Pues claro!

—No lo conoces… Al menos, no como llegué a conocerlo yo. Lo que me va a dar es una tremenda regañiza y hasta se puede poner furioso. ¡Han pasado catorce años, Laura! Me va a preguntar por qué no se lo devolví antes. ¿Por qué esperé catorce años? Además, le va a extrañar que, desde la última vez que nos vimos en su camerino del Teatro México, en 1981, cuando me mandó un boleto para ir a su *show*, ya no lo volví a buscar… Puede sospechar o imaginar algo que no es.

—¿Y por qué, cuando lo viste por última vez, en ese 1981, no le devolviste el casete? Si como dices, ¡hasta platicaste con él en su camerino!

—¡Lo llevaba conmigo! Quería devolvérselo, a cambio de que él me devolviera la libretita, donde tenía ¡todas las letras que había escrito hasta entonces! Era como un intercambio. Pero cuando él me salió con que no se acordaba de mi libretita, sentí un enorme coraje. ¡Claro que tenía toda la intención de devolverle su casete y explicarle la confusión! ¡Hasta se lo mostré! Pero él, aunque lo tuvo en sus manos, me lo regresó y me dijo que era un regalo suyo. ¡No me dejó hablar! Andaba muy cansado. Mucha gente y fanes lo estaban esperando…

—Pero es que tú…

—¡Es que yo nada! —exploté, harto de tantos cuestionamientos y de repetirle a Laura lo mismo y lo mismo. Todas aquellas preguntas que yo me había hecho durante años—. ¡No se lo entregué y punto!

INTENTO A LA FUERZA

Curiosamente, en ese 1990, después de varios años de no hacerlo, Juan Gabriel regresó a Chicago, para cantar en la Arena Pavillion, de la Universidad de Chicago, con capacidad para 9500 personas, donde se presentaban sólo los grandes. Juan Gabriel, el único de habla hispana. Como de costumbre, tanto en radio como en televisión y, ahora, hasta en anuncios espectaculares de las grandes avenidas, anunciaron el gran concierto. Y por supuesto, Laura se enteró. Sin consultármelo, compró dos boletos en zona preferencial, que debieron costarle una buena cantidad de dólares. Y una tarde, cuando pasé por ella a la salida de su trabajo, me dio la sorpresa. Sorpresa que, en vez de entusiasmarme, me dio coraje. Sabía cuáles eran sus intenciones.

Cuando me mostró los boletos que observé con apatía y fastidio, se mostró desconcertada.

—¡Un concierto de Juan Gabriel y en el Pavillion! —Esperó en vano que yo reaccionara con entusiasmo—. ¡Tu ídolo, Martín!

—Me hubieras dicho que querías ir a verlo y yo hubiera comprado los boletos. ¿Cuánto gastaste?

—Eso no importa ahora. Más que ir al concierto, ¡podemos buscarlo al final!, en su camerino, para que hables con él y...

—¿Y qué, Laura? ¿Regresarle su casete y pedirle una «recompensa»?

—¡Una muy buena recompensa! ¿Crees que a alguien, tan famoso y millonario como él, no le va a dar gusto recuperar unas canciones que creyó perdidas durante tantos años? Y si él no te ofrece una recompensa, ¡tú se la puedes pedir!

—¿Cómo crees que le voy a pedir una recompensa? Se ve que no lo conoces. Además, es muy tacaño.

—Pues se ve que te tiene aprecio.

En medio de mi enojo, no pude evitar una leve carcajada.

—¿Cuál aprecio, Laura? Ya armaste tu propia telenovela.

—¿No me contaste que siempre que te veía, te decía que le recordabas a él mismo cuando era más joven y que decía que eras su amiguito de Chicago?

—¿Y eso qué?... Ya pasaron años. Ni debe acordarse de mí.

—Pues nada perdemos con intentarlo.

INACCESIBLE

Casi a regañadientes —al menos, eso es lo que aparenté frente a Laura, porque en el fondo, claro que me emocionaba ver de nuevo a Juan Gabriel en un escenario—, llegamos al Pavillion y ocupamos nuestras butacas, a unas cuantas filas del espectacular escenario, seguramente, el más grande en el que hasta entonces había visto a Juan Gabriel en acción. El recinto estaba lleno. Miles y miles de personas. Una vez más, reviví momentos del pasado. Era imposible no percibir esa atmósfera de emoción y expectativa que yo bien conocía.

No me defraudó. Tampoco a ninguno de los ahí presentes. La armó en grande con un espectáculo de primerísimo nivel, con una orquesta, mariachi, coristas, luces... Volví a ser testigo de ese eterno esplendor. Juan Gabriel era el mejor. Seguía siendo el mejor.

Fue hasta entonces, según me di cuenta, cuando miraba a Laura embobada y aplaudiendo a rabiar al final de cada canción, que ella entendió ya no tanto mi antiguo fanatismo por Juan Gabriel; más bien, mi admiración y respeto hacia él.

Concluyó el concierto. Laura, más emocionada todavía, pensó que sería fácil llegar hasta el camerino de Juan Gabriel y hacer lo que ella llamaba «la negociación». Pobre ingenua.

Desde que llegamos al gran Pavillion, supe que no sería sencillo. Lo que se me ocurrió, ya después del espectáculo, fue salir de la arena y tratar de ingresar por la parte de atrás, al *backstage*, a pesar de que, como me lo esperaba, estaba ahí toda una legión de guardias de seguridad, resguardando la entrada. Se requería de un gafete especial que, por supuesto, ninguno de los dos teníamos.

Yo, que años atrás, me las había ingeniado para vencer cualquier obstáculo, hasta llegar hasta la sección de camerinos, ahora, aparte de que mi interés y entusiasmo ya no eran los mismos, lo veía como una misión casi imposible.

Estuvimos cerca de media hora pensando en la forma de traspasar la barrera, soportando, además, las impertinentes e inocentes ideas que a Laura se le ocurrían. «Diles que eres su amigo... que te urge hablar con él». Y yo me quedaba callado. No estaba con ánimos de discutir. Más bien, veía la situación como un pretexto para irnos de ahí. Me daba miedo enfrentarme una vez más a Juan Gabriel y exponerme a nuevos reclamos y acusaciones. No sabía cómo me recibiría ni cómo reaccionaría si, por fin, le aclaraba el asunto del casete perdido que, por cierto, mintiéndole a Laura, ni siquiera llevaba conmigo.

—Ni modo —me di por vencido—. Hicimos lo que pudimos, pero ya ves que no es tan fácil llegar hasta él.

—¿Y cómo antes sí lo conseguiste? —me preguntó la muy necia.

—¡Eran otros tiempos, Laura! ¡Entiende! Juan Gabriel ahora es un monstruo. Tú lo has visto. Llenó el estadio. ¡Cerca de diez mil personas! En estos años, su fama anda por las nubes.

Y cuando por fin la convencí de que no había forma de entrar, en eso, escuché una voz que me resultó conocida. «¡Martín!». Entre las decenas de personas que se encontraban ahí, volteé. Era Vicente, el mariachi, a quien ni siquiera había distinguido en el escenario, a pesar de que intenté ubicarlo en el grupo. Había subido de peso y ya no traía bigote. Se me acercó y me dio un fuerte abrazo. Le presenté a Laura, muy complacida, cuando supo que se trataba de uno de los integrantes del mariachi de Juan Gabriel.

—¡Huy! —exclamó Vicente, tan efusivo como siempre—. Mucho gusto, señorita o… ¿señora?

—Laura Martínez —se presentó ella, tan modosita como siempre, cuando le convenía—. Soy la novia de Martín.

Vicente iba de salida, rumbo al hotel donde se hospedaban, para reunirse con sus compañeros. Nos invitó, pero Laura le preguntó antes:

—¿Y cree que ahí podremos hablar con Juan Gabriel? Es que a Martín le urge, porque…

—No. No me urge —interrumpí a Laura—. Sólo quiero saludarlo, pero veo que será imposible.

—Es que no estamos en el mismo hotel —le aclaró Vicente a Laura—. Juan Gabriel está en otro. Pero ni yo mismo sé en cuál. —Y se digirió a mí—. Pero si quieres saludarlo, ven conmigo.

¡Lo que me faltaba!, cuando, al contrario que en otras ocasiones, ya harto, lo que menos quería era encontrarme con Juan Gabriel.

Vicente me pasó el brazo por la espalda y nos dirigimos a una de las entradas, hacia el *backstage*. Laura nos siguió. Vicente habló algo con uno de los guardias, quien, no de muy buena gana, aceptó que yo pasara, pero a Laura le impidió la entrada: «Sólo una persona», aclaró. Laura, ofendida y descorazonada, tuvo que quedarse ahí. «No me tardo», le dije. Pero ella ni me respondió, haciendo una mueca de disgusto.

Después de que el guardia me revisó, entré con Vicente y, luego de transitar por varios pasillos, llegamos a la zona de camerinos, donde, para variar, había mucha gente, entre invitados especiales y amigos de Juan Gabriel.

Vicente se acercó a un tipo fornido y de mediana estatura, de unos cuarenta años, al que algo le dijo. Los dos voltearon a mirarme y, luego, Vicente me hizo una seña para que me acercara. Así lo hice.

—Mira, Martín, el señor es Fernando González, yerno de doña Paz Alcaraz y *tour manager* de Juan Gabriel.

El tal Fernando, muy serio y dejándome con la mano extendida, sin responder cuando le dije «mucho gusto», fue tajante:

—Me dice Vicente que quieres ver a Alberto. Pero no se puede. Hay muchos fanáticos afuera que quisieran lo mismo y no podemos hacer excepciones.

—Es que Martín no es un fanático —le aclaró Vicente—. Me consta que es amigo de Juan Gabriel, desde hace años.

Fernando no cambió su actitud, aunque, meneando la cabeza, lanzó una sonrisita y me barrió con la mirada, suponiendo, seguramente, lo mismo que muchos: que yo era uno de sus «amiguitos».

—Lo siento. Pero no puedo hacer nada. Yo sólo cumplo órdenes. Además, Alberto está muy cansado y, precisamente, lo que estamos esperando es que se desaloje el espacio para llevarlo al hotel. —Y entonces, se dirigió a mí—. Si quieres dejarle algún recado para que se comunique contigo, si es que él quiere y en verdad eres su amigo, anótamelo en un papel y yo se lo entrego.

Vicente y yo intercambiamos miradas. Él me puso la mano en el hombro.

—No hace falta, señor —le dije a Fernando—. De cualquier manera, gracias. Yo entiendo.

Afuera me esperaba Laura. Al verme salir, corrió hacia mí, impaciente.

—¿Qué pasó, Martín? ¿Hablaron? ¿Qué te dijo?

—No pasó nada, Laura. No pude verlo. Te dije que no sería tan fácil.

—Pero ¿por qué no insististe? Meneé la cabeza y la tomé del brazo.

—Vámonos. Te cuento en el camino.

24
CONSEJOS DE UN EXPERTO

***¿Sabes que eso se llama extorsión y que es un delito?
Tú no puedes amenazar ni pedir nada a cambio,
por algo que le pertenece a otra persona.***

Aunque, desde tiempo atrás, pensé que el caso de las *Canciones por hacer* ya estaba cerrado, no conté con la obsesión que para Laura llegó a significar el casete, luego de enterarse de su historia. Siempre que ella insistía en el tema (con sus «brillantes» ideas de sacarle algún provecho a esas melodías), yo lo evadía con cualquier pretexto. Estaba harto de sus «consejos» y cuestionamientos que siempre terminaban en discusiones. Aunque nuestra relación «secreta» y prohibida siguió su curso, igual que nuestros encuentros sexuales, acordamos un pacto que ella aceptó, pero no muy convencida: olvidarnos del casete con todo y sus *Canciones por hacer*. Pero la mujer no se quedó tranquila.

¡UNA SORPRESA!

Una tarde en que, como de costumbre, pasé por ella a la salida de su trabajo, en lugar de irnos a mi departamento, me propuso que fuéramos a algún bar.

Ya ahí, luego de beber un par de copas, la noté extrañamente dulce y melosa, hasta que, muy sonriente, me dijo que me tenía una sorpresa.

—¿Una sorpresa?

—Sí. Pero antes, quiero que entiendas que todo lo que hago es por tu bien. —Algo se traía entre manos, pensé—. Haz de cuenta que en esta aventura, tú eres el corazón y yo, el cerebro —añadió con una mezcla de orgullo y presunción.

—Te conozco, Laura —repuse—. Te conozco demasiado bien. Sé directa. Tranquilamente, abrió su bolso y de él sacó un papelito que puso sobre la mesa y me lo acercó. Yo lo tomé y leí en voz alta:

—Marvin N. Benn. Abogado. Patentes. Marcas Registradas. Derechos de Autor.

Supe por dónde iba la cosa. Respiré hondo y miré a Laura, muy serio.

—Deja que yo sea tu representante, tu asistente o lo que sea —me propuso—. Me di a la tarea de buscar en la sección amarilla del directorio. Necesitas un abogado que te asesore en ese asunto del casete de Juan Gabriel. Yo no sé nada de leyes ni de *copyright*, pero mi intuición me dice que esas canciones tienen un gran valor.

—Laura, ya habíamos quedado en dejar por la paz ese asunto —le recordé, sin disimular mi fastidio.

—Nada perdemos con pedirle su opinión a un experto en el tema. Ya me informé y es uno de los mejores en Chicago.

—Y debe cobrar un dineral...

—Pero vale la pena. Tómalo como una inversión en algo que te puede traer consigo un gran beneficio.

Después de todo, la insistencia de Laura —aunque sabía que lo que más le interesaba era el dinero que se podría obtener— me provocó ternura: que no desistiera, que se encargara de cuestiones para las que yo no tenía cabeza y que se me complicaban tanto. Sí, la labor de una representante que, quizás, yo necesitaba. Su idea no era tan mala: consultar a un experto.

—*Okey*. —Estuve de acuerdo, dándome por vencido—. Y ya que quieres ser mi representante, ¿cómo vamos a dar con ese abogado?

—En dos días tenemos cita con él.

¿UNA BUENA NEGOCIACIÓN?

Llegamos al elegante bufete de Marvin Benn, a la hora indicada: cinco de la tarde. Su secretaria, una simpática y afable sesentona, nos pasó de inmediato a su oficina, donde él nos esperaba, sentado detrás de su escritorio. En cuanto entramos, se puso de pie y nos saludó de mano.

«¡Bienvenidos! Tomen asiento, por favor».

Era un cincuentón alto, delgado, vestido impecablemente con traje y corbata, de ademanes sofisticados, canas en las sienes, distinguido y de hablar pausado, pero con firmeza: «¿En qué les puedo ayudar?».

Afortunadamente, Laura permitió que fuera yo quien le contara a Benn mi historia con Juan Gabriel, en forma detallada y paso a paso. Más bien, la historia del casete de las *Canciones por hacer*. Él me escuchó atentamente, haciendo anotaciones en un papel. En cuanto concluí mi relato, muy sonriente me preguntó: «¿Y quién es Juan Gabriel?»

Le expliqué que se trataba de un cantautor mexicano de fama internacional que, apenas unas semanas atrás, se había presentado en la Arena Pavillion de Chicago, abarrotando el lugar, para cerca de diez mil personas. Benn hizo otras anotaciones y se quedó pensativo.

—Muy interesante —comentó, ensimismado—. ¿Y qué es lo que quieres hacer con ese casete?

—Devolvérselo.

—¿Y eso es todo? —preguntó con visible extrañeza.

—A cambio de que él me devuelva mi libretita con las letras de mis canciones —agregué—. Las revistas se las puede quedar.

—Y yo pienso —inevitablemente, intervino Laura—que también se le puede pedir una gratificación, por todos los años que Martín le guardó ese casete con las melodías.

No quise contradecir a Laura ni ponerme a discutir con ella, enfrente del abogado.

—Lo único que quiero es el intercambio: devolverle su casete y que él me devuelva mi libretita. Y si de él sale darme una recompensa, perfecto. Lo que quiero es cerrar ese capítulo en mi vida.

Benn levantó sus cejas y hombros al mismo tiempo.

—Una recompensa —repitió Benn—. ¿Y por qué una recompensa?

—Por haber cuidado ese casete, durante más de una década y porque estoy seguro de que lo que contiene es material inédito de gran valor para él.

—*Okey*. ¿Sabes que eso se llama extorsión y que es un delito? Laura y yo nos miramos, asustados.

—Tú no puedes amenazar ni pedir nada a cambio por algo que le pertenece a otra persona —nos aclaró.

—¿Y entonces? —preguntó Laura, muy en su papel de mi «representante»—. ¿Cómo se puede manejar?

Benn se dirigió a mí.

—Fácil. Diremos que quieres que te devuelva la libreta con tus canciones y, aunque a ti no te interese, también las revistas que siguen siendo de tu propiedad. Y que, a cambio, nosotros le devolveremos el casete que, por otro lado, él mismo te entregó. Legalmente, ese casete ahora es tuyo, porque de igual manera, él tiene la propiedad física de tu libreta y tus revistas. Sería un intercambio. Pero aquí viene lo más importante: si como dices, él mismo te dijo que no recuerda esa libreta ni las revistas, dando a entender que ya no las tiene en su poder, entonces sí podemos plantear una compensación, a cambio del casete.

—Pero... —le pregunté, confundido—. ¿No dice que eso sería una extorsión?

—Si tú le hubieras pedido directamente esa compensación, sí lo sería. Pero si lo hago yo, como abogado y en términos legales, como debe ser, la cosa es diferente.

—Es que lo único que me interesa es devolverle su casete y que él me devuelva mi libretita.

—Pero, Martín. —De nuevo, Laura tomó la palabra—. ¡No seas terco!

Deja que el señor Benn termine.

—Como abogado —prosiguió Benn—, eso es lo que yo pienso, aunque respeto que a ti no te importe esa compensación. Pero seamos claros: yo vivo de mi trabajo y acepto ayudarte, siempre y cuando me permitas manejar la situación a mi manera y plantear una negociación justa. Una negociación que sirva, también, para cubrir mis honorarios y los trámites que tendré que hacer, empezando por lo que gastaré para contactar al señor o a su representante que, supongo, debe tener.

—Sí —le informé—. Es una señora que se llama María de la Paz Alcaraz. Ella me conoce bien.

—Pues si me das sus datos, será más sencillo ponerme en contacto con ella.

—Es que no tengo manera de localizarla —repuse, apenado—. Sólo sé que es su representante.

—Entonces, yo veré la forma de dar con ella, por medio de alguno de mis asistentes. Y lo que sí debo aclararles es que, si no llegamos a algún acuerdo, de cualquier forma, yo cobraré mis honorarios.

¿En qué tipo de «negociaciones» me estaba metiendo? ¿Cuánto me cobraría ese abogado tan prestigiado? ¿Y contaría yo con el dinero suficiente para pagarle? ¡Qué complicado! Pensé en darle las gracias y salir de ahí, aunque, por supuesto, la consulta también tendría un costo.

—Lo único que les puedo garantizar es que algo podremos arreglar. Yo les cobraría un 33 por ciento del dinero que se obtenga. Vamos a firmar, entre nosotros, un contrato conductual o contrato de contingencias. Les explico... Es un acuerdo que se formaliza por escrito, entre dos o más personas. —Y se dirigió otra vez a mí—. En este caso, entre tú y yo, y que especifica las conductas que deberá ejecutar cada una de las partes, así como las consecuencias que se derivarán, incluyendo también un posible incumplimiento del acuerdo que recoge el contrato. ¿Estamos de acuerdo? Laura y yo nos miramos de reojo.

—De acuerdo —respondí no muy convencido, sin entender del todo lo que Benn me estaba planteando.

—Entonces, no se diga más —nos dijo, poniéndose de pie, como señal de que la cita había llegado a su fin.

Laura y yo hicimos lo mismo.

—¿Cuánto le debo, abogado?

—Nada —respondió Benn, sonriente—. Yo prepararé el contrato conductual y te avisaré cuando esté listo, para que lo firmemos. Ya me pagarás mis honorarios cuando recibas el dinero que, seguro, vas a obtener. Ese casete, como bien dices, tiene un valor. Y cuando ese señor y su representante se enteren de su existencia, ya me encargaré yo de lograr una buena negociación. Así, todos saldremos ganando.

LA MISMA CANTALETA

Cuando salimos del bufete, Laura y yo nos fuimos a tomar un café. Yo, más confundido que nunca, pensé que esa consulta con Marvin Benn no había servido para nada. ¿Qué tipo de «negociación» iba a proponerle a Juan Gabriel o a doña María de la Paz? ¿Y a ellos les interesaría? Todo hubiera sido más fácil si le hubiera devuelto el famoso casete en su momento o, ya después de tantos años, quedármelo y dar por perdida mi libretita. Lo que sentí es que, de un hecho tan simple, ese Marvin Benn pretendía hacer un jugoso negocio y que entre más dinero se obtuviera, lógico, él ganaría también más.

—¿Cuánto dinero pensará pedir ese abogado a cambio del casete? —me preguntó Laura, adivinando lo que yo también estaba pensando.

—No sé. Y me da miedo.

—¿Miedo? ¿Miedo a qué?

—A que quiera abusar. Fuimos sólo a pedirle un consejo, como tú propusiste ¡y él quiere hacer una «buena negociación»!

—¡Pues está bien! —exclamó ella—. Aparte de quitarte ese peso de encima, ¡no están de más unos dólares extra!

—Pero… ¿Qué van a pensar Juan Gabriel y doña María de la Paz, si Benn se quiere pasar de listo? Creerán que todo lo maquiné yo, para sacar provecho.

Laura hizo una mueca de fastidio.

—Ay, Martín. ¡Ya olvídate de esa cantaleta! Que piensen lo que quieran. Y si Marvin Benn se quiere pasar de listo y su negociación no resulta, tú no pierdes nada.

—¿No pierdo nada? ¿Tú le vas a pagar sus honorarios?

UN IMPORTANTE Y MILLONARIO PROMOTOR

Dos semanas después, fue Marvin Benn quien me citó de nuevo en su bufete, donde, claro, me presenté con Laura, mi «representante». Luego de firmar el contrato conductual —aunque yo, todavía, dudoso y temeroso—, nos informó que, junto con dos de sus asistentes, se dio a la tarea de investigar quién era Juan Gabriel. «No es que dudara de ti, Martín

—me dijo, muy complacido—, pero quise comprobarlo por mi cuenta. ¡Es un ídolo en verdad! ¡Y gana mucho dinero con sus discos y presentaciones! Y no sólo eso, también cobra verdaderas fortunas a la casa discográfica Ariola, de México, por producirle discos a otros artistas, como a una cantante española que se llama Rocío Dúrcal y que ustedes deben conocer».

Lo que más me sorprendió es que, aunque también investigó que su representante, como ya se lo había informado yo, era la señora María de la Paz Alcaraz, como los hechos relacionados con el casete de las *Canciones por hacer* se habían dado en territorio norteamericano, no serviría de nada contactar con ella, sino con Hauser Entertainment, la empresa que representaba a Juan Gabriel en Estados Unidos. Concretamente con su dueño: Ralph Hauser, quien, según nos contó Benn con visible entusiasmo, de acuerdo a lo que sus asistentes habían investigado, era «¡un importante y millonario promotor de conciertos, reconocido por haber contribuido a la popularidad de la música hispana en Estados Unidos!».

Y mientras le brillaban los ojos, tomó un papel que tenía sobre su escritorio y leyó en voz alta: «Además de Juan Gabriel, este señor Hauser, también trabaja con otros artistas que yo tampoco conozco, pero ustedes, seguramente sí: Luis Miguel, Vicente Fernández, Rocío Dúrcal y Joan Sebastian... Y la sorpresa que les tengo es que ¡ya me puse en contacto con él!».

25
DOS AÑOS PERDIDOS

¿Por qué no les pones letra a esas melodías?
Y después, yo te asesoro,
para que las registres y quedes protegido.

Fue a mediados de 1990 cuando, luego de firmar el contrato conductual con Marvin Benn, comenzó la comunicación entre su bufete y la firma Hauser Entertainment.

Para empezar, Benn, una vez que consiguió el número telefónico de Ralph Hauser y después de varias llamadas y de dejarle recados sobre el asunto a tratar, por fin logró hablar con él. «Mi cliente, el señor Martín Padilla, en algún momento tuvo contacto con su representado, el señor Alberto Aguilera Valadez. Y mi cliente tiene en su poder algo que le pertenece al señor Aguilera, quien, a su vez, tiene algo que le pertenece a mi cliente. Entonces, queremos negociar la devolución de ambos objetos».

Como era lógico, Hauser no sabía de qué le estaba hablando Benn. Pudo pensar que se trataba de una broma y mandarlo al demonio. Sin embargo, gracias a las anteriores llamadas que había recibido de mi abogado y a los recados que él le dejó, por simple curiosidad investigó quién era Marvin Benn: un prestigiado abogado, experto en Derechos Autorales. Así se lo confesó en esa primera llamada: «Sé quiénes usted, señor Benn. Tengo excelentes referencias suyas. Pero lo que me comenta es muy confuso. Así que le pido que sea más claro».

Benn se lo explicó en forma más detallada: «Lo que mi cliente tiene en su poder es un casete con melodías inéditas del señor Alberto Aguilera. Melodías sin letra. Un casete que su cliente le entregó al mío, hace doce años. Y creo que le interesará recuperarlo, tomando en cuenta el material que contiene. Y, por otro lado, su cliente tiene en su poder, una libreta con letras de canciones que le pertenecen a mi cliente».

Entonces, Hauser le pidió a Benn que le enviara, vía fax, una carta, exponiendo por escrito y, paso a paso, lo que acababa de contarle, para tratarlo directamente con Juan Gabriel y ver qué opinaba él.

Benn redactó la carta y se la envió a Hauser.

COMIENZA EL VIACRUCIS

Transcurrieron más de dos meses, sin que hubiera una respuesta, hasta que Hauser, por medio de sus abogadas, Sahely Feliciano y Ana Sufuentes, fue quien se comunicó con Benn, para informarle que ya había hablado con

Juan Gabriel y que este lo único que dijo es que no se acordaba de nada de lo expuesto en la carta: ni del casete ni de la libreta. Incluso, dijo que no conocía a ningún Martín Padilla. Así que pidió otra carta más detallada y, de paso, ¡una copia del casete!, a lo que Benn se negó, proponiendo enviarle solamente una muestra: otro casete, con cinco fragmentos de tres segundos cada uno, de cinco de las melodías.

Así lo hizo y, a partir de entonces, luego de que, seguramente —al menos, así lo supuse yo—, el mismo Juan Gabriel escuchó esos breves fragmentos y reconoció que, en efecto, era su voz y las melodías de su inspiración, todo cambió. Hauser comenzó a mostrarse más interesado, aunque sin llegar a un acuerdo en concreto y, siempre, poniendo pretextos y más pretextos: «Deme treinta días... Juan Gabriel anda de gira por Sudamérica... Llegó, pero se volvió a ir... Deje que regrese a Los Ángeles...».

¡DE 50 MIL A 5 MIL!

Transcurrieron dos años de largas esperas, más llamadas, faxes y un constante estrés, hasta que Benn me dijo que ya se había hartado, que, con toda seguridad, Juan Gabriel y Hauser pensaban que les habíamos tendido una trampa y que, en definitiva, no les interesaba recuperar el casete. Y cuando ya dábamos por perdido el caso, Benn recibió otra llamada de Hauser: ¡ofreció 50 mil dólares a cambio del casete!

Benn se mostró complacido, igual que yo. Aunque ya daba por hecho que no recuperaría mi libretita, esos 50 mil dólares me caerían de maravilla, aun descontando el 33 por ciento que le correspondía a mi abogado. «No, Martín —me aconsejó Benn—. Ya nos dimos cuenta de que sí les interesa recuperar el casete y si ofrecen 50 mil dólares, es porque Hauser sabe muy bien que pediremos más. Vamos a arriesgarnos. Deja todo en mis manos». Y yo, aunque dudoso, confié en él y acepté.

Luego de otros tres meses de más llamadas telefónicas y de dejarle recados a Hauser, por fin, Benn logró hablar con él, para proponerle otra negociación: le pidió ¡75 mil dólares! Sin embargo, Hauser, luego de carcajearse al escuchar tal cantidad, le salió con un argumento de lo más absurdo: «De ninguna manera, señor Benn. ¡Eso es imposible! Le voy a explicar algo y, de antemano, le ofrezco una disculpa: mi contador se equivocó. No son 50 mil dólares los que ofrecemos. Son cinco mil y ni un centavo más».

Entonces sí, fue Benn quien lo mandó al demonio y hasta lo insultó por su falta de seriedad y ética profesional. «¡Tantos meses y hasta años, ¿para que ahora nos salga con esto? ¡Es una burla!».

De paso, me informó que se retiraba del caso.

¿Y PARA QUÉ?

Ya en 1992, después de los dos años del desgastante proceso, de no ser por Laura, quien en todo momento estuvo a mi lado, dándome ánimos, aunque me sentí derrotado, decidí, ahora sí, cerrar ese capítulo en mi vida. Ella, igual de decepcionada, me pidió que no me diera por vencido.

—¿Y para qué? —le eché en cara a la pobre, de manera grosera y a gritos—. Tú fuiste la que me empujó para buscar a Benn, con tu brillante idea de pedir esa maldita gratificación económica. Y ya viste en lo que acabó tu ocurrencia. ¡Te lo dije! ¡Te lo dije muchas veces! ¡Dos años perdidos a lo estúpido!

Laura me miró asustada. Jamás me había visto tan enojado. Nunca le había gritado de esa manera.

—Yo sólo quise ayudarte —me dijo, asustada—. Perdón, Martín. La abracé, arrepentido, por haberle gritado.

—Perdóname tú —le supliqué—. Y demos por terminado este capítulo.

ANÓNIMO

Luego de varias semanas en que no volví a tener contacto con Marvin Benn, recibí una llamada suya. Me citó en su bufete, a donde nuevamente acudí, acompañado de Laura. Tenía un contrato firmado con él. Seguramente, me pediría el pago de sus honorarios, tal como habíamos quedado al principio. Pero… ¿de dónde iba a sacar dinero? Afortunadamente, seguía con mi trabajo en el Marriott, pero no quería ni imaginar lo que me cobraría Benn por sus dos años de servicio.

Laura, intentando consolarme, me dijo que no me preocupara, que ella me podría prestar algunos dólares y que, como Benn, tal como comprobamos, era una buena persona, seguramente aceptaría que le pagara en cómodas mensualidades o hasta podría hacerme un descuento, en vista de las fracasadas negociaciones.

Igual de amable que siempre, Benn nos recibió en su oficina y, para sorpresa mía y de Laura, más que hablar de sus honorarios, lo primero que hizo fue ofrecerme una disculpa.

—Hicimos todo lo que se pudo, Martín —me dijo—. Perdón por haberte fallado.

—No, Marvin. Al contrario. Perdóneme usted a mí por el tiempo que le dedicó al caso. Pensaba buscarlo. No me iba a desaparecer así nada más, sin pagarle lo que te debo.

—No. No te cité por eso. Olvídalo. No me debes nada.

Me quedé mudo. Yo que pensaba pedirle un descuento o pagarle a plazos. Y ahora me sorprendía una vez más con su generosa postura. Laura, conmovida, igual o más que yo, me tomó la mano y me la apretó fuerte.

—Como te dije, me retiro del caso. Pero quiero aconsejarte algo: ¿por qué no les pones letra a las melodías de ese casete? Y después, yo te asesoro para que las registres y quedes protegido. Lo haríamos en la oficina de Copyright de Washington D.C.

—Pero ¿y la música? Si Juan Gabriel o Hauser se enteran...

—La solución es esta... Y te estoy hablando como abogado, especializado en Derechos Autorales: dale su crédito a Juan Gabriel en forma anónima.

Me quedé pensativo, aún sin asimilar lo que me estaba proponiendo.

—¡Piénsalo, Martín! —insistió Benn—. Sería un delito de plagio que te apropiaras de esas melodías y las registraras sólo a tu nombre. Peor aún si, quizás, Juan Gabriel ya las tiene registradas a su nombre con letras suyas. Pero si, como dices, existe la posibilidad de que él ya hasta se haya olvidado de ellas y no las ha grabado, después de tantos años, es casi seguro que, como el mismo Hauser también me lo confirmó, en efecto, ya ni se acuerda de ellas.

—¡Claro, Martín! —intervino Laura, entusiasmada—. ¡Y hasta podrías sorprender a Juan Gabriel cuando se entere! ¡Sería un regalo para él! Le ahorrarías trabajo ¡y también te harías famoso!... ¡Ponle letras a esas melodías! ¡Juan Gabriel te las regaló! Piénsalo, medítalo.

26
A SOLAS Y EN PAZ

Es que la inspiración, aunque a veces no llega,
cuando lo hace,
tienes que darle su lugar y jamás ignorarla.
Porque si no le haces caso, se puede molestar y marcharse.

De día y de noche, constantemente llegaba a mi mente el rostro de Laura. Sus palabras, más que simples y bien intencionados consejos, se convirtieron en órdenes: «Ponles letra a esas canciones, Martín. Piénsalo. Piénsalo muy bien. Es el momento. Tantos años, guardando ese casete.

¿Para qué? Tú ya les has puesto música a tus propias letras. Y ahora, sería al revés: ya tienes las melodías de Juan Gabriel. No te costará trabajo ponerles letra. Es tu destino, Martín... El destino que te está esperando».

Y como nuestra relación clandestina continuaba, a veces ya con cierto hastío, aunque, de repente, adquiría una nueva y refrescante intensidad, ella, plenamente consciente del poder de seducción que seguía ejerciendo en mí, aprovechaba los momentos de intimidad para insistir en lo mismo: las letras de las melodías. Y yo, casi en el momento del éxtasis, le daba por su lado y le prometía que ya pronto comenzaría con el proceso.

Finalmente, luego de tanta insistencia, le hice caso. Lo intenté, no una, sino varias veces, a escondidas de ella, para que no pensara que lo hacía sólo por complacerla, alimentando su obsesión desbordante, como una muestra más de que podía manejarme a su antojo. Pero, extrañamente, lo que antes me había resultado prácticamente sencillo y placentero, ahora se me dificultaba y hasta atormentaba. No lograba concentrarme y eso llegó a preocuparme.

LOS CHANTAJES

¿Cómo me iba a concentrar? si, además de las presiones de Laura, ella recurría a cada rato al vil chantaje, culpándome de la situación que estaba enfrentando con su doble vida.

—Si pensaras un poquito en mí —me echaba en cara—, si me tomaras en cuenta, ya te hubieras puesto a trabajar en esas canciones, en tu futuro... Si en verdad estuvieras consciente de todo lo que estoy arriesgando, incluidos mis hijos y mi matrimonio, con tal de verme contigo a escondidas...

—¡Pues ya no lo hagas! —le respondía yo—. Si estamos juntos, finalmente, es porque los dos queremos. Yo no te obligo a nada. Eso ya está más que hablado. Así que no me salgas ahora con tus remordimientos y, menos, me culpes de tus propias decisiones. Además, ¿qué tienen que ver las malditas melodías del casete y que yo les ponga o no la letra? Si fueras tú la que te pusieras un poco en mi lugar, entonces me entenderías. No es tan fácil, como supones, ponerles letra a unas melodías que, para empezar, no me pertenecen. Ya te lo he repetido hasta el cansancio.

Entonces se quedaba callada, pensativa, sin saber qué más decir.

Hasta que una noche, cuando pasé por ella a la salida de su trabajo, en cuanto se subió a mi auto, la noté extraña. Ni siquiera me dio un beso en la mejilla, como de costumbre. Fui yo quien quiso plantarle el beso que ella esquivó.

—¿Y qué te pasa ahora? —le pregunté, pero no me respondió, como si no me hubiera escuchado.

Molesto, arranqué el auto y, minutos más tarde, luego de un largo silencio, sin saber a qué se debía ahora su repentino y ridículo berrinche, le hice otra pregunta.

—¿Quieres que te lleve a tu casa o que vayamos a algún lado?

Lanzó un profundo suspiro y me pidió que, mejor, me estacionara. Así lo hice. Apagué el motor del auto y esperé a que hablara. Siguió con su misma postura, sin darme la cara, mirando hacia la calle, a través de la ventanilla.

—Lo que quiero —habló por fin—. Ya lo he pensado bien... Lo que quiero es terminar con esto de una buena vez.

Ahora fui yo el que se quedó callado. Algo así me esperaba, luego de nuestros recientes enfrentamientos. Así que no me tomó por sorpresa.

—Si eso es lo que quieres en verdad —le dije, simulando indiferencia, consciente de que lo que ella pretendía era seguir con sus chantajes—, respeto tu decisión.

—Es que me he dado cuenta de que no soy nadie en tu vida. Dejé de ser la amiga y cómplice a la que todo le confiabas. Cualquier cosa que hago o digo está mal. Por pensar en ti y en tu futuro, por querer ayudarte a salir de la mediocridad...

—Entonces, soy un mediocre —afirmé, muy serio y sin alterarme.

—Eres un hombre con talento, pero tú quieres quedarte como simple mesero y no aprovechar el talento que tienes.

—*Okey* —acepté—. Lo que te molesta, como siempre, es que no me obsesione, como tú, con las mentadas melodías del casete.

—Pues sí —reconoció—. Que no aproveches la oportunidad que te ha llegado, que seas tan apático, que no tomes en cuenta mis opiniones ni agradezcas lo que hago por ti. ¿Quién te buscó un abogado como Marvin Benn? Un hombre conocedor. ¿Para qué te sirvo, Martín? ¿Sólo para acostarte conmigo siempre que te da la gana?

No quise comenzar con otro pleito. Estaba cansado.

—Ya veo que no tienes nada que decir —siguió provocándome, sin que yo reaccionara, o más bien, aguantándome las ganas de rebatirle sus ofensivas suposiciones.

Giró la manija de la portezuela y la abrió. Bajó del auto.

—Como soy un cero a la izquierda en tu vida, mejor aquí la dejamos —concluyó—. Y haz lo que te dé la gana con tu vida.

Y luego, un portazo. Seguramente, pensó que me bajaría del auto para perseguirla y retenerla. No lo hice. Vi cómo se alejaba, hasta que, en la esquina más próxima, le hizo la parada a un autobús y lo abordó.

Me sentí ruin. A pesar de todo, la seguía amando. Pero al mismo tiempo, sabía que, como ella tanto me lo había repetido, lo nuestro era una aventura sin futuro que, por lo visto, había llegado a su fin.

SIN LAURA

Muchas veces, me vino a la mente aquella canción de Raphael: «Nada soy sin Laura. Nada soy sin su amor...». Laura, Laura, Laura... Aun dando todo por terminado, no lograba apartarla de mi mente. Se convirtió en un fantasma que no me dejaba en paz.

No volvió a pararse en mi departamento. Y yo tampoco la busqué. A veces, cuando salía del elevador del estacionamiento del Marriott, esperaba, ingenuamente, encontrarla sentada en la banca de madera, igual que la primera vez, cuando nos conocimos. Recordaba los momentos que habíamos compartido, en especial, cuando la tenía desnuda en el sofá y me enloquecía. Pero a cambio de esos momentos de pasión, tenía que soportar una relación tóxica que se había convertido en una tortura constante. Y aunque me sentía más solo que nunca, pensé que era lo mejor.

«Todo sucede siempre por algo». Una vez más, recordé la clásica frase de mi madre a quien, por cierto, hacía años que no veía. Quizás —pensé muchas veces—, necesitaba liberarme de los remordimientos que Laura provocaba en mí, para percatarme una vez más de ese vacío interno que siempre me había acompañado, a pesar de ella misma, de mis novias y aventurillas, y reencontrarme conmigo mismo, recuperar mi estabilidad emocional y volver a vivir en paz.

Hasta que un martes, mi día de descanso, después de pasarme el día entero dedicado al aseo semanal de mi departamento y de prepararme algo de comer, me puse a acomodar mi ropa en los cajones del clóset y, luego, ya con cierta fatiga, busqué uno de los casetes de *new age* que hacía mucho no escuchaba y que me servían para relajarme. Cuando me decidí por uno, abrí la grabadora para colocarlo y vi que dentro estaba el casete de las *Canciones por hacer*.

«Mi gran tesoro», pensé, con una mezcla de nostalgia y amargura.

¡Otra vez! Saqué el casete de la grabadora y me puse a buscar su estuche. No lo encontré. «Ya aparecerá por ahí», pensé, sin darle importancia.

Coloqué en la grabadora el casete de *new age* que había elegido, me senté sobre la alfombra, dispuesto a tomarme un descanso, cerré los ojos y, luego de unos minutos, dejándome llevar por la cadenciosa música que comenzó a relajarme, de repente, casi sin darme cuenta, en forma natural y sin haberlo planeado, inicié una sesión de meditación, como hacía tiempo no lo hacía, comenzando con la rutina de ejercicios de respiración profunda, para poner mi mente en blanco.

Después de unos minutos, recuperé aquella sensación de paz que tanta falta me hacía y que volví a disfrutar.

Apagué la grabadora, me recosté en el sofá y me quedé dormido al poco rato.

No recuerdo qué soñé, en caso de que algo haya soñado. Pero cuando desperté, ya cerca de la medianoche, sintiéndome aún en un estado de plácida tranquilidad, transformé el sofá en cama, saqué del clóset mi almohada y un cobertor, dispuesto a dormir de nuevo, hasta el día siguiente.

Sin embargo, luego de apagar la luz de la lámpara, percibí una especie de voz interior (no la de Marvin Benn ni la de Laura) que algo me decía, algo que no puedo describir. Me levanté de nuevo, como sonámbulo, encendí otra vez la luz y fui directo a uno de los cajones del clóset, de donde tomé el casete de las *Canciones por hacer*. Extraje de la grabadora el casete de música *new age* e introduje el otro. Oprimí el botón de *play* y —aunque con trabajos, porque el casete seguía atorándose, aunque cada vez menos—me puse a escuchar la primera melodía que, después, retrocedí hasta el inicio. Tomé un cuaderno y un bolígrafo y me puse a escribir una primera estrofa.

LA INSPIRACIÓN

Por más de una década, doce años en total, a veces en forma continua y, otras, dejando pasar grandes lapsos de tiempo, había escuchado y escuchado las melodías de ese casete. Las traía estampadas en la mente, nota por nota.

Comenzar de nuevo, resultó ahora más sencillo.

Luego de revisar la primera estrofa que acababa de escribir, chequé que compaginara con lo que Juan Gabriel, en su idioma extraño, había plasmado en el casete. Parecía que la inspiración y, sobre todo, el entusiasmo, habían regresado a mí.

Me vino a la mente cuando en algún momento le pregunté a Juan Gabriel ¿qué era lo que componía primero? ¿La música o la letra?

«Depende del momento, de la inspiración —me respondió entonces—. Algunas veces, primero la melodía. En otras, la letra. O también, puede ser, las dos al mismo tiempo. No hay una regla. Con *Querida*, por ejemplo, que compuse en Los Ángeles, primero surgió la melodía. Y en esa misma melodía ya estaba implícito un sentimiento, la esencia, una pista que me guiaba, para luego escribir la letra que brotaba en forma natural, adaptándose solita a la melodía misma, apropiándose de ella».

Escuchando una y otra vez esa primera melodía, recordé también cuando en otra ocasión, precisamente durante una de nuestras primeras charlas, Juan Gabriel me habló de la inspiración, como pieza fundamental y punto de partida para crear una canción.

«Puedes tener toda la técnica, la práctica, el talento... Pero a veces, la inspiración no llega, aunque la llames. Depende mucho del estado de ánimo, mijo, de lo que estés viviendo en ese momento. Y a mí, cuando me llega la inspiración, no la dejo escapar. No importa dónde me encuentre o lo que esté haciendo. Lo primero que hago es tomar la guitarra y me pongo a cantar... Simples frases sueltas... *Baby, come on...Good bye my love...* A veces en inglés, a veces en español... Simples tonadillas... O cuando se trata de una letra que me llega a la mente en el momento menos esperado, busco pluma y papel, y empiezo a escribir lo que me dicta la inspiración, imaginando desde ese momento la melodía. O también, prendo la grabadora y me pongo a cantar, con o sin guitarra. Es que la inspiración, aunque a veces no llega, cuando lo hace, tienes que darle su lugar y jamás ignorarla, porque si no le haces caso, se puede molestar y marcharse... Y para que regrese de nuevo... pueden pasar días y hasta semanas».

TODAS LAS NOCHES

La soledad se había convertido en mi mejor compañía y fuente de inspiración. Y Laura, aunque ausente y fuera de mi vida, en mi musa.

¡Quién lo diría! ¿Qué pensaría ella si lo supiera? Luego de reprocharme que era un cero a la izquierda en mi vida, su recuerdo y tantas cosas que ya no le pude decir, me estaban sirviendo para ponerme a hacer lo que tanto me había pedido: ponerle letras a las *Canciones por hacer*.

Luego de tres noches, entre frases y estrofas que me venían a la mente y que luego borraba o que iban a dar al cesto de basura, el empecinamiento que de nuevo volvió a acompañarme me ayudó a concluir la primera letra.

Hasta el final le puse un título: *Todas las noches*. La leí y canté en voz baja una y otra vez, hasta que me convenció y, lo más importante, hizo que la piel se me erizara, como jamás me había sucedido antes con ninguna de mis letras.

Me sentí contento y orgulloso. ¡Lo conseguí de nuevo! Ya había dado el primer paso. Había roto esa barrera invisible que no me dejaba concentrarme.

Pero antes de continuar con las demás canciones, pensé que, como lo había hecho años atrás con *Medianoche*, necesitaba un arreglista. La canción se lo merecía, para que quedara completa.

Primero pensé en David Baldwin, aquel productor y arreglista al que busqué, precisamente, cuando compuse *Medianoche*, mi primera canción.

Pero luego de la mala experiencia —cuyo resultado nunca me dejó del todo satisfecho—, desistí.

Entonces, me vino a la mente Clyde Batton, el pianista del Gaslight, que les montaba a las meseras las canciones que interpretaban por las noches. Ya antes había recurrido a él, cuando andaba buscando los músicos profesionales que me exigía Baldwin. Seguro, él podría orientarme, para encontrar otro productor y arreglista. Busqué la tarjeta que alguna vez me entregó y le llamé por teléfono, para contarle que tenía una melodía que necesitaba arreglos y partituras. «¡Yo puedo hacerlo!», me dijo, entusiasmado, contándome que ya hasta contaba con su propio estudio casero en el que nos vimos al día siguiente.

Sin mostrarle aún la letra de *Todas las noches*, luego de escuchar el casete con la melodía tarareada por Juan Gabriel (a quien, por suerte, no identificó, evitándome las explicaciones), a Clyde no le costó mayor trabajo hacerle un arreglito de cuatro instrumentos: piano, guitarra, bajo y batería. Pero el resultado final tampoco me dejó satisfecho. Le pedí que hiciera algunos cambios y él aceptó de buena gana. Una vez hechos los nuevos arreglos, con la partitura ya lista, tal como lo había aprendido, le adapté la letra: cada palabra, debajo de cada nota. Hasta que, luego de cuatro días ¡quedó por fin! El paso siguiente: grabarla, con Clyde al piano y yo poniendo la voz. No había más presupuesto para contratar a un cantante profesional. Fueron 100 dólares en total, incluida la renta de su estudio.

Quedó lista la partitura con la letra y arreglos, además del demo, grabado en un casete.

Tal como me lo había aconsejado Benn, lo primero que hice fue registrar la canción, por el módico precio de 30 dólares.

«Letra: Martín Padilla. Melodía: Anónimo. Lugar de residencia: Ciudad Juárez, Chihuahua. País: México. Año de nacimiento: 1950. Fecha de fallecimiento: Vivo».

27
EL GRAN TERRY SWEET

Un largo y mágico proceso que disfruté como niño con juguete nuevo.
Más todavía, cuando tuve en mis manos
la cinta de audio digital (DAT) que,
igual que años atrás con el casete Memorex,
se convirtió en mi nuevo gran tesoro.

Empecé a trabajar en la letra de la segunda melodía, pero ahora me resultó más complicado. Había frases que no terminaban de convencerme. Borraba palabras, para sustituirlas por otras que tampoco me dejaban satisfecho. Recordé entonces dos consejos: el primero de Joan Sebastian:

«Cuando no te sale una letra, déjala descansar. Y días después, vuelve a insistir». Y el segundo, del propio Juan Gabriel: «No hay una regla. A veces, primero me llega la melodía y después la letra. O al revés...».

Entonces, mientras regresaba la inspiración que al parecer había decidido tomarse unas vacaciones, pensé que sería bueno, antes de seguir con la letra, hacerle los arreglos a esa segunda melodía.

Como, finalmente, no quedé muy complacido con el trabajo de Clyde Batton, decidí buscar otro arreglista. Consulté las páginas amarillas del directorio telefónico, pero ningún nombre me hizo *click*.

Entonces, me acordé de mis fieles amigos del Chicago Latin, a quienes hacía tiempo que no veía. Me encontré con la noticia de que el grupo se había desintegrado y sólo encontré a Pancho, el vocalista, quien seguía en la lucha, sin darse por vencido, ahora con la ilusión de lanzarse como solista. Nos fuimos a tomar unas cervezas y platicamos largo rato. Le conté a grandes rasgos lo que había pasado conmigo y sin entrar en detalles —ni revelarle la existencia del casete de las *Canciones por hacer*—, le pregunté si sabía de algún buen arreglista que no fuera David Baldwin.

—Fíjate que, curiosamente —me comentó—, hace unos meses me buscó el dueño de un estudio, con el que ya había trabajado, para ponerle voz a unos *jingles*. Y ahí conocí a un músico y arreglista excelente. Se llama Terry Sweet. Además de buena persona, es ¡muy talentoso! Para que te hagas una idea, ha producido comerciales para grandes compañías como Coca Cola, McDonald's y otras. Sus *jingles* tienen unas melodías muy pegajosas, con arreglos hermosos. Y ni se diga de la forma en que dirige voces. Platicando con él, supe que tiene contactos con los mejores músicos y que durante años, trabajó en los Paragon Studios.

—¿Los Paragon Studios? —le pregunté, mientras que mi entusiasmo por conocer al tal Terry Sweet iba en aumento.

—¡Imagínate! ¡Ahí grabaron los primeros discos de los Jackson Five, Barbra Streisand y hasta Elvis Presley!

—¿Y tienes su dirección?

—No —me respondió, apenado—. Sólo sé que vive en Wauwatosa, Wisconsin, a tres horas en carretera. Pero no te preocupes. Viene muy seguido a Chicago.

UN GENIO CON *JEANS*

No pasaron ni dos semanas cuando Pancho me llamó para decirme que el prodigioso productor estaba en Chicago, produciendo una serie de *jingles*, para unos comerciales de una cadena de tiendas.

Fuimos al estudio donde estaba trabajando. Se encontraba en la cabina de grabación, montando las voces de tres guapas chicas. La primera imagen que tuve de él fue la de un tipo de unos cuarenta años que se parecía mucho al cantante Kenny Rogers, pero más delgado, con cabello abundante, camisa a cuadros y unos *jeans* desgastados. ¿Quién lo diría? Sin más referencias que las que me había dado Pancho de él, no sabía en ese momento que estaba a punto de conocer a todo un genio de la música que, años más tarde, se haría acreedor a un Emmy y lograría gran fama y prestigio en la industria discográfica.

Luego de casi una hora de observarlo con detenimiento en plena acción, salió de la cabina y se acercó a nosotros. Pancho me presentó con él y, rápidamente, le hablé de unas melodías que tenía y para las que requería de un arreglista como él. Haciendo alarde de una gran sencillez, no me hizo preguntas ni hablamos de presupuestos. Aceptó de inmediato y me invitó para que nos viéramos en su casa de Wauwatosa, donde tenía su estudio.

PASO A PASO

Esa misma semana, Pancho y yo tomamos carretera, en mi auto, rumbo a Wauwatosa y, luego de dos horas y media, llegamos a la casa-estudio de Terry. Ahí le puse un casete donde había grabado únicamente la tercera melodía, cuya letra aún estaba inconclusa. La escuchó con mucha atención, en la voz de Juan Gabriel y su extraño «idioma». Por momentos, cerraba los ojos y luego los abría, moviendo la cabeza al compás de la melodía. Una vez concluida esta, hizo una mueca de extrañeza y me miró.

—¿De quién es esa voz?

—Mía —le mentí.

—¿Y en qué idioma estás cantando?, si a eso se le puede llamar idioma.

—No. No es un idioma. Son simples palabras. Pero ya estoy por terminar la letra completa.

—¿Y de esto quieres que haga un arreglo?

Pancho y yo cruzamos miradas. Parecía que el viaje hasta Wauwatosa había sido en balde. Sin embargo, después de un breve silencio, Sweet sonrió.

—¡Está bien! ¡Vamos a hacer lo que se pueda! —exclamó y, de inmediato, se puso a trabajar.

Ahí, en su estudio, basándose en la melodía del casete, parte por parte, fue haciendo la partitura o, como se dice en inglés el *lead sheet* o *score*. ¡Rapidísimo! No se tardó más de una hora. Yo, a un lado de él, basándome en lo poco que había aprendido en esos años y gracias a que ya sabía leer música, como era mi costumbre, le daba pequeñas instrucciones que él aceptaba con toda humildad. «Tienes razón, Martín.

¡Eso está mejor!».

Cuando terminó con su labor, le pedí, con cierto temor —pensando que podría tomarlo como un abuso de mi parte— que me grabara la nueva melodía, acompañada de su sintetizador, tal como él la hizo, con sus notas y acordes en piano y que, además, me hiciera otra grabación, donde sólo se escucharan las notas, sin acordes. Igual de amable y paciente, después de ensayar por varios minutos, hizo el trabajo tal como se lo pedí.

Me entregó un casete con las dos grabaciones y me pidió que regresara en cuanto tuviera lista la letra, para comenzar con los arreglos orquestales.

Hasta ese momento no habíamos hablado de sus honorarios. La verdad, me hice tonto. Plenamente consciente de su genialidad y rapidez, me daba miedo preguntarle cuánto me cobraría. Pero ni modo, tuve que tocar ese punto antes de seguir adelante.

—Oye, Terry... No hemos hablado de dinero...

—¡Esto te va a costar una fortuna! —exclamó y lanzó tremenda carcajada, pero luego adoptó una postura más seria y hasta amistosa—. Normalmente, cobro cinco mil dólares por tema. Pero por ser amigo del buen Pancho y porque has contribuido conmigo con tus ideas, ¿qué te parece que sean esos cinco mil dólares, pero por dos canciones? Porque, como me dijiste al principio, serán varias, ¿verdad?

—Sí. Serán nueve más —le confirmé sin poder ocultar mi preocupación—. Diez en total.

—¡Perfecto! Y para tu tranquilidad, no tendrás que pagarme de inmediato. Voy a confiar en ti. No acostumbro a hacerlo, pero te ofrezco que los pagos sean en partes o hasta que terminemos con las demás canciones. Lo importante es que sigamos con el trabajo.

—Me parece bien —le respondí ya más tranquilo.

«Ni modo —pensé rápido, haciendo cálculos—. ¿De dónde voy a sacar tanto dinero?». Si se trataba de diez canciones, porque, para que fueran por pares, decidí incluir también la primera, *Todas las noches*, la que arregló Clyde Batton y que no me gustó del todo. Entonces, serían 25 mil dólares, más la renta del estudio y… además, tendría que contratar un cantante que pusiera la voz…

Como decía mi abuela, «Dios proveerá». Una vez tomada la decisión y muy complacido con el trabajo de Terry, no podía echar marcha atrás.

¿Cómo conseguiría el dinero? ¡Quién sabe! Lo que tenía ahorrado, no me alcanzaba ¡ni para cubrir la cuarta parte!

—Y supongo que, aparte —quise que me aclarara Terry—, también tendré que pagarle al cantante que ponga la voz, los músicos, la renta del estudio y…

—¡No! —me interrumpió—. El precio que te estoy dando incluye todo eso, ¡hasta las coristas! Tengo dos muy buenas: Susana y Sharon. Yo haré la instrumentación en sistema Midi, o sea, todos los instrumentos desde un sintetizador, con excepción de la guitarra que será en vivo y que tocaré yo mismo. Y ya tengo al cantante. Se llama René Ledezma. ¡Y también incluyo la mezcla final!

Más que tranquilizarme, me dejó perplejo: ¡diez canciones por 25 mil dólares! ¡Y a cargo de un músico tan talentoso! ¡Una verdadera ganga!

Igual que como alguna vez Laura me dijo que yo era «un angelito caído del cielo», así vi yo a Terry Sweet en ese momento. Un verdadero ángel que, como me di cuenta después y siempre he reconocido, les dio vida a esas *Canciones por hacer.*

ESTOY TAN SOLO

Llegando a mi departamento, muy ilusionado y más que complacido, olvidándome por el momento de los 25 mil dólares, me pasé horas escuchando las dos diferentes versiones de la melodía que Terry había grabado, al mismo tiempo que revisaba la letra que había escrito y le hacía algunos cambios. Había ocasiones en que una simple palabra no acababa de convencerme o sentía que no tenía empatía con la música. Necesitaba una palabra más significativa, más fuerte. Era casi como un crucigrama. Pero no me importaba. El destino (o más bien Pancho) había puesto en mi camino a todo un genio que, en esa primera sesión, me había demostrado su enorme talento. Y aparte, su generosidad.

Después de dos semanas, por fin lo conseguí. *Estoy tan solo* (el título que le puse a la canción) quedó lista. Fui con Terry y le entregué la partitura que él hizo, con las palabras de la letra abajo de las notas.

Él hizo los arreglos orquestales correspondientes y cuando el tema quedó listo, comenzamos a trabajar en una nueva melodía, *Sigo enamorado,* siguiendo el mismo procedimiento.

El entusiasmo y la práctica que ya había conseguido, luego de tanto batallar a la hora de ponerle la letra a una melodía, además del hecho de trabajar bajo presión, para no atrasar o interrumpir el proceso, hizo que la inspiración me acompañara de nuevo y que las siguientes letras, a partir de *Sigo enamorado,* brotaran en forma natural y casi a la primera, lo cual, aparte de maravillarme, me animaba cada vez más.

El proceso inicial pudo ser más corto, pero como yo seguía trabajando en el Marriott y sólo contaba con un día de descanso a la semana —que utilizaba para salir desde la madrugada, rumbo al estudio de Terry en Wauwatosa, y pasar ahí el día entero—, tuvo que prolongarse más.

Aun así, no paramos a lo largo de varias semanas, hasta que llegó el momento en que, ya teniendo las letras y arreglos de las dos primeras canciones, decidimos grabarlas en un mismo día, para ahorrar lo más posible en la renta del estudio, el Paragon, afortunadamente, en Chicago, a donde ahora era Terry el que tenía que viajar, para trabajar casi toda la noche; y los martes, desde las ocho de la mañana, hasta las diez de la noche. Catorce horas sin parar, con sólo cuarenta minutos para comer. Terry llegaba y grababa la guitarra, luego la voz del cantante y, ya al final, los coros con Susana y Sharon.

DIEZ CANCIONES

En ese 1992 y principios de 1993, les puse letra a cinco canciones en total que produje con Terry: *Todas las noches* (que grabamos en dos versiones diferentes), *Estoy tan solo*, *Sigo enamorado*, *Dame* y *¿Qué puedo hacer?*

Y después, también en 1993, otras cuatro más: *Tú eres a quien*, *No te puedo cambiar*, *Día tras día*, *Toco tu puerta* y *Escuchar tu voz.*

Todas con sus respectivos registros —dándole su crédito a Juan Gabriel, como «anónimo», tal como Marvin Benn me aconsejó.

Un largo y mágico proceso que disfruté, como niño con juguete nuevo. Más todavía, cuando tuve en mis manos la cinta de audio digital (en inglés *Digital Audio Tape* y abreviado *DAT*), un casete, pero más pequeño que, igual que años atrás con el casete Memorex, se convirtió en mi nuevo gran tesoro. Otro sueño hecho realidad.

28
UN $OCIO

Sin habérmelo propuesto, en cuestión de minutos,
el destino ponía ante mis ojos
***lo que podría ser mi nuevo* modus vivendi.**

Ese asunto pendiente con el destino, luego de quince años de dudas, tentaciones y torturas, significó para mí el inicio de una nueva etapa en mi vida. Tenía que cumplir con esa tarea: letras, partituras, arreglos, grabación y hasta registros de las *Canciones por hacer* para cerrar ese ciclo, sentirme liberado y quitarme esa carga de encima, aunque no sabía aún qué haría con esas canciones, como tampoco, de dónde sacaría los 25 mil dólares que le debía a Terry Sweet, no obstante, quedé de irle pagando poco a poco, como él me lo ofreció. Y aunque en ningún momento me presionó, la deuda que tenía con él, se convirtió en una nueva preocupación.

ACCIDENTE FORTUITO

Una noche, en abril de 1992, luego de mi rutina laboral en el Marriott, rumbo a mi departamento, conduciendo tranquilamente mi auto por una avenida, de repente, y en cuestión de instantes: un rechinido de llantas, gran estruendo y tremenda sacudida, me hicieron frenar intempestivamente. Un individuo chocó su auto contra el mío. El tipo huyó de inmediato y cuando me bajé del auto, vi que, prácticamente, le había destrozado la parte trasera. «¡Maldita sea!», exclamé, furioso.

Ya era muy tarde para buscar un taller donde dejar el auto para que me lo arreglaran. Así que me dirigí a mi departamento. Pero en el camino, empezó a dolerme el cuello. Así me fui directo a un hospital, donde me revisaron y tomaron una radiografía. El resultado: una distensión muscular, una leve lesión de los tejidos blandos del cuello. El tratamiento a seguir, según el médico que me atendió: analgésicos, varias sesiones de fisioterapia y un collarín cervical. Nada grave, pero yo lo tomé como pretexto, con la idea de tomarme unos días de descanso que buena falta me hacían.

UN MECENAS

Al día siguiente, con todo y mi collarín puesto, me presenté en el Marriott y fui directamente a la oficina de mi jefe, Peter Jiménez, gerente del hotel, para contarle del accidente que había sufrido, con la intención de que me concediera unos días de incapacidad. Sin embargo, el señor se mostró de lo más indiferente.

—Lo siento, Martín. Qué pena. Lo bueno es que no tuviste lesiones graves. Y aún con ese collarín, no tendrás mayor problema para continuar con tu trabajo.

—De eso, precisamente, quiero hablar con usted, señor —le dije, simulando dolor y acomodándome ligeramente el collarín—. El médico que me atendió en el hospital me aconsejó unos días de descanso, porque…

—¿Cuántos? —me interrumpió.

—No sé. Sólo me dijo que hasta que me sienta mejor. Y además de que me duele el cuello, este collarín es muy incómodo y no me permite…

—Tómate el día y regresa con ese médico, para que te extienda un justificante en el que especifique los días de incapacidad, y me lo traes mañana.

No dije más. Me dio coraje. Yo que pensaba tomarme por lo menos una semana de vacaciones.

Fui al hospital con el médico que me atendió y me extendió el justificante, pero consideró que con sólo tres días de incapacidad sería suficiente.

¿Y para qué me iban a servir sólo tres días?

Saliendo del hospital, fui a un taller mecánico, el Parra's Auto Rebuilders, que estaba cerca de la casa de mi padre, para que le hicieran el servicio de hojalatería y pintura a mi auto. Ya conocía al dueño, José Parra, originario de Villa Guerrero, Jalisco, de cincuenta y tantos años, con el que había entablado cierta amistad. Cuando me vio llegar con mi auto en tan mal estado y yo, con mi collarín puesto, se mostró alarmado.

—¡Martín! Pues ¿qué te pasó?

—Ya ve, don José… Un accidente.

De inmediato llamó a uno de sus mecánicos para que se encargara de mi auto, prometiéndome tenerlo listo en unos cinco días. ¡Perfecto! Lo malo fue cuando me dijo que me cobraría ¡tres mil dólares! Y yo que estaba ahorrando para pagarle a Terry Sweet.

Ya en su pequeña oficina, se me ocurrió hacerme la víctima para que me hiciera algún descuento. Le conté que, además de estar trabajando en el

Marriott, me estaba dedicando también a la producción de canciones, de mis propias canciones, para obtener un dinero extra, porque lo que ganaba, ya no me alcanzaba y andaba con serios problemas de dinero.

—¡Ah! —repuso, sorprendido—. ¡No sabía que fueras compositor!

—Desde mi adolescencia, don José. Pero hasta ahora le estoy dedicando más tiempo, como una inversión para mi futuro. Lo malo es que grabar cada canción me cuesta bastante. Entonces, ahí se me está yendo todo mi sueldo —le dije, realmente preocupado—. Tengo que pagarle a un arreglista, a los músicos, al cantante que pone voz a las canciones, las horas de renta de un estudio…

—¿Y qué haces después con esas canciones? ¿Las vendes o qué?

—Sí. La idea es grabar varias y, después, venderlas a diferentes cantantes o a compañías discográficas.

—Ah, muy bien. He oído que eso es buen negocio, ¿verdad?

—¡Muy buen negocio! Pero, como le digo, hay que invertirle.

—¿Más o menos de cuánto estamos hablando?

Noté que don José, mientras le platicaba, muy entusiasmado, del proceso de grabación de cada canción (incluyendo los costos), planteándole un jugoso panorama, se mostraba cada vez más interesado. Yo sabía que, como él me había contado, además de su taller mecánico, tenía otros negocios y, lo más importante, ¡mucho dinero!

—Pues mira… —me comentó—. Yo no sé de música ni de grabaciones, pero si tu problema es el dinero… ¿por qué no te consigues un socio?

Mi entusiasmo creció. Eso era precisamente lo que necesitaba y él era el socio ideal.

—Lo he pensado, don José. Pero aún no me decido. Tendría que ser alguien de confianza.

Se quedó pensativo un buen rato, al mismo tiempo que, con su mano, jugaba con un lápiz que tenía sobre su escritorio.

—Se me acaba de ocurrir algo —me dijo y presentí lo que me iba a proponer—. Yo tengo una clienta que, por lo poco que me ha platicado a veces, está muy relacionada con ese ambiente de la música y… No me hagas mucho caso, pero a lo mejor, a ella podría interesarle lo que me estás contando. ¡Tiene mucho dinero! Cada rato cambia de auto…

—¡Ah! ¡Pues preséntemela! —casi le supliqué.

No me respondió. Siguió pensativo, jugando con su lápiz.

—¿Y si, mejor… antes de hablar con ella y presentártela, me invitas a mí como tu socio y yo le propongo el negocio? Creo que sería más fácil. A ti no te conoce, pero a mí sí.

¡Cayó redondito! Mi corazón empezó a latir más fuerte.

—¡Por supuesto, don José!

—Pues dame unos días para pensarlo… ¿Más o menos en cuánto se puede vender cada canción?

—Depende… —Era el momento para interesarlo todavía más—. Varía. Pero más o menos, unos cinco mil dólares y, a veces, hasta más.

Los ojitos le brillaron.

—Y además de eso, después vienen las regalías y esas regalías son de por vida. Imagínese, por ejemplo, lo que gana un compositor como Juan Gabriel, con tantas canciones que ha grabado y las que le han grabado otros artistas como Rocío Dúrcal, Lucha Villa… ¡Estamos hablando de miles y miles, don José! ¡Hasta millones!

LABOR DE CONVENCIMIENTO

Los tres días de incapacidad se convirtieron en una semana completa que me tomé por mi cuenta. Total, luego podrían descontarme estos días de mis vacaciones. No podía dejar pasar la oportunidad de conseguir un buen socio al que ya casi tenía en la bolsa. Con el pretexto de supervisar la reparación de mi auto, a diario visitaba a Parra, con la esperanza de que ya hubiera tomado una decisión, y aprovechaba para seguir entusiasmándolo.

Un día antes de que el auto quedara listo, decidí jugarme todas mis cartas. Le llevé un casete con tres de las canciones que me produjo Terry Sweet.

—¿Ve esto, don José? —le pregunté, mostrándole el casete.

—¿Tienes ahí canciones de las que compones?

—¡Más que eso! ¡Son tres de los diez temas, ya musicalizados y producidos! Los hice con un gran músico y productor. Pero quiero que los escuche, para que tenga una idea más completa del negocio del que le he hablado.

Parra levantó las cejas y abrió bien los ojos, sin quitarle la vista al casete que puse en un equipo de estéreo que él tenía en su oficina. Le di *play* y cerré la puerta de la oficina, para que no entrara ruido del exterior. En cuanto comenzó el primer tema, le subí el volumen para que se escuchara más espectacular.

El hombre, maravillado, escuchó los tres temas, sólo como un adelanto, para que se diera una idea.

—Pues te felicito, Martín —me dijo, más que complacido—. La verdad, te soy honesto, no pensé que hicieras este tipo de grabaciones con ese nivel tan bueno. ¡Suena como un disco muy profesional!

—Pues esto es sólo el principio, don José. Aunque usted no sepa mucho de música, sé que tiene buen olfato para los negocios. ¿No cree que esto le podría interesar a cualquier compañía disquera? ¿Y sabe en cuánto lo podríamos vender?

—¡Ah! —exclamó, más entusiasmado—. ¿Entonces ya me estás aceptando como socio?

—¡Claro! Nos conocemos desde hace años y confío plenamente en usted. ¡Será un placer! Mire, yo invertí 25 mil dólares que le tengo que pagar al productor, ya con todo incluido: arreglos, músicos, coristas, el cantante que puso la voz, el estudio de grabación, la mezcla... ¿Y sabe qué? ¡Esto lo podemos vender hasta en el doble o el triple!

Como aún lo notaba pensativo y dudoso, se me ocurrió un ofrecimiento extra.

—Es más... Aparte del dinero que usted puede ganar, recuperando su inversión, su nombre puede figurar como coautor de cada canción, como una muestra de agradecimiento y buena voluntad.

Por supuesto, le encantó la idea.

—¿Es en serio? —me preguntó, incrédulo y hasta conmovido—. ¿Yo como coautor?

No tuvimos que firmar un contrato. Simplemente, quedamos en un acuerdo verbal: socios al cincuenta por ciento de las ganancias. Él me pagaría las canciones ya terminadas y hasta álbumes completos, con diez temas cada uno, para después, y por nuestra cuenta, venderlos al doble o triple de la cantidad que él invertiría. Claro, además de su crédito como «coautor». Hasta le propuse que en un futuro podríamos montar juntos una editora y comercializadora de canciones.

Más que complacido, aceptó y cerramos el trato.

Tan contento y agradecido estaba que, para empezar, él mismo me propuso un primer intercambio: que le dejara mi auto. Más bien, me lo cambió por un flamante Camaro Z-28, de su propiedad, que estaba a punto de vender. Así, aparte de no pagar ni un centavo por la compostura de mi auto, salí con uno mucho mejor y en perfectas condiciones. ¡Hasta mi dolor del cuello desapareció!, por lo que decidí quitarme el collarín cervical.

29
LAURA ERA A QUIEN

Yo que estuve contigo en la época de las vacas flacas
y que te apoyé siempre, ¿cómo quedo yo?
No tengo dinero,
pero he sido tu socia, tu cómplice.
Y no me puedes hacer a un lado así nada más.

Ese mismo día, un sábado que para mí fue tan importante, porque estaba comenzando un nuevo negocio con el que, según mis cálculos, ganaría mucho más de lo que me pagaban en el Marriott, llegué a mi departamento, feliz de la vida, con mi auto nuevo. Cuando me bajé de él, me llevé una gran sorpresa: sentada en uno de los escalones de la entrada, ahí estaba Laura, esperándome. Luego de que pensé que no volvería a saber de ella, me dio gusto volver a verla.

Nos miramos a lo lejos y fue ella quien se puso de pie y se acercó a mí, o más bien, al flamante Camaro que miraba, maravillada.

—Ya veo que te ha ido bien —me dijo, mientras se agachaba para ver el interior del auto a través de la ventanilla.

—Hoy mismo me lo entregaron —le conté, sin hacerle preguntas y sin que ella me las hiciera a mí. Como si los casi dos años de su ausencia no hubieran existido—. ¿Quieres que lo estrenemos juntos?

Luego de dar un paseo por la colonia, platicando de trivialidades, fuimos a comer a un restaurante cercano y hasta brindamos con champán. Le confesé que, por fin, como ella tanto me había presionado, ya había concluido las letras de diez melodías del casete de las *Canciones por hacer*. Y no sólo eso: ya también tenía los arreglos, las partituras y ¡hasta las había grabado y registrado! Igual de entusiasmado, le conté de la experiencia con Terry Sweet y lo que para mí había significado llegar a un músico tan importante y talentoso como él.

Advertí que la había saturado con tantas buenas noticias que la dejaron sin habla. Sin embargo, más que sentirse contenta, la expresión de su rostro era de amargura.

—Entonces, era yo la que te estaba estorbando —me dijo con gran ironía—, ¿verdad?

—¿Por qué lo dices? —le pregunté, fingiendo que no entendía su aseveración.

—Porque a pesar de todo lo que hice para animarte, nunca me hiciste caso y hasta fuiste grosero conmigo, cuando yo lo único que quería era ayudarte. Y mira… En cuanto me fui, ¡te llegó la inspiración! —se burló.

—No es eso —intenté explicarle, sin que ella abandonara su gesto amargo—. Al menos, no como lo estás planteando. Sí, es cierto: necesitaba estar solo para pensar las cosas, para regresar a la meditación que me ayudó a recuperar mi equilibrio mental, después de todo lo que vivimos juntos. Los dos largos años de negociaciones con Hauser… Todo eso fue muy desgastante y…

—Y yo estuve contigo, Martín.

—Claro que estuviste conmigo y siempre te lo voy a agradecer, como también reconozco que mucho tienes que ver con lo que me está sucediendo. Sin tu apoyo y la forma en que me presionabas —sonreí—, no lo habría conseguido.

—¿Y por qué ahora que lo estás logrando y que tan bien te está yendo, no me buscaste?

Me quedé callado unos instantes.

—Tú fuiste la que tomó la decisión de marcharse. La que me dejaste. Lo único que puedo decirte es que todas esas letras que escribí, tú me las inspiraste. Desde la primera que se llama *Tú eres a quien.*

Le cambió el semblante y, vanidosa como era, me miró fijamente a los ojos.

—Mentiroso. Siempre has sido un mentiroso. Ese o esa «quien» ¿no será, más bien, una de tus noviecitas? ¿O me vas a decir que en todo este tiempo has estado solo?

—Pues sí —le aseguré—. Todo lo que te he relatado no me ha dejado tiempo para pensar en otra cosa y menos en «noviecitas» o amoríos.

—Amoríos como el que hubo entre nosotros, ¿no?

No le respondí. Le pedí al mesero que me llevara la cuenta. Luego de pagarla, nos levantamos de la mesa, tomé a Laura de la mano y regresamos a mi auto. Ahí, le puse una copia del casete —que, por casualidad, traía en mi auto anterior y que, junto con otras cosas, pasé al nuevo—, con la primera canción, *Tú eres a quien*, tal como quedó grabada. En cuanto concluyó el tema, complacida, orgullosa, se me acercó y me besó en los labios. Otro prolongado y ardiente beso, como los que tanto extrañaba.

Terminamos en mi departamento, haciendo el amor en el sofá, como antes, dejándonos llevar por el deseo, como si ese paréntesis en nuestras vidas no hubiera existido. Y esa noche, no regresó a su casa.

SOCIA Y CÓMPLICE

Fue hasta el día siguiente que me enteré del verdadero motivo de su regreso. No era tanto porque me extrañara o porque no pudiera vivir sin mí. Para variar, se había peleado de nuevo con Óscar, su marido. Y en ese pleito, su madre, doña Consuelo, se había puesto de parte de él. Marido y mamá en contra de Laura.

La escuché tranquilamente, sin hacer ningún comentario, como si me estuviera contando una telenovela. Estaba contento con su regreso, pero también pensando que ese reencuentro podría significar volver a lo mismo de antes. Así que no quise involucrarme de nuevo en sus conflictos y fui claro con ella:

—Te quiero, Laura. No dejé de quererte. Pero si has decidido que sigamos juntos, que sea porque así lo quieres y sin chantajes. No me vayas a salir después con que yo soy el culpable de los problemas con tu marido.

—El desgraciado ¡hasta me corrió! Pero no… —agregó muy envalentonada y decidida—. No te preocupes. El que tendrá que irse de esa casa es él. Como alguna vez me aconsejaste, ya me informé y hasta puedo llevarlo a la Corte y acusarlo por maltrato verbal y físico. Y ya veré cómo le hago para seguir pagando las mensualidades de la casa yo sola.

Y de paso, poner en su lugar a mi mamá, por traicionera. Que se largue también con el vago de Julián. Voy a salir adelante con mis hijos, sin la ayuda de nadie.

Evidentemente, esperaba que, igual que años atrás, le ofreciera mi apoyo. Aunque escuché sus quejas y planes, permanecí ajeno y callado, para darle a entender que no quería meterme en su vida ni en sus decisiones.

Mejor, cambié de tema. No le había contado aún mi sociedad con José Parra ¡para montar una editora y comercializadora de canciones!

Cuando le revelé de dónde había salido el Camaro y le conté quién era José Parra, nuevamente se dio al drama.

—Ya veo… Te has asociado con un desconocido y a mí me has hecho a un lado.

—No es un desconocido. Es un señor con mucha plata, al que conozco desde hace años. Y no voy a desperdiciar la oportunidad.

—¿Y yo? Yo que estuve contigo en la época de las vacas flacas y que te apoyé siempre, ¿cómo quedo yo?... No tengo el dinero que tiene ese José Parra, pero he sido tu socia, tu cómplice, y no me puedes hacer a un lado así nada más, ahora que te va bien… ¿Cómo voy a quedar yo?

30
SECRETO COMPARTIDO

Un tesoro del que ni siquiera el propio
Juan Gabriel sabe de su existencia.
Ni se acuerda de ese casete
que él me regaló, con las melodías.

Luego de esa gloriosa semana en la que me pasó de todo (accidente, coche nuevo, mecenas, socio, regreso de Laura...), al lunes siguiente, consciente de que me esperaba tremenda reprimenda en el Marriott, por haberme tomado más de los tres días de incapacidad que recomendó el médico del hospital, me presenté como si nada a trabajar, de nuevo con mi collarín cervical puesto.

Al poco rato de haber llegado, fui llamado a la oficina de mi jefe, quien, sentado detrás de su escritorio, me esperaba muy serio.

—Buenos días, señor Jiménez —lo saludé, sin recibir respuesta de su parte. Sólo me observaba.

Y cuando moví una de las sillas que estaban frente al escritorio, para sentarme, el tipo por fin me dirigió la palabra.

—¡No! ¡Ni te sientes! —me ordenó—. No tiene caso. Es muy breve lo que tengo que decirte.

Lo obedecí y me quedé de pie, acomodándome ligeramente el collarín y haciendo una mueca de dolor.

—Perdón, señor. No pude presentarme a trabajar, porque... No me dejó terminar.

—Estás despedido —me dijo, tranquilamente—. Pasa a Recursos Humanos para que te entreguen tu liquidación y no vuelvas a pararte por aquí.

Me lo merecía por mi osadía. Pero aun así, me sentí humillado y lo confronté.

—No me parece justo, señor. Llevo cuatro años trabajando aquí, incluyendo horas extras que nunca me han pagado, y siempre he cumplido con lo que me corresponde. No es mi culpa haber sufrido un accidente y casi destrozarme el cuello. Además, le traje un justificante médico...

—Sí. Pero en ese justificante el médico que te atendió aconsejó tres días de incapacidad y tú te tomaste ¡toda una semana!, y sin avisar. Ya me contaron —agregó, socarrón— ¡que hasta andas estrenando auto! ¡Un buen auto! Así que tu lesión en el cuello no debió ser tan grave si, en lugar de estar en reposo, tuviste tiempo para cambiar de auto y, aun con tu collarín puesto, puedes conducirlo. No me vas a ver la cara. Si tu trabajo no te interesa, a mí, menos.

Ni siquiera me dio oportunidad de proponerle que los días que me tomé de más me los tomaran a cuenta de vacaciones.

Como liquidación, luego de cinco años de trabajo, me dieron apenas 1500 dólares, mucho menos de lo que me correspondía. Una miseria, casi una burla. Y, además, tuve que firmar mi renuncia. Con lo poco que conocía sobre Derecho Laboral, sabía perfectamente que, en primer lugar, si Jiménez me estaba despidiendo, me correspondía mucho más dinero. No era yo el que estaba renunciando. Pero, harto ya de ese trabajo y, además, entusiasmado con lo que iba a ganar con Parra, no quise reclamar. Ya sabía de esos largos y desgastantes procesos ante la Corte, por despido injustificado.

TRATO HECHO

Me dio tristeza irme de ahí. Pero también, sabía que ya no tenía ningún futuro en el Marriott. Algo mejor me esperaba por delante.

Ya libre, lo primero que hice fue buscar a Parra. Le conté que me habían corrido del Marriott y él, más que compadecerme, se puso feliz.

—No hay mal que por bien no venga —me dijo muy animado—. Así tendrás más tiempo para dedicarte a nuestro negocio.

—Pues sí, pero ya no tendré un sueldo base para...

—¿Para qué? Mejor, dime ¿qué necesitas para que te pongas a componer y a grabar canciones y más canciones? Yo soy hombre de negocios y sé que hay que invertirle al que me propusiste. Sé también que necesitas una tranquilidad económica para dedicarte a lo que sabes hacer.

¡Eso era lo que necesitaba escuchar para sentirme tranquilo! Mi único pendiente era la deuda con Terry Sweet. Y, con toda intención, así se lo hice ver a Parra, explicándole que hasta que no me quitara ese peso de encima, me resultaría complicado concentrarme, para ponerme a componer.

—¿Y cuánto me dijiste que le debes a ese señor Sweet? —me preguntó.

—25 mil dólares.

Se quedó pensativo, momento que aproveché para sacarme otro as de la manga.

—Quiero confesarle algo, señor Parra —comencé a decirle, con toda la intención de despertar su curiosidad, para, luego, lograr lo que se me acababa de ocurrir—. Algo que nadie sabe y que ha sido mi gran secreto durante quince largos años.

—Me alarmas —me dijo, preocupado—. ¿Con qué me vas a salir ahora?

—Si vamos a ser socios, es justo que comparta con usted ese secreto.

—Habla. Te escucho.

—Es sobre el casete que le puse el otro día con las canciones que tanto le gustaron. Las letras son mías, sí. Pero... ¿sabe de quién son las melodías?

—Pues tuyas ¿o no?

—No. No son mías. Son de Juan Gabriel, pero modificadas y con cambios míos.

Soltó una carcajada.

—¿Juan Gabriel? ¿El cantante? ¿El compositor?

—Sí, don José —le confirmé. Lógicamente, no me creyó.

—¿Es una broma?

REVIVIENDO LA HISTORIA

Le conté toda mi historia con Juan Gabriel, ahora sí —valía la pena— con lujo de detalles, mientras que una mezcla de sorpresa e incredulidad se dibujaba en su rostro. Salió a relucir la anécdota de mi libretita negra, la confusión de Juan Gabriel al entregarme un casete... Todo, hasta los dos largos años de negociaciones entre mi abogado, Marvin Benn y Hauser, el representante en Estados Unidos de Juan Gabriel... Mi último encuentro con él...

Absorto con el relato, aun así, siguió dudando de mí. Me hizo un montón de preguntas que le respondí, sin mayor problema. Finalmente, se me ocurrió ir a mi departamento por las hojas con los registros de las canciones que le mostré.

—Mire, don José: aquí están los créditos: «Letra: Martín Padilla. Melodía: Anónimo. Lugar de residencia: Ciudad Juárez, Chihuahua. País: México.

Año de nacimiento: 1950. Fecha de fallecimiento: Vivo». Son los datos de Juan Gabriel.

Le expliqué por qué el término «Anónimo», en lugar de poner «Alberto Aguilera Valadez», el verdadero nombre de Juan Gabriel. Y que, si aún le quedaban dudas, podríamos hablar con mi abogado, para que él se lo explicara.

—Me dejas pasmado, Martín —dijo ya más convencido, sin dejar de revisar cada uno de los registros que, luego, colocó sobre su escritorio. Entonces me miró—. Esto que me has contado es como de novela, difícil de creer. Pero en verdad, un verdadero tesoro.

La treta surtió efecto. Era el momento para insistir en mi preocupación por los 25 mil dólares que le debía a Terry Sweet.

—Sí, un tesoro —estuve de acuerdo—. Un tesoro del que ni siquiera el propio Juan Gabriel sabe de su existencia. Como le conté, él ni se acuerda de ese casete con las melodías. Me lo regaló hace años.

—Perdón, pero me cuesta digerir esa historia que me has contado, a pesar de tener aquí las pruebas. Si todo es como me lo cuentas, esto es oro molido.

—Y usted podría llevarse una buena ganancia —le propuse y él captó lo que le estaba dando a entender.

—Si yo pongo esos 25 mil dólares que te hacen falta, para el músico que produjo las canciones… ¿qué gano yo?

—Aparte de un buen dinero y de aparecer como coautor de las canciones que vamos a producir, como ya se lo ofrecí, lo más importante, al menos para mí en este momento, ayudarme para quitarme esa preocupación de encima y ponerme a trabajar tranquilamente.

No tomó la decisión en ese momento. Me pidió que le diera un día para pensarlo.

Y lo pensó bien. En nuestra siguiente cita, me dijo que aparte de lo que invertiría en la editora musical que montaríamos, ¡pondría también los 25 mil dólares que yo le debía a Terry Sweet!

31
LA GRAN VIDA

Esas canciones son intocables,
hasta que el propio Juan Gabriel sepa de su existencia
y sea él quien decida qué hacer con ellas.

José Parra. Él sí fue, en verdad, un ángel caído del cielo que llegó a mi vida en el momento justo.

Pero, claro, como hombre adinerado al que, como a muchos de su tipo, le deslumbraba el mundo de la farándula, empezó a imaginarse el momento en que ¡conocería en persona a Juan Gabriel!, porque, sin consultármelo, dio por hecho que me acompañaría a verlo en su próxima visita a Chicago, para entregarle una copia del casete, con sus *Canciones por hacer*, ya producidas y grabadas profesionalmente, para ver cuál sería su oferta, con tal de recuperar ese material y pagarnos una buena cantidad de dólares, por el trabajo que yo había hecho con Terry Sweet.

Nunca le mentí a Parra. Simplemente —porque, reconozco, así me convenía— lo dejé que siguiera haciéndose ilusiones, sin aclararle que, la verdad, lo que yo planeaba era, en efecto, entregarle a Juan Gabriel esas canciones ya producidas, pero como un regalo, sin saber todavía si ese regalo lo complacería o molestaría, por el atrevimiento de haberle puesto letra a sus melodías, cuando él pudo hacerlo, perfectamente.

Pensé que cuando, tarde o temprano, regresara a Chicago, como era su costumbre, inventaría cualquier pretexto ante Parra, para evitar ese encuentro que a él tanto lo emocionaba. No sólo por los miles de dólares que, según él, íbamos a obtener. En su ingenuidad, también daba por hecho que se haría su amigo y ya hasta estaba planeando ofrecerle un gran banquete al que invitaría a parientes y amigos, para presumirles su flamante «sociedad» y amistad con el ídolo que él también admiraba tanto. No quise decepcionarlo, pero sí le advertí varias veces que las cosas no serían así de fáciles. En primer lugar, porque —me constaba— no era sencillo llegar a Juan Gabriel.

—Si a mí —le hice ver—, cuando yo era un adolescente y él estaba apenas en sus inicios, me resultaba casi imposible verlo, como ya se lo he contado, imagínese ahora. Estamos hablando de un astro de la música. Además, como también le he platicado, viene acompañado de todo un séquito de personas que lo resguardan e impiden que uno se le acerque.

—Pero tú eres su amigo —me rebatió Parra, con la misma ingenuidad—. Y si él es tan buena persona, como dices, y te estima, no será tan difícil. Y menos, cuando se entere del tesoro que tenemos en nuestras manos y que a él, seguramente, le va a interesar.

MIL DÓLARES POR CANCIÓN

Dejé que siguiera soñando. Pero, mientras, tal como yo se lo había ofrecido, antes de dar inicio a nuestro otro negocio, el de la editora para comercializar nuevas canciones, me puse a componer, ahora sí, temas de mi propia inspiración, letra y música. Canciones que, luego de todo lo aprendido y experimentado, no me costó mayor trabajo crear, poco a poco. Cada vez que terminaba una, se la llevaba a Parra. No sólo la letra; también el casete con el tema cantado por mí y hasta con su partitura. Así surgieron, para empezar, diez nuevas canciones que, como se lo prometí, fuimos registrando, apareciendo él como coautor.

Por cada canción terminada, me entregaba mil dólares. Así que con las primeras diez canciones que compuse en un par de meses, obtuve diez mil dólares de aquel entonces, lo cual me permitía darme la gran vida, sin los apuros económicos que padecí en otras épocas.

LAS VERDADERAS INTENCIONES

Ya en esa etapa, Laura, a pesar de sus ahora menos frecuentes indirectas que yo siempre ignoraba, sin darle réplica para nuevas discusiones, misteriosamente, de un día para otro, adoptó una postura dócil y hasta sumisa, lo cual, más que complacerme o sorprenderme, me preocupó. Mi intuición me decía que su interés en mí iba más allá de nuestros momentos de intimidad.

Ya casi no salíamos del departamento, para ir a cenar o a tomar unas copas. De lunes a viernes, me visitaba casi a diario, cuando salía de su trabajo. Le complacía saberse musa de mis composiciones y, también, partícipe, como yo se lo hice creer, para tenerla tranquila. Y al igual que antes, eso sí, me animaba constantemente para que yo siguiera componiendo, aunque, a veces, me hacía sentir como una máquina productora de canciones. Siempre respetaba mis espacios y momentos de inspiración, que ella aprovechaba para ir a su casa —a veces en silencio y sin despedirse de mí— y atender a sus hijos, además de, como ya era costumbre, enfrentar los eternos conflictos con su marido y su madre.

Pero la pasión se fue esfumando. Nuestra relación, como sucedió al principio, era, más bien, la de dos amigos que, cuando se presentaba el momento, tenían sus encuentros sexuales. La mujer me seguía fascinando. Y ella lo sabía. De eso se valía para, cuando estábamos en el sofá cama, en plena entrega, me preguntara de nuevo, melosa y susurrándome al oído, cuál era el papel que estaba jugando en mi vida, rompiendo con el encanto del momento.

—¡Otra vez la burra al trigo! —estallé una vez, desatando una nueva discusión, como hacía tiempo no teníamos.

Ofendida y sin preocuparse por ocultar su desnudez, consciente de lo mucho que me gustaba verla así, sin ningún pudor, me salió con un nuevo chantaje.

—Ah, ¡ahora hasta soy una burra!

—Es un decir, Laura —le dije, acercándome a ella y tratando de abrazarla para terminar lo que habíamos dejado pendiente, pero enfrentándome una vez más a su rechazo en situaciones así—. Vamos a llevar la fiesta en paz. No eches a perder el momento.

—Claro, yo soy la que siempre echa a perder todo.

Me dio un empujón y luego comenzó a vestirse, comenzando con su ropa interior, mientras que seguía renegando.

—¡Mira en lo que acabé! En una más de tus putitas.

—Laura, ¡por favor! Al menos, ya cambia tu cantaleta —le dije ya molesto y levantando la voz—. ¡No eres ninguna de mis putitas, porque yo no tengo putitas! Para putitas, me voy a la calle y le pago a cualquiera.

A medio vestir, apenas con el *brassiere* y las pantaletas puestas, me encaró.

—¿Y por qué a mí no me pagas? —me preguntó con todo descaro y se soltó como tarabilla—. ¿Qué obtengo yo cada vez que te acuestas conmigo? Aunque intentes ocultármelo, no me engañas. Ese señor Parra te está pagando bastante bien por tus canciones. Siempre estás estrenando ropa, desayunas, comes y cenas en buenos restaurantes a los que ya ni me invitas. ¿A quién llevas ahora? ¿A las mismas que, luego, te llevas a cuartos de hoteles de cinco estrellas, como antes lo hacías conmigo en hoteluchos de mala muerte? ¿Para qué mi sacrificio de tantos años? Para que ahora que la suerte te sonríe, ni siquiera tengas un detalle como los que antes tenías conmigo, como los que seguramente tienes con tus putitas... Perdón —rectificó con burla—, con tus noviecitas. ¿A ellas también les regalas baratijas, como las que me regalabas a mí?

Y para colmo, después de toda esa letanía, se soltó llorando, segura de que, luego de todo lo que me había echado en cara, como solía hacerlo tiempo atrás, la tomaría en mis brazos, para abrazarla con ternura, pidiéndole que se tranquilizara.

—¿Ya terminaste? —le pregunté, ocultando mi coraje, mientras ella terminaba de vestirse y yo hacía lo mismo.

No me respondió, como si no me hubiera escuchado. Ya vestida, mientras se calzaba sus zapatos, tomó su bolso y de él sacó un llavero en el que colgaba la llave de la puerta de mi departamento. Me lo aventó a la cara.

—Ya veo —insistió— que no tienes nada que decir, lo cual significa que me das la razón y, ahora sí, te respondo —concluyó, secándose las lágrimas con la mano—: Sí, ya terminé. Más bien, ya terminamos. Ahora sí, aquí se acaba todo. Que sigas triunfando y ganando muchos dólares. A mí no me debes nada por todas las horas de placer y lo que tuve que aguantarte. ¡Quédate con tu maldito dinero!

Se dirigió a la puerta y salió, dando un portazo.

Me dejé caer sobre el sofá cama, percibiendo todavía el aroma de su perfume. Como ya me había dado cuenta antes, Laura nunca me había querido realmente. Primero, fui solamente su «ángel caído del cielo» que la ayudaba a resolver sus problemas y, luego, el medio, según ella —aunque calificara siempre lo nuestro como una «aventura sin futuro»— para convertirse en la amante de un pobre e incipiente compositor que podría volverse rico, gracias a las mentadas *Canciones por hacer* en las que siempre vio un gran negocio. Y al ver que en ese «negocio» ella no estaba recibiendo ningún beneficio, como tampoco en los otros que yo estaba haciendo con Parra, se jugó su última carta, pero sin buenos resultados.

UNA GRAN SORPRESA

Refugiado de nuevo en mis canciones y víctima del fantasma de Laura que, por momentos, me robaba la inspiración, temiendo que en cualquier momento apareciera de nuevo, para continuar con sus reclamos y necedades, mi negocio con Parra seguía rindiendo frutos. Más y más canciones. Más y más dólares.

Un día, don José me llamó para invitarme a comer, asegurándome que me tenía «una gran sorpresa». Ya en el restaurante y sin preámbulos, volvió a hablarme de aquella amiga suya que tenía «muchos contactos» en el negocio de la música: Rosa Moncada, una clienta suya, sesentona, de la que sólo sabía que era una viuda millonaria.

—Sólo sé —me contó— que lleva tres matrimonios y que, a pesar de su edad, está todavía de muy buen ver. Eso sí, con varias cirugías estéticas que ella reconoce. Es más, ¡las presume! ¡Son su gran orgullo!

—¿Y qué, don José? —le cuestioné con cierta picardía—. ¿A usted le gusta la viuda?

—¡No! —se carcajeó, como era su costumbre—. Ya no estoy para esos trotes. Y aunque Rosa, como te digo, es todavía muy guapa, no es mi tipo. Además, tú mejor que nadie sabes que respeto mucho a mi mujer. No. El asunto con Rosa es otro que a ti y a mí nos conviene: la compra y venta de canciones.

Comencé a entender que la tal Rosa Moncada era la sorpresa que me tenía preparada. Como él estaba muy emocionado con «nuestras» canciones, le presumió a la mujer el nuevo y prometedor negocio en el que estaba incursionando y, seguramente —aunque yo siempre le advertí que la historia de las *Canciones por hacer* era un secreto entre él y yo—, se le había soltado la lengua.

—Espero no te moleste.

—¿Molestarme qué, don José? —le pregunté, imaginando que, como ya me había dado cuenta, le gustaba fanfarronear y saludar con sombrero ajeno.

—Mira... te voy a hablar claro: Rosa, en cuanto le conté de nuestras canciones, se interesó mucho y ella misma me propuso comprármelas, para ser ella quien las coloque, por su cuenta, con sus contactos, claro está, llevándose su propia ganancia.

—Ya voy entendiendo —comenté, pero sin demostrar lo complacido que me sentía por contar con una «compradora» segura que nos ahorraría el trabajo de vender las canciones por nuestra cuenta. Algo que, la verdad, yo no tenía resuelto y que le había inventado a Parra, al principio, con tal de entusiasmarlo. Rosa Moncada era otro «angelito caído del cielo».

—Entonces —prosiguió Parra—, lo que te quiero pedir es que, de ahora en adelante, además de nuestras canciones, hables con ese Terry Sweet o con el productor que tú quieras, para venderle a Rosa no sólo canciones sueltas, con letras y partituras, sino ¡álbumes completos!, así como me explicaste: en un casetito como el que me mostraste...

—Un DAT —le corregí.

—¡Ándale! Un DAT con la música ya grabada, pero sin la voz, para que, como me propone Rosa, ella pueda vender el trabajo terminado, listo para que cualquier cantante le ponga la voz.

—*Okey, okey.*

—Tú te encargas de todo eso, como lo sabes hacer y, por supuesto, yo pago lo que Sweet o el productor que elijas vaya a cobrar. ¿Qué te parece? Tú necesitas dinero y, si aceptas, aunque será más trabajo, en poco tiempo serás millonario.

Tonto no era yo. Algo me estaba ocultando o, más bien, algo la estaba ocultando a él esa señora Moncada. ¿En cuánto le vendería cada álbum a la mujer? ¿Y en cuánto los vendería ella por su parte? Y claro, como seguramente —me lo imaginé perfectamente— la señora le pintó un muy atractivo panorama era porque, con toda seguridad, Parra estaba incluyendo en su negocio las *Canciones por hacer* y el nombre de Juan Gabriel.

—Deje que lo piense, don José. Claro que necesito dinero y no soy un malagradecido. Usted me sacó de apuros con los 25 mil dólares que le debía a Terry Sweet, pero antes de darle una respuesta, yo también quiero estar seguro de algo: la historia de las canciones con Juan Gabriel sigue siendo un secreto entre usted y yo.

—¡Por supuesto! —exclamó—. No creas que soy un chismoso y que le conté a Rosa que tenemos esas canciones. Eso, como dices, es sólo entre tú y yo.

—¡Perfecto! —estuve de acuerdo—. Pero esas canciones tampoco se van a negociar con esa señora Moncada.

—Es que... con toda seguridad, cuando ella sepa de ese material, ¡nos puede ofrecer una fortuna!

—No. —Fui muy firme—. Esas canciones son intocables, hasta que el propio Juan Gabriel sepa de su existencia y sea él quien decida qué hacer con ellas. Se lo advertí a usted desde el principio.

—Está bien —dijo, entre molesto y decepcionado—. Eso queda entre nosotros y ya veremos qué sucede cuando llegue el momento de hablar con Juan Gabriel. Pero ¿estás de acuerdo con mi nueva propuesta?

—Ya le dije que me deje pensarlo —le repetí, haciéndome el interesante.

Y lo pensé, pero no demasiado. Claro que me entusiasmó la idea. Ya no sería sólo compositor. También, productor ejecutivo y, como tal, eso significaba que también ganaría todavía más dinero.

32
RECUERDOS Y NOSTALGIA

Ahora debo reconocer
que hiciste bien en seguir tu camino,
para dedicarte a lo que tanto te gustaba.
Y yo que pensaba que se trataba de un capricho pasajero…

Transcurrieron varios meses, en los que me la pasé componiendo más y más canciones, mientras mi cuenta bancaria se fortalecía cada vez más: 40 mil dólares en unos cuantos meses. Hasta pensé en cambiarme a un departamento más grande o, quizás, una casita en el mismo barrio o cerca de la casa de mi padre, a quien, desde mi primer empleo, seguía llevándole, puntualmente, la acostumbrada mensualidad. Una ayuda que le servía para cubrir la pensión alimenticia de mis hermanos menores.

Prácticamente, se había quedado solo, con Luz Elena y Javier, mis otros hermanos, ya cada uno con una carrera universitaria y un trabajo estable. Mis demás hermanos también habían hecho su propia vida y uno de ellos, Rogelio, falleció en plena adolescencia.

COMO EN LOS VIEJOS TIEMPOS

Una noche, visité a mi padre, para entregarle su mesada. A sus casi 55 años, aunque seguía trabajando, se veía acabado y cansado, aparentando más edad de la que en realidad tenía. Me dio tristeza encontrarlo solo y dormido en su sillón, con el televisor encendido. No quise despertarlo. Me quedé de pie en la sala, invadido por la nostalgia, observando, uno a uno, los espacios, rincones y objetos de aquella casa que tantos recuerdos me traía y que, ahora, a no ser por el sonido de un partido de beisbol que salía del televisor, parecía deshabitada, mientras yo recordaba aquellos días de bullicio, en especial a la hora de la cena, cuando todos estábamos juntos. Igual que en muchas ocasiones, añoré el calor de hogar que ya no se percibía ahí.

Me dirigí a la que había sido mi recámara, la que compartía con mis hermanos. Ya no estaban las literas, incluida la mía, donde dormía o, sentado en ella, me ponía a rasguear las cuerdas de mi primera guitarra, intentando crear aquellas incipientes melodías que tanto trabajo me costaban y que, finalmente, a falta de una grabadora y de mi total ignorancia sobre la forma de crear una partitura, se quedaban en el aire y, al otro día, se esfumaban, sin yo poder retenerlas.

Antes de salir del cuarto, me quedé observando el librero que compré en mensualidades con mis primeros sueldos, poco antes de la tremenda inundación.

Aquel librero donde —además de la pata de la cama que ya no existía— escondía el casete Memorex de las *Canciones por hacer*, en el fondo de un cajón. Ese casete que aún conservaba, aunque maltratado, a pesar de tantas «composturas» y en el que ya era muy difícil escuchar las distorsionadas melodías de Juan Gabriel, acompañado de su guitarra, tarareos y extraño lenguaje.

De nuevo en la sala, mi padre permanecía dormido. Tuve que despertarlo. No podía irme sin entregarle su mensualidad y despedirme de él. Al sentarme a su lado, abrió los ojos, aún somnoliento y me miró sorprendido.

—¡Martín! ¡Hijo! ¿A qué hora llegaste?

—Hace ya un buen rato, papá. Pero no quise despertarte. Toma. —Y le entregué un sobre con varios dólares.

—Gracias, Martín —me dijo con voz cansada, colocando el sobre encima de la mesita de centro y, como siempre, haciéndome la misma pregunta—. ¿No te hace falta ese dinero?

Ya le había contado de mis negocios con José Parra —a quien él conocía— y que me estaba yendo muy bien.

—Mira lo que es la vida —me dijo con voz pausada y en tono melancólico—. Yo que tanto te molesté cuando abandonaste los estudios. Y ahora debo reconocer que tú tenías razón y que hiciste bien en seguir tu camino, para dedicarte a lo que tanto te gustaba: la música... Y yo que pensaba que eso nunca te daría para vivir o que se trataba de un capricho pasajero. Y lo conseguiste, hijo.

—Aún estoy en eso, papá. Pero sí, cada vez me va mejor.

—Qué bueno que hayas luchado por tu sueño, como también te lo aconsejé alguna vez —me sonrió, mirándome con los ojos nublados—. Déjame darte un abrazo.

Y me lo dio. Un abrazo cálido y prolongado que hacía años no me daba, como cuando yo era un niño.

Al poco rato, llegaron Luz Elena y Javier y, como en los viejos tiempos, pedimos unas *pizzas* y cenamos los tres con mi padre.

Ya cerca de la medianoche, luego de que mis hermanos se fueron a dormir y mi papá y yo nos quedamos solos, cuando me disponía a marcharme, aún sentados a la mesa, me preguntó:

—¿Por qué no te quedas a dormir? Ahora sobran camas en esta casa.

—Me gustaría, papá. Quizás otro día. Mañana, temprano, tengo cosas que hacer.

—Te lo digo porque se me ocurrió de repente. Ya es tarde. Y no ha de ser muy bonito llegar un departamento donde nadie te espera. ¿No te has cansado de la soledad?

33
LOCURA Y TRAGEDIA

No quería enfrentarla de nuevo.
Deseaba que la escena de la noche anterior
hubiera sido sólo una pesadilla,
un mal sueño, una cruel alucinación.

Rumbo a mi departamento, a bordo de mi auto, me quedé pensando en los cuestionamientos de mi padre: la soledad. Eso de llegar a mi departamento y no tener a alguien que me esperara. Inevitablemente, el recuerdo de Laura, otra vez se hizo presente. Más bien, nunca me había abandonado.

Luego de unos meses de no saber de ella, esa noche, ya en mi departamento, como de costumbre, me puse a componer. Y en la madrugada, escuché el timbre.

Luego de un sobresalto, un escalofrío me recorrió el cuerpo. Supe de inmediato que era ella, Laura, como si la hubiera llamado con la mente. Y no me equivoqué. Abrí la puerta y me quedé paralizado cuando la vi, hecha una piltrafa, apagada, con la mirada perdida, sin gota de maquillaje, con moretones en la cara.

Alarmado, de inmediato la tomé del brazo y la jalé al interior del departamento. Lo primero que supuse fue que la habían asaltado o algo peor.

—¿Qué te pasó? —le pregunté, asustado.

—Óscar…

—¡Maldito desgraciado! —exclamé, jalándola del brazo y llevándola al sofá cama, para que se sentara.

Le ofrecí un vaso con agua al que le dio un pequeño sorbo. Parecía muerta en vida, sin ninguna expresión en su rostro.

—¿Y ahora por qué?

Se hizo un gran silencio, mientras que ella miraba hacia el piso y le daba otro sorbo al vaso con agua.

—Estuve embarazada, Martín —me soltó, así, de repente.

—¿Estuviste? —le pregunté, sorprendido, al mismo tiempo que me cruzó por la mente lo que ella misma me había asegurado, antes de marcharse por segunda vez: que, desde hacía tiempo, ya no tenía relaciones sexuales con su marido—. Y, entonces, ¿de quién era ese hijo?

—Tuyo, no —me aseguró—. Así que ni te preocupes.

—Entonces, ¿de quién? ¿De tu marido? ¿Se reconciliaron?

—¿Te importaría que así hubiera sido?

—Me importaría, claro, porque de no haber sido así, significaría que ese hijo era mío. A menos que…

—¿A menos qué? —me miró, por fin, con una mezcla de dolor y burla—. ¿Crees que, así como tú te acuestas con varias mujeres a la vez, yo no pude hacer lo mismo?

—¿Tienes otro hombre? —le pregunté, desconcertado. De nuevo se quedó callada, meditando su respuesta.

—No. El hijo era de Óscar —me aseguró, aunque yo seguía aún con la duda revoloteándome en la mente—. Ya te había contado que a veces, cuando él llegaba borracho, me embaucaba con sus mentiras o me forzaba y… terminábamos en la cama.

—¿Te embaucaba o te forzaba? —la cuestioné, porque no me quedaba claro.

—Las dos cosas —respondió, simplemente.

Me invadieron unos celos repentinos. Más bien, rabia. Más mentiras de Laura, cuando me chantajeaba y me juraba que yo era el único con el que tenía sexo y que lo suyo con Óscar estaba terminado.

—Entonces, el cornudo no era él, sino yo —le eché en cara.

Sonrió con amargura y me dejó en ascuas, evadiendo mis sospechas.

Se quedó callada unos segundos, mientras yo la miraba fijamente.

—Cuando supe que estaba embarazada de nuevo, la muy estúpida de mí, pensé que ese hijo serviría para que las cosas se arreglaran entre Óscar y yo, y que todo podría cambiar, para salvar nuestro matrimonio y… —entonces, me miró de nuevo—olvidarme de todos los pecados que cometí contigo.

—¡Pecados! —repuse, divertido—. Ahora llamas así lo que hubo entre nosotros.

—Entre nosotros no hubo nada —aseveró, con voz cansada.

Jamás imaginé que llegara a ese grado de descaro, como dando a entender que, para ella, lo nuestro había carecido de importancia.

—Si tú lo dices —repuse, ocultando mi coraje y pensando que se había vuelto loca—. *Okey*... Entre nosotros no hubo nada. Todo fue producto de mi imaginación.

No hizo ningún comentario. Se levantó del sofá cama y dio unos pasos. Dándome la espalda, prosiguió:

—La cuestión es que cuando le di la noticia a Óscar, en vez de ponerse feliz, reaccionó con violencia y me insultó. Me dijo que desde hacía mucho sospechaba que tú y yo teníamos algo que ver ¡y que ese hijo, más bien, era tuyo!

—Pero, ¿cómo? —Fui yo quien se burló ahora—. Si, como dices, entre nosotros nunca hubo nada. ¿No se lo explicaste a Óscar?

—Claro que se lo expliqué, pero no me creyó —sostuvo—. No me bajó de puta y, entonces sí, me colmó el plato. ¡Me le fui encima! Él se defendió y terminó golpeándome una vez más... Mi madre escuchó los gritos y salió de su recámara. Y al ver que, tirada en el suelo, Óscar me seguía pateando, y yo, casi sin poderme mover... asustada, llamó a gritos a Julián y me llevaron a un hospital.

Jadeante y con el dolor reflejado en su rostro, se soltó llorando.

—¡Perdí a mi hijo, Martín! Estuve dos días en un hospital. Apenas hoy por la tarde salí, pero no quiero regresar a mi casa. ¡Tienes que ayudarme!

PERDIDA EN SU LOCURA

Para nada era ya la muchachita aquella, asustada y llorosa que conocí. Tampoco la que, según llegué a creer, mi compañera perfecta. Menos aún, la amiga y cómplice que me enloquecía con un simple beso o cuando la tenía desnuda entre mis brazos. En esos años fui testigo de su paulatina transformación, de los verdaderos motivos que la llevaban a buscarme, para continuar con nuestra «aventura sin futuro». Motivos que, quizás, ni ella misma tenía claros, sumergida en esa locura que, poco a poco, se apoderó de ella y que, ahora, era tan evidente. No sabía qué tanto de mentira o verdad había en lo que me acababa de relatar.

A pesar de todo, verla como la vi esa noche, como la sombra de lo que había sido, me partió el alma y no fui capaz de darle la espalda. De nuevo compartimos el sofá cama, aunque en esta ocasión, ya no sucedió nada entre nosotros.

Y al otro día, cuando me desperté muy temprano y la vi profundamente dormida, aparte de inspirarme una profunda lástima, me pregunté qué iba a hacer con ella si, como me había dicho, no quería regresar a su casa. No podía correrla ni desampararla en una situación así. Pero tampoco, volver a lo mismo.

La dejé dormida y salí a buscar algo para desayunar. Apenas estaba saliendo el sol, cuando me dirigí a un solitario parque cercano. Me senté en una banca, donde me puse a pensar, aún impresionado por la Laura decadente que había descubierto la noche anterior y que había dejado durmiendo en mi departamento. Aparte de su deplorable imagen, me inquietaba lo que me había contado sobre el bebé que había perdido a causa de la nueva golpiza que le propinó el marido. Más que eso, mi intuición hacía que me preguntara si Laura me había mentido, una vez más, ante la sospecha de que ese niño realmente fuera mío, a pesar de que ella me lo negara.

No tenía ganas de regresar a mi departamento. No quería enfrentarla de nuevo. Deseaba que la escena de la noche anterior hubiera sido sólo una pesadilla, un mal sueño, una cruel alucinación.

Luego de pasar por una tienda, donde compré pan, huevos y leche, con tal de prolongar el momento de mi regreso, decidí desayunar yo solo, en una de las mesas al aire libre de un pequeño restaurante, contiguo al mismo parque donde había estado minutos antes.

¿MI HIJO?

Más o menos una hora y media después de haber salido de mi departamento, regresé, igual de confundido, sin saber qué haría con Laura.

En cuanto abrí la puerta, lo primero que vi fue el sofá cama vacío, con las sábanas y el cobertor revueltos. Pero Laura ya no se encontraba ahí, tampoco en el baño. En eso, vi que las puertas del clóset estaban abiertas, igual que varios de los cajones. Y sobre la alfombra, la caja de madera, donde guardaba mis casetes. Me acerqué a ella y descubrí que varios de los casetes habían desaparecido y, otros, incluyendo varios de diferentes cantantes y grupos, estaban regados.

Entonces entendí: Laura, seguramente, había buscado el casete de las *Canciones por hacer*. ¿Para qué? Si ella bien sabía, como yo se lo había contado, que las melodías que contenía ese casete ya no servían para nada, puesto que ya se habían convertido en canciones, grabadas en un DAT que, por suerte, estaba en el lugar donde lo guardaba: el compartimento, casi oculto a simple vista, de una maleta. Ahí estaba el DAT con su respectiva copia en casete, junto con otros, incluido el viejo Memorex con las *Canciones por hacer.*

Me quedó claro que Laura, en verdad, había enloquecido. Más que pretender chantajearme o hacer negocio con el casete, quería vengarse. Una venganza sin sentido.

Temiendo que regresara y, luego de cerciorarme de que no se había llevado la copia de la llave de la puerta que yo mismo le había entregado y que, en su anterior berrinche, me había aventado a la cara, me vestí para ir al taller de Parra.

Cuando ya estaba a punto de salir, sonó el timbre. «¡No! ¡Laura otra vez», me lamenté. Abrí la puerta y a la que me encontré fue a doña Consuelo, la madre, acompañada de Julián, el novio.

Sin saludar siquiera, la señora entró violentamente al departamento, seguida por Julián, mirando a todos lados.

—¿Dónde está? ¿Dónde está esa inconsciente? —me cuestionó.

—Buenos días, doña Consuelo —le respondí, tratando de contenerme—. Si se refiere a su hija, no sé. Aquí no.

Me lanzó una mirada, mezcla de incredulidad y furia, mientras que el novio, muy envalentonado, me encaró también.

—Si no está aquí —repuso el tipo—. ¿Dónde está entonces? Perdí la paciencia y la compostura.

—¿Y yo qué voy a saber? —les grité—. Si no soy su nana ni su guardaespaldas.

—Pero ¡eres su amante! —me escupió la señora—. ¡Y desde hace años!

¿O crees que nunca me di cuenta? Pero, para que lo sepas, si me quedé callada no fue para encubrir a Laura, sino para no desatar una tragedia, como la que ocurrió ¡por tu culpa! ¡Cobarde, desgraciado!

Me dirigí a la puerta que se había quedado entreabierta y, extendiendo mi mano hacia la calle, respiré hondo.

—No le respondo por respeto, doña Consuelo. Ya vieron que Laura no está aquí. Ahora, háganme el favor de largarse.

Muy digno, Julián tomó del brazo a doña Consuelo, conduciéndola a la puerta. Antes de salir, ella me miró con desprecio.

—A mí no me engañas, Martín. Sé que la tienes escondida en algún lugar.

¿A quién iba a recurrir después de la tragedia? En tu conciencia queda que ese niño no haya llegado al mundo. ¡Tu hijo!

34
VIAJE AL PASADO

Como si se tratara de un enorme pizarrón,
la vida nos da la oportunidad
de borrar momentos que nos atormentan,
para dejar sólo los bonitos.
Y así, comenzar una nueva historia.

A bordo de un vuelo, con destino a la Ciudad de México, por fin encontré un rato de sosiego, para pensar, tranquilamente, y hacer una remembranza de los recientes sucesos.

Yo que sentía que estaba viviendo la mejor etapa de mi vida, realizando mis propios sueños y ganando buen dinero, hasta que Laura reapareció de nuevo con sus locuras, sus contradicciones y conflictos, rompiendo con mi armonía y sembrando en mí una duda que me mortificaba: no dejaba de pensar en el hijo que había perdido y que, al principio, supuse era mío, a pesar de que ella me lo negara, para que después, su propia madre me lo confirmara o, más bien, me lo echara en cara.

Esa noticia, cierta o falsa, me sacudió. ¡Un hijo! Otro sueño aún sin cumplir. Pero no un hijo con Laura y, menos, con la Laura patética, con la que me había topado hacía apenas unos días.

La vida o el destino, cuando te dejas llevar de su mano, se encarga de enfrentarte a situaciones que te indican que vas por mal camino. Y lo mejor es cambiar de rumbo, sin dar marcha atrás.

REFUGIO URGENTE

Luego de llamar a un cerrajero para que colocara en la puerta de entrada una sofisticada cerradura extra, salí huyendo. No sé si en forma cobarde o irresponsable.

Como niño asustado, con una pequeña maleta y unas cuantas mudas de ropa, corrí a casa de mi padre, sin saber aún qué haría. Lo que sí tenía claro era que, por el momento, no quería saber de Laura y, menos, de su madre y el novio.

Al lado de mi padre —sin revelarle, por supuesto, los recientes acontecimientos, para no preocuparlo—encontré el refugio que tanta falta me hacía. Sólo le dije que, de pronto, me habían dado ganas de pasar unos días con él, como en los viejos tiempos. Complacido, me recibió con los brazos abiertos.

Ese mismo día de mi llegada, lo llevé a comer a un buen restaurante. El viejo estaba feliz. Hasta nos tomamos unas cervezas juntos y brindamos por el que él consideraba «mi éxito».

Momentos inolvidables que disfruté como nunca antes. Platicamos mucho y ya en la noche, después de preparar una cena para los dos, nos sentamos a la mesa, esperando que en cualquier momento aparecieran mis hermanos, Luz Elena y Javier, como en mi anterior visita.

Surgieron cuestionamientos inevitables, dudas que, tal como me confesó mi padre, aún le inquietaban. Tranquilamente, me preguntó ¿por qué no me había casado todavía? A mis treinta y tres años, según él, ya me había tardado.

«No, papá. Sí he tenido mis novias. A varias, lo sabes, hasta llegué a traerlas a esta casa. Pero no he tenido suerte. No he encontrado a la que me llene. Tuve una de la que me enamoré, pero… —no iba a contarle mi historia con Laura. Ningún caso tenía—todavía estoy en espera de encontrar a la que me conviene, a la que será la mujer de mi vida. Tú tranquilo. Ya llegará…».

REENCUENTRO CON EL DESTINO

Fueron varios días en los que, como dos grandes amigos, vivimos juntos momentos de camaradería. Momentos que, sin haberlo planeado, ahora la vida me regalaba.

Una tarde, llegó de visita mi hermano Manuel. Un día antes, había regresado de unas vacaciones en Ocotlán. Nos enseñó unas fotos en las que él aparecía con mis primos Juan Ramón y Griselda, a quienes no veía desde hacía años. De repente, al verlos tan cambiados, me invadió la nostalgia y, en ese mismo momento, los llamé por teléfono para saber de ellos y del resto de la familia. Me contestó Griselda y, después de platicar largo rato y de enterarme de que, con excepción de ella y de Juan Ramón, el resto de la familia se había mudado a Minnesota, me preguntó algo que yo no tenía planeado hasta ese momento: «¿Cuándo vienes, primo?».

Dos días después, ahí estaba yo, volando con destino a la Ciudad de México, para de ahí, tomar otro avión a Guadalajara y, luego, un taxi que me llevara a Ocotlán.

Ya ahí, a bordo del taxi, me dejé llevar por los recuerdos de mi infancia, en mi terruño querido. Momentos y más momentos, tristes y alegres, iban desfilando por mi mente, desde el lejano pasado hasta el momento presente. ¡Cuántas cosas habían sucedido en mi vida! Y ahora, regresar a mi pueblo con un presentimiento: algo muy dentro, me decía que, como si se tratara de un enorme pizarrón, la vida nos da la oportunidad de borrar momentos que nos atormentan, para dejar sólo los bonitos. Y así, comenzar una nueva historia.

LA DEL VESTIDO MORADO

Llegué a la casa de mis primos, feliz y emocionado por el reencuentro, sorprendido con tantos cambios en Ocotlán, pero descubriendo que muchos de los entrañables lugares de mi infancia seguían ahí, intactos, como si el tiempo no hubiera pasado.

Lo primero que hicimos mi primo Juan Ramón y yo fue tomar otro taxi que nos llevara a Cuitzeo, un pueblo contiguo a Ocotlán, separado sólo por el puente del río Lerma. Ahí comimos y platicamos, haciendo remembranzas del pasado, hasta que, ya casi a punto de caer la noche, decidimos regresar. Cuando estábamos esperando un taxi que no aparecía, el que llegó fue un camión que decidimos abordar. El trayecto era de unos diez minutos y nos dejaba exactamente frente a la casa de mis primos.

Gracias a Dios y al destino, en vez de haber tomado un taxi, nos fuimos en ese camión y nos sentamos en la parte de atrás. Antes de que arrancara, de pronto, vi que una mujer de unos 45 años subía al camión, acompañada de tres muchachas de diferentes edades, y una de ellas, la mayor, de unos 18 años, me llamó la atención: muy seriecita, de cabello largo, un tanto altiva y seria, pero hermosa. Como no le quité la mirada de encima, mientras ocupaban sus asientos en la parte de adelante del camión, mi primo Juan Ramón se dio cuenta:

—¿Ves a esa chava, la del vestido floreado? Se llama María del Carmen ¡y fue mi novia! Bueno, ¡sólo durante una semana!

Y yo, embelesado con la otra, le pregunté:

—¿Y cómo se llama la mayorcita, la del vestido morado? Ramón sonrió divertido:

—Es María del Rosario, la mayor. Y su mamá se llama igual. Las otras dos muchachas son sus hermanas menores.

PRIMERA LLAMADA

A punto de concluir mi viaje de una semana en Ocotlán, un día antes de mi partida, platicando con Juan Ramón, luego de que durante mi estancia me presentó a varias muchachas muy guapas, le confesé que, la verdad, la única que me había llamado la atención y que no lograba apartar de mi mente, era la del vestido morado, la del camión. «¡Ah! ¡Pues fácil! Llámale.

¿Quieres que te dé su número telefónico?». Y me lo anotó en un papelito. Días después, ya de regreso en Chicago y de nuevo en mi departamento, aún con miedo de que Laura o su madre aparecieran de pronto, lo primero que hice fue visitar a Juan Parra, muy extrañado y molesto, porque en las dos últimas semanas, no había sabido de mí. Le conté que me había ido unos días a casa de mi padre y, luego, una semana a Ocotlán. «¿Y las canciones? ¿Cuántas más has compuesto?». Rosa me pregunta a cada rato. Le dije que no se preocupara, que al día siguiente me pondría a componer de nuevo.

Y así lo hice. Mejor todavía que antes, inspirado por una nueva musa: la del vestido morado, aunque apenas la había visto de lejos, sin conocer su voz, sin verla de cerca. Lo que sí recordaba, perfectamente, era su delicada belleza y la seriedad que, según me daría cuenta más tarde, era una de sus características.

Una noche, precisamente, mientras escribía la letra de un nuevo tema, no lograba concentrarme, por estar pensando en ella. Recordé el papelito donde Juan Ramón me había anotado su número telefónico, y lo busqué en la chamarra que traía puesta ese día, donde, según yo, lo había guardado. Pero el papelito ¡no estaba ahí, en ninguno de sus bolsillos! Me asusté, cuando supuse que, quizás, lo había guardado en uno de los pantalones o camisas que había llevado a la lavandería. Para quitarme de problemas, decidí, mejor, llamarle a Juan Ramón, para que me diera de nuevo el número de María del Rosario. Y cuando busqué en mi cartera la tarjeta de mi primo, ahí apareció el papelito bien dobladito.

Tomé el auricular del teléfono, inhalé profundamente y le marqué:

—¿Bueno? —Escuché una voz femenina y fría, al otro lado de la línea.

—Buenas, noches. Perdón por la hora. Estoy hablando desde Chicago y…

—¿Con quién quiere hablar? —me interrumpió la mujer.

—Con María del Rosario.

—Soy yo. ¿Quién habla? —me preguntó, malhumorada.

Entendí que no era la muchacha del vestido morado, sino su madre.

—Me llamo Martín Padilla, soy de Ocotlán, pero…

—Creo que con la que usted quiere hablar es con mi hija. Ahorita la llamo —me aclaró, cortante.

Segundos más tarde, mientras me sudaban las manos, sin poder evitar el nerviosismo, escuché por primera vez su voz.

—¿Bueno?

—Hola, María del Rosario —la saludé, cortésmente.

—¿Quién habla?

—Mira, María…

—Ay, no me llame María —se quejó, molesta.

—Bueno, ¿Chayo?

—¡Menos!

Okey, María del Rosario…

—Sólo dígame, ¿quién habla?

—Ah sí. Mira… Yo también soy de Ocotlán y estuve ahí la semana pasada. Te vi subir a un camión, donde yo también me encontraba, en Cuitzeo. Ibas con tu mamá y tus hermanas. Traías un vestido morado y… ¡me pareciste muy guapa!

Igual de molesta, me amenazó:

—Si no me dice quién es, voy a colgar.

Afortunadamente, no lo hizo. Seguramente, la mareé con mis explicaciones, incluyendo la forma en que había conseguido su número telefónico, por medio de Juan Ramón, mi primo y exnovio de su hermana, María del Carmen. Hasta que, mejor, decidí ir al grano.

—No quiero cansarte ni arriesgarme a que me cuelgues. Seré concreto: sólo te vi de lejos, en el camión. Me gustaste mucho y… yo estoy en Chicago. Pero voy a ir de nuevo a Ocotlán, para las fiestas de septiembre. ¿Me aceptarías una invitación a comer?

Se quedó callada durante unos instantes. Pensé que ya me había colgado.

—¿Sigues ahí, María del Rosario? —pregunté, temeroso.

—Sí —respondió, igual de seria.

—¿Y qué dices?

—Que se me hace que usted está loco o me está vacilando.

—Te juro que no. Estoy hablando en serio. Sólo te pido la oportunidad de vernos en persona, platicar un poco…

—Está bien. Llámeme cuando esté aquí y ya veremos.

35
SUEÑO ESTROPEADO

Me di cuenta de que
ya no sólo estaba ilusionado.
Me había enamorado.
Algo que jamás me había sucedido.
Nunca de esa manera. Y menos, así, tan rápido.

A pesar de la frialdad y hasta arrogancia que María del Rosario me demostró durante esa primera conversación telefónica de unos cuantos minutos, en vez de desanimarme, me ilusioné más. Al menos, siendo yo un desconocido que —como ella llegó a suponer— sólo la estaba «vacilando», no me colgó el teléfono. Y aunque no me confirmó si aceptaba mi invitación a comer, tampoco la rechazó y sembró en mí la esperanza.

Acostumbrado a las conquistas fáciles y casi inmediatas, el misterio que la rodeaba hizo que me atrajera todavía más. Sólo la había visto a lo lejos y apenas había cruzado unas cuantas palabras con ella. Pero eso bastó para que comenzara a entusiasmarme, como vil adolescente.

Aunque a veces estuve a punto de llamarla de nuevo, no lo hice. Me daba miedo. Miedo a que ella se asustara o a que no tomara mi llamada. Así que decidí aguardar con paciencia esas semanas que se me hicieron eternas.

Sin saber aún si aceptaría mi invitación y, ni siquiera, si la volvería a ver, en el aeropuerto de Chicago, antes de tomar el vuelo con destino a la Ciudad de México, para regresar a Ocotlán, sin conocer lo más mínimo sobre sus gustos, le compré un perfume que en ese tiempo estaba de moda y que anunciaba Elizabeth Taylor, Passion.

EL TAN ESPERADO DÍA

Ya en Ocotlán, el 19 de septiembre de 1994 —lo recuerdo bien— lo primero que hice al llegar al hotel La Puesta Del Sol, donde me hospedé, aún con cierto miedo y nerviosismo, le marqué a María del Rosario. Fue ella quien me contestó. Reconocí su voz.

—Soy Martín. El primo de Juan Ramón. ¿Te acuerdas de mí?

—¡Hola, Martín! —me respondió, ahora más cordial y hasta sorprendida, al mismo tiempo que comenzó a tutearme. Parecía otra, muy distinta a la muchacha seria con la que había hablado la primera vez—. Claro que me acuerdo de ti. Más bien, de tu llamada. Ya veo que eres muy formal. La verdad, pensé que nunca volverías a llamarme.

—¿Y por qué? Te prometí que lo haría en cuanto llegara a Ocotlán.

—Pues sí, pero... Entiende que no es muy común que alguien a quien no conoces y que sólo te vio a lo lejos en un camión... Pensé que todo había sido una broma. Y cómo no volviste a llamar...

—¿Te soy sincero? Muchas veces estuve a punto de hacerlo de nuevo, pero, la verdad, me dio miedo.

—¿Miedo? ¡Si no muerdo! —Y capté en ella una ligera sonrisa.

—Pues ya estoy aquí. ¿Ya lo pensaste? ¿Sí aceptas mi invitación a comer?

—¿Cuándo?

—Si quieres, mañana mismo.

—Está bien. Pero... ¿en vez de comida, podría ser cena? Es que por la tarde tengo cosas que hacer.

—Claro que sí. ¿Te parece a las siete?

Quedamos de vernos en la plaza del pueblo, en la sección de las bancas, a un lado del quiosco. Para que me reconociera, le dije que llevaría un pantalón blanco y una camisa a rayas.

—Bueno, tú ya me conoces. Espero que me recuerdes bien. Sólo que ahora traigo el cabello corto y... no sé cómo iré vestida, pero ya con la descripción que me diste... Espero no haya muchos con pantalón blanco y camisa a rayas.

Esa noche no pude dormir, imaginando cómo sería nuestro primer encuentro, temeroso de que, al conocerme, no fuera a gustarle. Pero quise ser positivo y al día siguiente, después de comer solo en el hotel, para más tarde bañarme y vestirme, antes de salir me puse a meditar unos veinte minutos.

A las seis y cuarto, salí del hotel, rumbo a la plaza, sin olvidar la bolsa con el perfume Passion que le compré a María del Rosario. Llegué media hora antes de la cita, y aproveché para caminar por calles aledañas que nuevamente me remontaron a mi infancia, hasta que a las 6:45 me dirigí al lugar acordado. Dieron las siete, y nada. Las 7:15. Las 7:25. ¡Las 7:30!

Sentado en una banca y mirando a todos lados con la esperanza de que María del Rosario apareciera por fin, no pude evitar la tristeza. Miraba a otras muchachas que pasaban por ahí, pero ninguna con el cabello corto. La decepción iba en aumento. Pensé que, más bien, había sido ella la que me había vacilado o que, en el último momento, se había arrepentido.

En eso, descubrí a una muchacha que llegó y se sentó en una banca cercana. Pero traía un sombrerito y no podía distinguir si traía el cabello corto. La imagen que tenía de María del Rosario, luego de haberla visto una sola vez a lo lejos, era muy difusa. Pero la chica del sombrerito me miraba con curiosidad, aunque, cuando yo le dirigía la vista, ella me la desviaba. No aguanté más y me le acerqué:

—Disculpa. ¿Eres María del Rosario? —Me miró con desconfianza y respondió:

—No.

Inmediatamente se puso de pie y se fue. Ya viéndola de espaldas, comprobé que no tenía el cuerpo bien formado de María del Rosario.

Me senté en la banca que dejó la desconocida y, segundos después, llegaron otras dos muchachas que se sentaron junto a mí en la misma banca. Con discreción, las miraba a cada rato de reojo, hasta que mi corazón se aceleró de repente, cuando reconocí que la chica que estaba sentada junto a mí era María del Carmen, la exnovia de mi primo Juan Ramón. Giré la cabeza, para observarla más de frente. Y en eso, vi que la otra chica se asomaba detrás de María del Carmen. ¡Y tenía el cabello corto! Lo primero que hizo, cuando nuestras miradas se toparon, teniendo a la hermana en medio de nosotros, fue regalarme una linda sonrisa:

—¡Hola, Martín! ¡Soy María del Rosario!

Ignorando a María del Carmen, como si no existiera, me puse de pie y me le puse enfrente a María del Rosario, extendiéndole mi mano derecha y escondiendo detrás de mí la bolsa con el perfume.

—¡Por fin! —exclamé, igual de sonriente que ella, mientras tomaba mi mano—. ¡Mucho gusto! ¡Qué susto me hiciste pasar! Pensé que a última hora te habías arrepentido.

—¡No! ¿Cómo crees? Yo no soy así. Soy muy formal y sé cumplir lo que prometo. Lo que pasa es que se me hizo un poco tarde, pero desde hace rato estaba allá —y señaló otra sección de bancas—, esperando a mi hermana. Y cuando te vi con tu pantalón blanco y tu camisa a rayas, te reconocí. Pero, la verdad, me puse nerviosa. Y ya cuando llegó mi hermana, nos fuimos acercando poco a poco. Es que todo esto me parece tan irreal... No sé quién eres, no te conocía. En fin... no sé.

Noté que María del Carmen, atenta al diálogo, nos observaba divertida.

—Hola, María del Carmen —me dirigí a ella—. Soy Martín, primo de...

—Sí. Ya sé —me dijo—. De Juan Ramón. —Y muy comprensiva, se levantó de la banca—. Mucho gusto. Los dejo, para que platiquen. Voy a dar una vuelta.

GUSSI

Y sí. Seguimos platicando de mil cosas, trivialidades. Como era día de fiesta y había una sección en la plaza con juegos mecánicos, nos subimos a casi todos, divirtiéndonos como niños. Se nos fue volando el tiempo y hasta nos olvidamos de que, originalmente, nuestra cita era para cenar. Ya noche, cuando la acompañé a su casa, antes de despedirnos, le entregué la bolsa con el perfume. La abrió y se mostró complacida.

—¡Qué lindo detalle, Martín! ¡Muchas gracias! ¿Cómo adivinaste que me encantan los perfumes? —Destapó el frasco y se dio una leve rociada en la muñeca de su mano. Luego la aspiró—. ¡Huele divino! Gracias de nuevo.

—Qué bueno que te gustó, María del Rosario. Agradecida y complacida, me susurró:

—Ya no me digas, María del Rosario ni María. ¡Y menos Chayo! —Y se carcajeó—. Desde niña, todos me dicen Gussi.

—Perfecto, Gussi. —Y levanté la mano, como los testigos que en la Corte juran decir toda la verdad y nada más que la verdad—: Desde ahora,

¡Gussi!

¡PATÁN Y MALEDUCADO!

Al día siguiente, nos vimos de nuevo en el mismo lugar. Y esta vez sí fuimos a cenar en el restaurante de un hotel, cercano a la plaza. El entusiasmo iba en aumento, por parte de los dos, platicando como si nos conociéramos desde hacía mucho tiempo atrás.

Hasta que, ya cerca de las diez de la noche, luego de acompañarla hasta su casa, antes de que ella abriera la puerta, se despidió de mí. Iba a darme un beso en la mejilla y yo, aprovechando el momento y que estábamos solos, no me contuve: la tomé del brazo, atrayéndola hacia mí y le planté un beso en los labios. Ella reaccionó muy enojada y me empujó con fuerza:

—¡Óyeme! ¿Quién te crees? ¡Eres un patán y maleducado!

Yo reaccioné asustado.

—¡Perdón, Gussi!

—¡Y ya no me digas Gussi!

Se dio la media vuelta, sacó la llave de su bolso y abrió la puerta. Antes de entrar, volteó y me miró con rabia.

—Pensé que eras un hombre decente. Yo no te he dado motivos para que...

—¡Perdóname, por favor! Soy un estúpido. Lo reconozco. Ya no me respondió. Entró a su casa y cerró la puerta.

El mundo se me vino encima. Tan bien que iba todo y yo lo había estropeado.

DESVELO, DOLOR E INSPIRACIÓN

Llegué al cuarto de mi hotel, con ganas de regresarme al día siguiente a Chicago, después de haber echado a perder todo. Sin embargo, aunque Gussi, seguramente ya no querría saber de mí, me puse a escribirle la letra de una canción: ¿Por qué te despides así?

Me salió del alma, plasmando todo lo que sentía en ese momento, cuando una ilusión tan grande se rompe de repente. Y lo peor, por una estupidez de mi parte. Fue en ese preciso momento, en medio de mi rabia y angustia, cuando me di cuenta de que ya no sólo estaba ilusionado con Gussi. Me había enamorado. Algo que jamás me había sucedido. Nunca de esa manera. Y menos, así, tan rápido.

36
DÍA GLORIOSO

Me molestó ese beso que me robaste.
No me lo esperaba.
Pero te confieso que todo el día he estado pensando en ti.

Al día siguiente, pasé en limpio la letra de la canción en otra hoja y la introduje en un sobre, con la idea de ir a casa de Gussi y dejársela, como si se tratara de una carta. Pero luego, se me ocurrió algo mejor.

Le hablé a mi primo Juan Ramón y le conté lo sucedido. Le pregunté si sabía de alguien que, ahí en Ocotlán, tuviera un estudio de grabación y, de paso, alguien que me prestara una guitarra. «¡Huy, primo! ¡Con la guitarra, no hay problema! Pero no creo que aquí alguien sepa ni siquiera qué es un estudio de grabación. Pero, espera… Pacorro una vez me contó de un junior ricachón. Lo malo es que está en Guadalajara. ¡Pero creo que él sí tiene un estudio!».

Dos horas después, Pacorro (un amigo de la infancia que, años después, moriría de cáncer) y yo, ya estábamos en Guadalajara, en la bonita y lujosa casa de Juan Pablo Ibarra, el tal junior, de unos veintitantos años, alto, llenito, muy peinadito y bien vestido. En nuestra primera charla, me contó que había estudiado Ingeniería Civil, pero, al igual que yo, su pasión era la música. Un año antes, había montado un pequeño estudio de grabación en su casa. Ahí comía, dormía y se pasaba horas «inventando canciones», como él mismo decía. A pesar de ser un muchacho adinerado, de muy buena familia, se mostró muy sencillo y cordial.

CON MELODÍA IMPROVISADA

Ya en su flamante estudio casero, sentados frente a su consola de audio, acompañados de Pacorro, le conté a Juan Pablo mi «tragedia». Más bien, sin conocerlo realmente, desde el principio me inspiró tanta confianza, que me desahogué con él, contándole lo sucedido con Gussi y que la noche anterior le había compuesto una canción.

—Tranquilo, Martín. —Compadecido, me dio unas palmaditas en el hombro—. Tuviste una buena idea. Ninguna mujer, te lo digo por experiencia, por muy enojada que esté, se resiste a un detalle así: ¡una canción inspirada en ella! ¡Y grabada en un casete, con arreglos, música y todo!

Saqué la hoja con la letra de la canción y él la leyó detenidamente.

—¡Perfecto! Vamos a empezar —me propuso—. Supongo que ya tienes la música.

—¡Sí! —le mentí.

¿Cuál música? La noche anterior, mientras escribía la letra, fui improvisando la melodía que repetí una y otra vez, para grabármela en la mente, pero, claro, ya en el momento ¡apenas la recordaba! Sin embargo, no quise confesárselo a Juan Pablo, con tal de no retrasar la grabación. Me urgía tenerla ese mismo día.

En un rincón del estudio, se encontraba una guitarra que Juan Pablo puso en mis manos.

—Cántame la canción con la guitarra —me pidió, poniéndome enfrente un micrófono.

Hasta ese momento, ya con la guitarra, al mismo tiempo que leía la letra, improvisé otra melodía, como se me fue ocurriendo, no sé si bien o mal, pero quedó, finalmente.

UN ANGELITO MÁS

A partir de ese momento, Juan Pablo se convirtió en otro «angelito caído del cielo», tan talentoso y hábil como el mismísimo Terry Sweet.

Primero, grabamos la canción con mi voz y guitarra en un casete. Y luego, Juan Pablo, rápidamente y en forma asombrosa, hizo la partitura con los arreglos, con una facilidad y rapidez asombrosas. Hasta se me olvidó la tristeza, gracias al entusiasmo, imaginando la reacción de Gussi, cuando escuchara esa canción inspirada en ella, con el sentimiento que me propuse imprimirle y que brotó desde el fondo de mi corazón.

Fue un día completo. Ahí, en el estudio, comimos y nos dedicamos por entero a la producción del tema que canté yo mismo. Y luego, entre Juan Pablo, yo y ¡hasta Pacorro!, dirigidos por el genial productor, grabamos los coros. La instrumentación fue por obra y gracia del talento de Juan Pablo y su sintetizador. Cerca de las ocho de la noche, *¿Por qué te despides así?* —título que hasta el final le puse a la canción—, quedó como otro sueño exprés, hecho realidad.

Juan Pablo me entregó el casete con la canción ¡y no me quiso cobrar! Con ese detalle de su parte, además del talento que demostró, supe que ya no tendría que buscar de nuevo a Terry Sweet ni a ningún otro productor. Con Juan Pablo, tenía a otro genio con el que podría producir las canciones y álbumes que a José Parra le urgían, para vendérselos a Rosa Moncada y continuar con el negocio acordado.

Antes de despedirnos, le conté rápidamente de mis proyectos a Juan Pablo, invitándolo para que hiciéramos mancuerna: crear más canciones y hasta álbumes completos, pagándole a él mil dólares por cada tema, como productor y arreglista. Maravillado, aceptó de inmediato, sin pedirme más detalles.

—¡Suena bastante bien! —exclamó, entusiasmado—. Ojalá no me estés cuenteando.

—¡Claro que no! Y lo mejor es que ¡vamos a ganar en dólares!

Sin embargo, pensé que antes de cerrar ese acuerdo verbal, era el momento oportuno, para aclararle en qué consistía el «negocio» con Parra

—de quien le hablé a grandes rasgos— y que, en mi caso, ya en el registro de las canciones, aparecería mi nombre, no como autor, sino como coautor... junto con José Parra.

Me miró con un dejo de desconfianza y escepticismo, seguramente, temiendo que el fabuloso negocio que le estaba proponiendo fuera una vil patraña o que yo estuviera loco. Después de todo, no me conocía.

—¿Y por qué darle crédito a ese señor? ¡Y como coautor! —me cuestionó, extrañado y hasta molesto—. No se me hace justo. Si él va a vender las canciones por su cuenta, ¿por qué permites que aparezca como coautor?

—Por dinero —le confesé—. Necesito ese dinero. Es el trato que, estúpidamente, hice con Parra. Reconozco que un mal trato, en un momento de desesperación.

Respiró hondo y levantó las cejas.

—Y entiendo que yo tampoco llevaré un crédito como productor y arreglista en cada una de las canciones que hagamos y que, seguramente, ese crédito se lo adjudicará otra persona.

—Te prometo que lo hablaré con Parra y le pondré como condición, incluso en un acuerdo por escrito, que a ti se te dé tu crédito como productor y arreglista, sea quien sea al que le venda las canciones o los álbumes completos.

Se quedó callado y pensativo un buen rato.

—Déjame pensarlo entonces —me dijo, no muy convencido.

BESOS NO ROBADOS

Eran ya casi las diez de la noche cuando regresé al hotel. Pregunté en la recepción si no había algún recado para mí, con la esperanza de que Gussi lo hubiera pensado mejor y me hubiera perdonado, luego de que no la busqué en todo ese día. Pero no. Ningún recado de nadie.

Sin pensarlo más, pedí al recepcionista que me prestara un sobre. Saqué el casete de su estuche y, en la etiqueta, escribí el nombre de la canción:

¿Por qué te despides así? Luego, guardé el casete en el sobre y, sin esperar más tiempo, me dirigí a casa de Gussi, a pesar de que ya era muy tarde y, quizás, ella ya estaría dormida, igual que sus padres y sus hermanas. Ya vería la forma de dejar ahí el sobre con el casete, metiéndolo por debajo de la puerta o como fuera.

Ya afuera de la casa, temeroso y nervioso, me armé de valor y toqué el timbre. Abrió la puerta María del Carmen. Sorprendida, seguramente al tanto de lo sucedido la noche anterior (entre hermanas se cuentan todo), un tanto dudosa y apenada, me dijo que llamaría a Gussi.

—Pero no sé si quiera recibirte —me advirtió.

—¡No! —le dije, entregándole el sobre—. Sólo te pido, por favor, que le entregues esto.

María del Carmen, desconcertada, observó el sobre, percatándose de que contenía algo dentro.

—Está bien. Ahorita mismo se lo entrego. Entró a la casa y cerró la puerta.

Una leve esperanza hizo que me quedara ahí afuera, recargado en una pared, junto a la puerta. Transcurrieron apenas unos minutos cuando, a lo lejos, escuché mi canción completita. En cuanto concluyó, aguardé unos segundos más y cuando decidí marcharme y di unos pasos, el corazón me dio un vuelco.

—¡Martín! —Escuché la voz de Gussi. Volteé y, a pesar de la penumbra de la calle, iluminada apenas por la tenue luz de un farol, la vi, con camisón y bata, parada en el marco de la puerta, con el casete en su mano, aunque seria e inexpresiva.

Caminé lentamente hacia ella y, ya frente a frente, tranquilo, le dije:

—Perdón, Gussi. Perdón otra vez.

En ese momento, sin responderme nada, noté que tenía los ojos nublados. Sin soltar el casete, lo colocó a la altura de su pecho.

—Qué bonita canción, Martín. Me has hecho llorar. Nunca nadie había tenido un detalle así conmigo.

—Te compuse esa canción anoche —le dije—. Y hoy, temprano, fui a Guadalajara, al estudio de un productor que conocí, para grabarla. No encontré otra forma para expresarte mi dolor, mi arrepentimiento, y decirte lo mucho que me importas. Porque, ¿sabes qué? Anoche mismo, mientras escribía la letra, descubrí que… que estoy enamorado de ti.

Se quedó callada unos instantes, sin dejar de mirarme.

—Perdóname tú, Martín. Sí. Me molestó que me besaras de repente. No me lo esperaba. Pero te confieso que todo el día he estado pensando en ti. Y con esto… —dirigió su vista al casete— tuve miedo de no volver a verte. Le tomé la mano que tenía libre y se la besé con ternura. Nos miramos de nuevo a los ojos y, sin soltarme la mano, fue ella quien se aproximó más a mí.

—¿Por qué te despides así? —le pregunté en voz baja.

—No me he despedido —respondió—. No me quiero despedir de ti.

No tuve que robarle otro beso. Ahora fue ella quien aproximó su rostro al mío, ofreciéndome sus labios que acercó a los míos. Por fin, un largo beso, el beso que tanto había esperado.

—¿Significa que me has perdonado? —le susurré al oído, después del beso.

—Significa que te perdono si tú también me perdonas a mí. Y surgió otro prolongado beso que tampoco fue robado.

37
DESTINO INCIERTO

Lo que no es negociable ni está en discusión,
es tu promesa de presentarme con Juan Gabriel.

Una vez más, el destino se encargó de acomodar las piezas del rompecabezas que había sido mi vida, teniendo ya a Gussi como mi novia oficial y, seguro, ahora sí, la mujer de mi vida. Sin embargo, por otro lado, no sabía que mi gran negocio podría venirse abajo de un momento a otro. Cuando regresé a Chicago, lo primero que hice fue visitar a José Parra. No me nació compartir con él la dicha que me invadía. Más bien, le hablé de mi gran hallazgo: el productor idóneo que necesitábamos. El único problema: tenía su estudio en Guadalajara. Le hablé maravillas de Juan Pablo y hasta le puse una copia de la canción que compuse y que grabamos en un solo día. También aceptó los mil dólares que le ofrecí a Juan Pablo por los arreglos y producción de cada canción. Mucho menos de lo que nos hubiera cobrado Terry Sweet.

Luego de entusiasmarlo con el ahorro y la canción que escuchó, aproveché para ponerle otra condición: firmar un contrato con Juan Pablo, para garantizarle su crédito como productor y arreglista de todos y cada uno de los temas que grabaríamos con él y que, de igual manera, quien comprara esas canciones o lo álbumes completos —comenzando por Rosa Moncada— tendría que comprometerse, bajo contrato, a darle ese crédito.

CANCIONES A DESTAJO

Me sentía feliz y realizado, durante esos meses de un constante ir y venir entre Chicago, Ocotlán y Guadalajara.

La mancuerna con Juan Pablo —luego de firmar el contrato convenido, para su tranquilidad—, como me lo esperaba, funcionó de maravilla, aunque —como alguna vez me hizo sentir Laura— nos convertimos, prácticamente, en una «máquina» que producía una canción tras otra, trabajando a destajo, con tal de ganar más dinero y aprovechar la buena racha, pero sin el tiempo suficiente que se requiere para darle su espacio a la creatividad, a la verdadera creatividad.

—Te entiendo —me dijo una vez Juan Pablo, después de todo un día de trabajo en su estudio, invadidos por el cansancio—. Yo siento lo mismo: que nos convertimos en dos robots y que ni tiempo nos queda para ponerle a cada canción lo más importante: el corazón. Sobre todo, tú, que te avientas una letra y melodía, sin tiempo para pulirla, y ya estás pensando en la que sigue. Estamos tan sumergidos en esto, que ni tiempo tenemos para llevar una vida normal, como la de cualquiera.

Eso mismo ya me lo había reprochado Gussi, celosa de los días o hasta semanas completas que me la pasaba en Guadalajara, en el estudio de Juan Pablo.

—Tienes razón. —Estuve de acuerdo con él—. A mí, lo que más me preocupa es que Gussi, en cualquier momento, se harte y me mande a volar. Tanto que me costó dar con ella…

—Hagamos algo —me propuso el buen Juan Pablo, mucho más reflexivo y sensato que yo—: cierto que oportunidades como esta no hay que dejarlas escapar, porque no se presentan todos los días. Estamos ganando bien, haciendo lo que a los dos nos gusta, pero, de ahora en adelante, vamos a ser nosotros los que manejemos nuestros tiempos. Habla con ese señor Parra y explícale que cualquier labor creativa, como la que estamos realizando, requiere de más tiempo, que no podemos trabajar bajo tanta presión. Ya son treinta canciones, tres álbumes completos los que le hemos entregado en unos cuantos meses. Vamos a tomarnos nuestro tiempo para trabajar más tranquilamente. Él tiene que entender. También le conviene.

AMENAZAS POR AMENAZAS

Así se lo comenté más tarde a José Parra, durante otra de mis breves estancias en Chicago: Juan Pablo y yo habíamos decidido bajar nuestro ritmo de trabajo y tomarnos más tiempo, para trabajar más tranquilos y sin presiones.

No le pareció mucho la idea.

—Es que entre más tiempo se tomen —me rebatió—, menos van a ganar. Y tanto Rosa como yo también nos veremos afectados. Ella ya tiene comprometidas más canciones…

—Por cierto —reflexioné en ese momento—, nunca me ha contado ¿a quién o a quiénes les está vendiendo Rosa Moncada los temas, las producciones?

—No sé —respondió, tajante, sin darle importancia a mi cuestionamiento—. Eso es asunto de ella.

—Y también de nosotros —le hice ver, extrañado de que a él, al menos en apariencia, no le interesara saber el destino final de las canciones—. Si para usted no es importante, para mí sí. Y me gustaría saber en manos de quién van a dar, ¿quién las va a grabar?, si no es que ya han grabado algunas. Y nosotros ni por enterados.

—Tú sigue trabajando con tu amigo —me dijo, evasivo, lo cual empezó a darme desconfianza.

Más bien, aumentó la que ya sentía. Como muchas veces me pregunté: ¿por qué, a esas alturas, después de tantos meses, yo jamás había visto en persona a la tal Rosa Moncada, ¿por qué nunca me la había presentado? ¿Existiría realmente la mujer? ¿O sería un invento de Parra?

¿Qué estaba haciendo, realmente, con mis canciones? ¿Qué misterio me estaba ocultando?

—Lo único que debe importarte —me repitió, ya malhumorado y hasta altanero— es que yo les estoy pagando bastante bien a tu amigo y a ti. Y como yo soy el que paga, soy el jefe y estoy en todo mi derecho de exigirles que sigan trabajando, como hasta ahora. Así que, de ninguna manera, acepto que me salgas ahora con que van a tomarse más tiempo.

—Simplemente, le dije que queremos bajarle al ritmo de trabajo.

—Pues, entonces, si quieren echar la flojera, aquí terminamos con el negocio —me amenazó—. Después de todo, Rosa no está muy complacida que digamos con las canciones que nos has entregado y hasta me ha dicho que ella conoce a otros compositores y productores. Así que…

Me aguanté las ganas de levantarme en ese momento y mandarlo a volar. Después de todo, nunca firmamos un contrato. Pero reaccioné a tiempo, pensando que lo que me estaba pagando me permitía vivir bien y sin problemas. Ya llegaría el momento en que, en caso de seguir haciendo negocios con él, las reglas del juego cambiarían. O yo podría lanzarme por mi cuenta, sin requerir de su dinero. Sin embargo, me arriesgué y fui yo quien le metió un susto.

—Está bien, don José —le dije, tranquilamente, tragándome mi coraje, aunque seguro de que si Rosa Moncada, en verdad, tenía quien nos remplazara a Juan Pablo y a mí, ¿por qué hasta ese momento me salía con tal amenaza? De seguro, simplemente, quería asustarme—. Vamos a concluir el álbum que está pendiente y terminamos con el negocio.

—¡Lo dices muy fácil! —me reclamó, alterado y confirmando lo que yo estaba pensando—. Después de todo lo que he invertido, incluidos los 25 mil dólares que te presté, cuando los necesitabas.

—Sí. Y se lo agradezco. 25 mil dólares que, como usted mismo dice, me prestó y que yo ya le pagué con canciones y, de paso, dándole un crédito como coautor de esas canciones. Quiero ver si el nuevo compositor que Rosa Moncada consiga también estará dispuesto a darle a usted ese crédito como coautor...

—Con dinero se arregla todo —me dijo el muy arrogante—. Así como lo hice contigo, le puedo ofrecer lo mismo a otro.

—¡Perfecto! —estallé—. Pero no olvide que fui yo quien le ofreció ese crédito falso, como simple muestra de agradecimiento.

Me puse de pie y, cuando estaba a punto de abandonar a su oficina, él, tragándose su orgullo, me recordó algo que yo ya casi había olvidado.

—Suceda lo que suceda entre nosotros —me dijo el muy desvergonzado—, lo que no es negociable ni está en discusión es tu promesa de presentarme a Juan Gabriel y que yo te acompañe cuando vayas a entregarle las canciones que hiciste con ese Terry Sweet, y decirle que fui yo el que pagó los 25 mil dólares que te cobró ese productor.

Sin decirle nada más, salí de su oficina.

UN FIESTÓN PARA EL ÍDOLO

Luego de que le conté a Juan Pablo —vía telefónica—lo que Parra y yo habíamos platicado, incluyendo las amenazas mutuas, estuvimos de acuerdo en que el tipo no nos soltaría tan fácilmente —al menos a mí—ni se arriesgaría a quedarse sin su crédito como «coautor» que tanto lo enorgullecía y alimentada su ego.

Así que, nuevamente, por consejo de Juan Pablo, la siguiente vez que me vi con Parra, ya más tranquilos los dos, ninguno de los dos tocamos el tema de nuestra posible ruptura, como si nada hubiera sucedido.

Comprendí de paso, que, además del negocio de las canciones, lo que más le entusiasmaba era ingresar al medio discográfico que tanto lo deslumbraba y codearse con gente famosa, comenzando por Juan Gabriel, de quien, según él, se haría amigo en cuanto se lo presentara. En su ingenuidad (o, más bien, ignorancia) estaba seguro de que Juan Gabriel aceptaría encantado, el banquete que pensaba ofrecerle y al que invitaría a familiares, amigos y clientes, con los que les quería quedar bien, para presumirles que era amigo del gran ídolo, al que, según él, también iba a impactar. Hasta llevaría a un buen grupo local, «para que Juan Gabriel nos cante algunos de sus temas y se sienta en confianza».

No quise sacarlo de su error. No me convenía. Al menos por el momento. Pero no pude evitar, aclararle que, por si no lo sabía, Juan Gabriel cobraba por cantar en público.

—No importa —me respondió, tan fanfarrón como de costumbre—. Para eso tengo dinero y no creo que me cobre demasiado, luego del fiestón que ofreceré en su honor. Ya verás que cuando se dé cuenta de todo lo que gastaré en esa comida, se sentirá halagado y, ¿por qué no?, hasta querrá cantar gratis, como un detalle de agradecimiento. Tú que estás en ese ambiente, sabes que los artistas como él son muy vanidosos y que les fascina ser el centro de atracción. Tú déjamelo a mí. Yo sabré cómo echármelo en la bolsa y ganármelo como amigo... Te puedo asegurar que a nadie se le ha ocurrido homenajearlo como lo voy a hacer yo.

—Sí, don José —le di por su lado—. Seguramente.

38
UN TRISTE RECUERDO

Sólo te deseo...
O más bien, le deseo a esa muchacha,
que no vayas a jugar con ella,
como has jugado con todas.

A pesar de las amenazas de José Parra, y del destino incierto de nuestras canciones, Juan Pablo y yo, como lo acordamos, comenzamos a disminuir nuestras horas de trabajo, ya sin matarnos ni desvelarnos. Por principio de cuentas, descansando fines de semana y días festivos y hasta tomándonos un par de semanas de vacaciones que a los dos nos cayeron muy bien. En especial a mí, dedicándole más tiempo que antes a Gussi, cada vez más seguro de que aquel flechazo o amor a primera vista, en un camión y a lo lejos, no había sido producto de mi imaginación. Conforme transcurrió el tiempo, confirmé que la quería como compañera y madre de mis hijos.

¿PARA QUÉ ESPERAR MÁS?

Así, un domingo por la noche, en diciembre de 1994, luego de haber pasado casi todo el día juntos, después de acompañarla a su casa, en vez de despedirnos con un beso, como siempre, muy serio, le dije que quería comentarle algo.

—¿Comentarme algo? —me preguntó, extrañada y con cierto temor.

—¿Puedo pasar un momento? —le pregunté.

—Claro. Pasa.

Ya eran casi las diez de la noche y, afortunadamente —como yo lo deseaba—, no había nadie más en la sala de su casa. Nos sentamos en uno de los sillones. Gussi me miraba con zozobra, en espera de lo que le iba a decir. Yo le sostuve la mirada, hasta que ella rompió el silencio.

—¿Qué es lo que quieres decirme?

Yo simplemente sonreí, sin dejar de mirarla a los ojos.

—Me estás asustando, Martín.

Saqué de la bolsa de mi pantalón un pequeño estuche, mientras ella me observaba, adivinando, seguramente, el motivo de tanto misterio. Abrí el estuche, dejando al descubierto un anillo de oro con un diamante. Gussi observó el anillo y, luego, con los ojos nublados, me miró a mí.

—¿Quieres casarte conmigo? —le pregunté.

Dos lágrimas brotaron de sus ojos, mientras yo le colocaba el anillo en su dedo anular. Luego, tomé su mano y se la besé. Ella se me fue encima con un cálido abrazo.

—¡Claro que quiero!

DUDAS SIN RESPUESTA

Dos semanas después, pedí su mano. Y sus papás me la concedieron. Comenzamos con los preparativos para la boda y quedamos de acuerdo en que sería en mayo de 1995.

Durante los siguientes meses, pasé más tiempo entre Ocotlán y Guadalajara, hasta que regresé a Chicago, para estar unas semanas con mi padre y, al mismo tiempo, comenzar a desocupar mi departamento y vender los pocos muebles que tenía ahí. Y como Gussi y yo ya habíamos decidido que viviríamos en Chicago, también me puse a buscar la casita donde viviríamos, hasta que encontré una, casi como la había soñado: de una sola planta y dos recámaras, con un pequeño jardín al frente.

En marzo de ese 1995, dos meses antes de la boda, cuando mi departamento ya estaba casi vacío y yo guardaba en cajas lo poco que quedaba ahí (incluyendo el DAT y los casetes de las «canciones perdidas», por supuesto) me invadió una profunda nostalgia. Era como si lo que estaba guardando en cajas no fueran sólo objetos. También, momentos, recuerdos buenos y malos, tristes y felices, para dar inicio a otra nueva etapa en mi vida.

Sumergido en esos recuerdos, terminé de empacar mis últimas pertenencias en las cajas que fui guardando en mi auto. En eso, cuando ya casi había acabado y me quedaban sólo dos maletas con ropa, mientras las acomodaba en la cajuela, escuché una voz que reconocí al instante y me hizo dar un sobresalto.

—¿Te vas y ni siquiera te despides?

Era Laura. Habían pasado meses, no sé cuántos, sin saber de ella. Había dado por hecho que no volvería a saber de ella. Pero ahí estaba, parada detrás de mí, igual de atractiva, muy diferente a la mujer patética que había visto en nuestro último encuentro.

—Perdóname, Laura, pero tengo prisa —le dije, simulando no darle importancia a su repentina aparición.

—¿Y no podrías regalarme cinco minutos? —me preguntó con fingida amabilidad.

Ni tiempo me dio de responderle. Se adelantó y, aprovechando que la puerta del departamento estaba abierta, entró. Yo la seguí y cerré la puerta. Ella recorrió con la mirada el departamento vacío y, como si nada, se sentó sobre la alfombra. Yo hice lo mismo, mirándola muy serio.

Luego de un largo e incómodo silencio, sólo le comenté que me estaba mudando a una casa que ya estaba rentando, recordándole que tenía prisa.

No se dio por aludida, hasta que, sin que yo le preguntara, me contó que, finalmente, después de los acostumbrados pleitos con el marido (pleitos que ya me sabía de memoria) se separó de Óscar y que él se había quedado con sus dos hijos, en la casa que pertenecía a ambos.

—Se consiguió un abogado corrupto y siniestro que me amenazó con un montón de calumnias… Adulterio, para empezar.

Ya sabía por dónde iba (culparme una vez más a mí de sus desgracias), pero permanecí callado, sin hacer ningún comentario ni dar pie a otra discusión. A pesar de mi silencio e indiferencia, ella prosiguió:

—Y yo no supe cómo defenderme. Ni tuve ánimos. ¿De dónde iba a sacar dinero para pagarle a un abogado? Y como mi madre también me dio la espalda y se puso de parte del desgraciado de Óscar… Me harté y salí huyendo. Hubiera querido llevarme a mis hijos conmigo, pero ¿a dónde?

Yo permanecí callado, mirando a cada rato mi reloj.

—La he pasado muy mal, Martín —me contó, mirándome a los ojos—. Anduve rodando de un lado a otro, de un trabajo a otro, ganando una miseria, temerosa de enfrentar un juicio en la Corte, viviendo en cuartuchos inmundos, lejos de mis hijos, a los que ya casi no veo… Hasta que, por suerte, conocí a Erik, mi novio, un puertorriqueño que, aunque también tiene sus cosas, me quiere mucho, pero…

—Yo también tengo una novia —la interrumpí de tajo, esperando que con esa noticia, terminara con su monólogo y se marchara, si es que, como supuse, su intención era que me compadeciera de ella para volver a lo de siempre.

Se quedó callada durante unos instantes. No mostró sorpresa alguna. Sin embargo, con una sonrisa, me lanzó una mirada retadora.

—¿Y cómo se llama? —Estaba a punto de responderle cuando me interrumpió—. Bueno, ¿qué me importa? Da igual. Puede llamarse Juanita, Lolita, María... No me interesa. —Y de repente, con todo descaro y su clásica sonrisa burlona, agregó—: Si nunca vas a amar a ninguna como me amaste a mí, como me amas todavía. Y eso lo sabes bien.

Sonreí también, pasando por alto sus palabras.

—Se llama María del Rosario. Tiene dieciocho años, curiosamente, los mismos que tenías tú cuando te conocí.

—Ya te dije que no me importa —insistió—. Sólo te deseo... O más bien —rectificó—, le deseo a esa muchacha, que no vayas a jugar con ella, como has jugado con todas y que tampoco llegue a hartarte, como también llegaron a hartarte todas.

—Gussi es diferente, Laura. Tanto así que es la primera y la única a la que le he propuesto matrimonio.

—¿Y eso qué? —se burló—. A mí no me lo propusiste, porque yo no quise, porque...

—Sí, sí —la interrumpí ahora yo—. Porque, como bien lo dijiste muchas veces, lo nuestro no pasó de ser una aventura, una aventura sin futuro.

Intentó ponerse en pie y yo, tomándola del brazo, la ayudé a que lo hiciera. Ya los dos frente a frente, se me acercó, pegando su cuerpo al mío.

—Pues como regalo de bodas —me susurró al oído y con todo cinismo—.

¿Qué te parecería una noche juntos?, como despedida. Sin que mi intención fuera ser grosero con ella, la empujé.

—Estoy enamorado, Laura. Ya no soy el mismo de antes.

Seguramente, como en tantas otras ocasiones, pensó que caería, que no me resistiría, al tenerla tan cerca.

—¿Me rechazas?

No le respondí.

—Ya te arrepentirás —concluyó, ofendida.

Y muy digna, se dirigió a la puerta. Pero antes de que la abriera, la tomé del brazo y la encaré:

—¿Y tú no te has arrepentido de haberme negado que el hijo que esperabas era mío?

Me lanzó una mirada fulminante, pero no supo qué responder.

—¿Tampoco te has arrepentido de haberte metido aquí, como una vulgar ladrona, para hurgar entre mis cosas? ¿Qué buscabas? ¿Qué esperabas encontrar? ¿El casete con las canciones que tanto te obsesionaban? ¿Y qué ibas a hacer con ese casete?

—Quédate con la duda —me respondió, sarcástica—. Esas canciones también me pertenecen a mí ¡y lo sabes! Si fueras un hombre de verdad me darías la parte que me corresponde. Pero te la regalo —agregó con gran desfachatez.

Abrió la puerta y antes de salir, volvió a mirarme con sorna.

—Y también, quédate con la duda del hijo que perdí por tu culpa.

Salió del departamento y ni siquiera cerró la puerta. Me quedé viendo cómo se alejaba, sintiendo al mismo tiempo que con ella se iba también el fantasma que, en ese momento feliz de mi vida, de vez en cuando me seguía atormentando, como un mal recuerdo. Un triste recuerdo.

39
EL REGRESO

Había llegado el momento, veinte años después,
***de devolverle sus* Canciones por hacer.**
Pero no sabía aún cómo reaccionaría.

En abril de ese 1995, regresé a Ocotlán, para casarme con Gussi por el civil. Y semanas después, el 20 de mayo, por la Iglesia. La luna de miel: una semana en Nueva York. Era la primera vez que ella salía de México, la primera vez que se subía a un avión. Aún recuerdo la expresión de su rostro, entre maravillada y azorada, primero, durante los diferentes vuelos y, después, ya en la Ciudad de los Rascacielos, como una niña, encantada con todo lo que descubría y que sólo había visto en fotos.

Originalmente, después de la boda, nuestra intención era irnos directamente a Chicago, a la casita que ya tenía lista, aunque vacía y, juntos, elegir los muebles y electrodomésticos que necesitábamos. Sin embargo, no había tomado en cuenta el proceso que se requería para conseguirle a Gussi sus documentos como residente norteamericana: nueve largos meses en los que estuvimos en Ocotlán, viviendo en La Puesta del Sol, el hotel donde me hospedaba. Aunque bonito y confortable, a Gussi llegó a hartarle, por lo que tuvimos que rentar un departamento amueblado, mientras seguía el proceso del trámite de sus documentos en el Consulado de Estados Unidos, en Guadalajara.

Ocotlán era nuestra base. De ahí, aprovechando que Juan Pablo y yo ya no estábamos tan presionados con la producción de canciones, Gussi y yo nos la pasamos viajando a diferentes lugares: la Ciudad de México, Los Ángeles, San Francisco, Orlando...

Por fin, conseguimos la certificación de residencia (o tarjeta verde) para Gussi. Sin embargo, por un motivo o por otro, en especial las canciones que Juan Pablo y yo seguíamos creando en su estudio de Guadalajara, fuimos postergando la partida. Más aún, cuando, en septiembre de ese año, Gussi me dio una gran sorpresa: «¡Vas a ser papá!».

MARTÍN STEWART

La futura llegada de nuestro primer hijo era lo único que nos faltaba para que nuestra felicidad fuera completa. Luego del segundo ultrasonido, por decisión de ambos, quisimos saber el sexo del bebé: ¡un niño! Como buenos padres primerizos, empezamos a prepararnos para su llegada: compramos el moisés, adornos, ropita para sus primeros meses, biberones, ¡y hasta juguetes! Los meses de espera se nos hicieron eternos, pero fue otra bonita etapa que disfrutamos juntos. Hasta decidimos cuál sería su nombre: Martín Stewart.

El embarazo transcurrió en forma normal y sin complicaciones. Martín Stewart llegó al mundo el 15 de abril de 1996. Tenerlo en mis brazos, aún morado y arrugadito, significó una emoción que no puedo describir con palabras.

Lo bautizamos el 29 de mayo y, tres días después y en forma inesperada, una noche, estando yo en la sala del departamento, escuché los gritos despavoridos de Gussi. Asustado, corrí a la recámara, donde Gussi, abrazando con fuerza al bebé, estaba hecha un mar de llanto: «¡No se mueve, Martín! ¡No respira!», me gritó. Como padre inexperto, tomé el cuerpecito y acerqué mi oído a su pecho, pero no escuché nada ni sentí su respiración. Lo coloqué en su moisés y corrí al teléfono, para llamar al pediatra que lo atendió en el hospital. Desesperado, le expliqué lo que sucedía. Me hizo preguntas que no supe responder. No recuerdo lo que me dijo. Sólo que me pidió nuestra dirección.

Regresé a la recámara. Gussi seguía llorando desconsolada, observando al niño dentro del moisés, esperando en vano algún indicio, alguna reacción. Yo la abracé por la espalda, tratando de reconfortarla. Estaba temblando, igual que yo.

—Ya viene el médico —le dije, igual de devastado, pero simulando fortaleza, con tal de tranquilizarla—. No perdamos la esperanza.

Por fin llegó el pediatra y lo conduje hasta el moisés. Creo que, simplemente con verlo, ya tenía su diagnóstico. Sin embargo, lo auscultó con su estetoscopio, le quitó su ropita y le masajeó su pecho. Se detuvo y volteó a mirarnos:

—Lo siento mucho. No hay nada qué hacer. El niño está muerto.

Aquello fue una pesadilla, igual que funeral y el entierro, del que se encargó mi suegro. A mí se me secaron las lágrimas, ya no podía llorar. Andaba como zombi, sin separarme de Gussi, quien, igual que yo, parecía como muerta en vida. Y así permaneció durante días y semanas, metida en la cama, sin querer comer. Y yo con la impotencia de no poder consolarla. Si yo mismo, por mi parte, no encontraba consuelo.

Nunca supimos la verdadera causa de la muerte. Tiempo después, el mismo médico, nos dijo que posiblemente se trató de una «muerte de cuna, en la que no se puede determinar la causa exacta de su muerte».

KIMBERLY

Fueron meses de gran desolación. Aunque tanto Gussi como yo regresamos a nuestra vida normal, el recuerdo de Martín Stewart y su fatal deceso, siempre nos acompañó.

A pesar de que nada sustituye la muerte de un hijo y, menos, a tan temprana edad, Dios se apiadó de nosotros y, meses después, Gussi, aunque con cierto temor, me anunció que estaba nuevamente embarazada.

En esta ocasión, fue una niña. Kimberly nació el 25 de abril de 1997 y decidimos quedarnos más tiempo en Ocotlán. Gussi, luego de la lamentable experiencia anterior con Martín Stewart, quería estar cerca de su familia y yo no podía negarme a ello. Fue hasta octubre de ese año, por fin, que nos fuimos los tres a Chicago.

Llegamos a casa de mi padre, donde estuvimos unas cuantas semanas, mientras amueblábamos la casita a donde, finalmente, nos mudamos.

A Gussi le costó trabajo adaptarse. Aunque no me decía nada y, menos, se quejaba, yo sabía que extrañaba a su familia, a sus amigas, la vida sencilla en Ocotlán. Pero, poco a poco, se fue ambientando a la vida cosmopolita en Chicago, a pesar de que la mayor parte del tiempo se la pasaba en casa, con nuestra pequeña Kimberly, de apenas siete meses, su gran compañera.

PROMESA PENDIENTE

José Parra, por supuesto, a pesar de que en esos años le seguí entregando más y más canciones que ya ni escuchaba como antes, ni siquiera por curiosidad, estaba más que molesto por mis prolongadas ausencias, siempre echándome en cara, igual de terco, que Juan Gabriel ya se había presentado en Chicago en varias ocasiones y que como yo pasaba más tiempo en Ocotlán, no le había cumplido la promesa de llevarlo con él, para conocerlo en persona.

—Se me hace que sólo me has visto la cara, Martín —me reprochaba siempre que podía— y que tu historia con Juan Gabriel fue sólo un cuento, producto de tu imaginación.

—No, don José —trataba de explicarle al muy necio—. Como se lo aclaré desde el principio, no es tan fácil llegar a él.

—Pero si es tu amigo. Hasta debe haberle extrañado que no fueras a verlo en estos años. ¡Años, Martín! Años en los que tú le sigues escondiendo esas canciones...

—¡Casi veinte años, don José!, para ser más exactos —exclamé, para hacerlo rabiar más, con ganas de que desistiera o que se olvidara del asunto de una vez por todas—. Pero si quiere, le devuelvo los 25 mil dólares que me prestó o me los descuenta de las próximas canciones que le entregue ¡y asunto concluido!

—¡No! —Fue tajante—. Mejor, aprovecha que Juan Gabriel viene a Chicago. Lo escuché en la radio. No sé exactamente cuándo, pero sé que será pronto. Tú que eres su amigo deberías saberlo. Y ahora sí, ya no tendrás pretexto para buscarlo y llevarme contigo. ¿O piensas largarte otra vez a tu pueblo?

¿ME LLEVARÍAS CONTIGO?

Siempre tuve presente la promesa que le hice a Parra, como también, que me resultaría prácticamente imposible cumplírsela. Y ahora que sabía que Juan Gabriel estaba por presentarse nuevamente en Chicago, además de que me removió muchos recuerdos, comencé a pensar en un buen pretexto para tranquilizar a Parra, inventarle cualquier cosa. Ya se me ocurriría algo.

Llegando a casa, le conté a Gussi toda esa historia que hasta entonces no le había revelado o, más bien, le había platicado a grandes rasgos: desde mi primer encuentro con Juan Gabriel, la confusión con el casete Memorex, las letras que compuse, el proceso de producción de los temas con Terry Sweet... Hasta la comida que José Parra le quería ofrecer al ídolo para «apantallarlo» y hacerse su amigo.

—¡Ah! —me dijo muy divertida, con las ocurrencias de Parra—. Pues espero que me lleves a esa comida. —Y luego prosiguió, más en serio e ilusionada—. Para mí sería un sueño ¡conocer en persona a Juan Gabriel!

¿Me llevarías contigo?

EL PRIMER LATINO

Llegó el mes de noviembre. Tanto la radio como la televisión se encargaron de recordarme que Juan Gabriel —tal como me lo anunció Parra— se presentaría en Chicago, dos semanas más tarde. Se acercaba el momento, veinte años después, de devolverle sus *Canciones por hacer*, ya grabadas, con arreglos y mis letras. Pero después de tanto tiempo, no sabía aún si eso le gustaría, si se sentiría halagado o si lo consideraría un abuso de mi parte. Lo que sí sabía era que ya no podía postergar más ese momento.

Como en los viejos tiempos, cuando me las ingeniaba para acercarme a él, sabía que ahora ya no sería tan fácil. A sus 47 años, ya no era el simple ídolo que me había cautivado en mi adolescencia. Ahora era todo un monstruo de la música popular. Y yo, a mis 36 años, ya no era el «muchachito osado», como él me llamó alguna vez. Tal como lo comprobé la última vez que lo busqué, ahora debería contar con un equipo de seguridad mayor.

Su único concierto sería en la gigantesca Arena Rosemont Horizon, con capacidad para veinte mil personas. Un espectacular estadio en el que, hasta ese entonces, se habían presentado grupos del nivel de Pink Floyd, Genesis o Queen y cantantes como Madonna, Michael Jackson, Peter Gabriel, Paul McCartney y Paula Abdul, pero nunca antes un latino. Juan Gabriel sería el primero.

Desde días antes, compré mis boletos, en las filas de arriba. No conseguí más cerca: uno para Gussi y otro para mí. Ella estaba más que emocionada. Jamás había visto a Juan Gabriel en concierto. Tampoco José Parra, quien, por su lado, compró otros tres boletos: dos para él y su esposa Alicia, y otro para mí, sin haber tomado en cuenta a Gussi. Se imaginaba que gracias a mis «influencias» y «amistad» con Juan Gabriel, resultaría fácil el tan esperado reencuentro.

—Vuelvo a decirle que no será sencillo —le advertí por centésima vez, cuando me mostró los tres boletos que había comprado.

—Ya verás que cuando Juan Gabriel descubra que estás ahí...

—¡Don José! —lo interrumpí, sin poder evitar una carcajada—. ¿Entre veinte mil personas?

—Los boletos que compré están zona preferencial, ¡en la cuarta fila! —me presumió—, para estar más cerca del escenario. ¡Pagué 450 dólares!

Ya en lugar de hacer corajes, me provocaba ternura su ingenuidad. En ese momento se me ocurrió un buen pretexto para que no asistiéramos juntos al espectáculo y, así, quitármelo de encima. ¿Para qué discutir con él y seguir enfrentándome a su necedad?

—Se lo agradezco, don José. Pero yo ya compré mis boletos.

—¿Y por qué no me avisaste? —me reprochó, enojado.

—Primero, porque no tengo por qué hacerlo. Segundo, porque también voy a llevar a mi esposa. Y tercero, porque como ya se lo he dicho infinidad de veces, en caso de que lleguemos a hablar con Juan Gabriel, será muy difícil hacerlo en el estadio.

—Bueno, en el estadio no. Pero sí podemos pasar después a su camerino.

Otra carcajada de mi parte que molestó más a Parra.

—¡No es tan fácil! —le grité, ya exasperado—. Lo intentaré, claro. Pero no le prometo nada. Quizás, después del concierto o al otro día, si logro investigar el hotel en el que está hospedado…

—¡Pues más te vale! —me amenazó, mostrándome de nuevo los boletos y entregándome el que estaba destinado para mí—. A ver a quien se lo vendes… Porque si no es ahora, pasarán más años y… Además, mi mujer y yo ya tenemos todo listo para la comida de Juan Gabriel. Será en mi propia casa.

Inútil hacerlo razonar. Se había vuelto loco.

SOLD OUT

Luego de contarle a Gussi lo sucedido con Parra, además de mostrarse todavía más divertida, me aconsejó que fuera al estadio a venderle o regalarle a alguien el boleto sobrante ¡en cuarta fila! Así lo hice el mismo día del evento, programado para las 7:30 de la noche.

Ya fuera del estadio vi que las taquillas estaban cerradas, con un letrero fuera de ellas, en inglés y en español: «*Sold Out*. Localidades Agotadas». Sin embargo, como suele suceder en estos casos, la reventa estaba en su apogeo. Y lo peor: decenas de personas regateando los estratosféricos precios a los abusivos revendedores que, colocados en diferentes puntos, según me enteré —cuando me acerqué a uno de ellos— ¡exigían más del doble del precio real de cada boleto!

Buscando con la mirada a algún posible comprador al cual venderle el boleto sobrante, me llamó la atención una jovencita de unos quince años, muy triste, sentada en el suelo, precisamente a unos pasos de una de las taquillas. Me acerqué a ella, quien levantó su rostro y me miró con indiferencia.

—¿Por qué tan triste? —le pregunté.

—Ya no conseguí boleto —me confirmó.

—Es que siempre que viene Juan Gabriel —le hice ver, aunque mi comentario estaba de más—, sucede lo mismo: se agotan.

—Ya sé —me respondió, desanimada—. Pero es que me tardé en reunir los dólares que necesitaba y pues... Esos malditos revendedores.

—Levantó los hombros e hizo una mueca de decepción. Noté que estaba a punto de llorar—. Una amiga me dijo que ya casi a la hora del concierto, cuando todavía les quedan boletos que no han vendido, los bajan de precio...

Me senté junto a ella y me miró de reojo, desconcertada y con cierto miedo. Saqué el boleto del bolsillo de mi camisa y se lo ofrecí. Ella lo observó y luego me miró.

—¿Cuánto quiere por él?

—Nada —le respondí—. Te lo regalo.

Sin creerlo todavía, tomó el boleto y lo observó de nuevo, sin dar crédito.

—¿En verdad?

—Sí. En verdad.

—¡Es que es en la cuarta fila!

Me puse de pie y ella me miró de nuevo.

—¡Gracias! ¡Muchas gracias! ¡Yo jamás habría podido comprar un boleto en cuarta fila! Apenas me alcanzaba para las filas de hasta arriba...

¡Gracias, señor! ¡Es que si usted supiera lo que para mí significa Juan Gabriel! ¡Soy su admiradora número uno!

—Claro que sé lo que para ti debe significar. Y más, ser fanático, precisamente de Juan Gabriel.

UNA BUENA SEÑAL

Cuando me dirigía a mi auto, que había dejado estacionado a unas calles del estadio, luego de mi buena obra del día, sentí algo que había aprendido tiempo atrás, cuando me entregué a la meditación trascendental: cuando haces una buena obra, generas una energía especial que, aparte de proporcionarte un bienestar interno, atrae cosas positivas a tu vida, como si se tratara de una cadena.

Y precisamente, mientras me alejaba del Rosemont Horizon, a lo lejos, desde el interior del local, escuché sonidos que me resultaron familiares: acordes dispersos de diferentes instrumentos. Músicos e ingenieros del equipo de Juan Gabriel estaban haciendo las pruebas de sonido, para el acostumbrado ensayo previo. Y por ahí, también a lo lejos, distinguí la voz de él, tarareando y cantando fragmentos de uno de sus temas. Como ya me había sucedido antes, mi corazón comenzó a palpitar más fuerte. «Una buena señal», pensé.

40
EL REENCUENTRO

¡Ya ni te pareces a mí!
Pero al verte,
me sigues removiendo cosas...
Tantos recuerdos...
Sin embargo, creo que tú te olvidaste de mí.

Como antaño, igual que lo había hecho tantas veces, por un impulso repentino, me armé de valor y, caminando con mucha seguridad, me acerqué a una de las entradas del estadio, animado por la cara de bonachón de un peculiar guardia de seguridad, de unos sesenta años, que estaba ahí parado y que, amablemente, les había abierto una pequeña reja a un par de hombres —seguramente integrantes del *staff* técnico— cediéndoles el paso y hasta haciéndoles una caravana, como si él fuera el anfitrión del evento que daría inicio en unas horas.

Ya frente a él, con todo desenfado, le pregunté:

—¿Ya llegaron todos?

—No sé si todos. Pero ya están ensayando.

Sólo faltaba la frase correcta y estaría adentro. En ese momento recordé que el empresario que siempre llevaba a Juan Gabriel (al menos, hasta donde yo recordaba) se llamaba Iván Fernández. Sin saber si seguía siendo él, me arriesgué.

—¿Y sabe si llegó el señor Iván Fernández? El guardia me miró confundido.

—¿Iván Fernández?

—El empresario. El que siempre trae a Juan Gabriel a Chicago.

—¡Oh! —repuso sorprendido—. No lo conozco. Han llegado muchas personas, pero no sé quiénes sean. Yo soy nuevo aquí —agregó con una tímida sonrisa.

Miré mi reloj de pulso y simulé contrariedad.

—Es que quedé de verme con él en el hotel, pero se me hizo tarde. Y me dijeron que ya se había venido para acá.

—¿Es usted parte del *staff*? —me preguntó.

Reaccioné rápido. Lógicamente, como parte del *staff* tendría que llevar puesto mi gafete.

—No —le respondí—. Soy amigo de él. Precisamente, Juan Gabriel me lo presentó hace años.

—¡Oh! —exclamó, mientras, para fortuna mía, abrió la pequeña reja—. Pues pase a buscarlo. Seguramente, está adentro.

De mi cartera, saqué un billete de diez dólares que le ofrecí y que él recibió, guardándoselo de inmediato en el bolsillo de su pantalón.

—¡Gracias, amigo! Espero encontrarlo. Y si no ha llegado, lo esperaré.

—¡Adelante! —me dijo, igual de amable y como lo había hecho con los otros, también me hizo una caravana—. ¡Bienvenido!

EN PLENO ENSAYO

Era la primera vez que me encontraba en el Rosemont Horizon (que, por cierto, ahora se llama All State Arena), pero no me costó trabajo llegar hasta la zona de *backstage*, repleta de técnicos de sonido, luces y audio: gente atareada que iba y venía; carpinteros, terminando de armar el escenario, sobre el que los músicos seguían probando sus instrumentos. Cada quien estaba en lo suyo, incluyendo otros guardias, observando cómo iba tomando forma la espectacular escenografía.

En medio de aquel ajetreo, llegué hasta la zona de las butacas, buscando a Juan Gabriel con la mirada. Pero no lo veía por ningún lado. Pensé en buscar la zona de camerinos, pero, luego, decidí que sería mejor quedarme ahí. Ya bastante me había arriesgado.

Al que sí vi a lo lejos fue a ¡Iván Fernández! ¡Le atiné! Después de varios años, él seguía siendo el empresario colombiano que contrataba a Juan Gabriel en Chicago. Así que no me costó trabajo identificarlo, en medio de un pequeño séquito vip, seguramente, amigos suyos y patrocinadores del evento, acompañados de mujeres jóvenes y maduras, elegantemente vestidas, que se sentaron en las butacas de la primera fila, en espera de que comenzara el ensayo que, generalmente —al menos como a mí me había tocado—, es muy técnico y hasta enfadoso.

Por fin, después de casi media hora, vi a Juan Gabriel saliendo detrás del escenario. Parecía que el tiempo no había pasado por él. A sus casi cincuenta años, se veía igual de jovial y su rostro seguía siendo casi el mismo de cuando yo lo conocí. Me dio gusto verlo tan bien y no pude evitar la emoción, sobre todo, cuando me percaté de que no había perdido su sencillez, al menos, en la forma en que daba órdenes a sus músicos y a los técnicos de sonido, con micrófono en mano: «Si a esta canción me la bajas a Mi, por favor, porque ando un poco ronco y no la alcanzo en La… Y bájenle a los agudos…». Cantaba un breve fragmento de la canción, daba más indicaciones, proseguía con el tema... Luego daba la orden para continuar con otro...

¡INVITADOS DE JUAN GABRIEL!

Me esperé, hasta que terminó el ensayo y, aprovechando que Juan Gabriel ya había bajado del escenario y atendía al séquito de Iván Fernández, me acerqué a él, quien no advirtió mi presencia. Cuando se despidió de unas mujeres con las que se había tomado fotos, se dio la media vuelta y lo abordé, con cierto temor:

—Alberto...

De inmediato, volteó y me miró, sin ocultar su sorpresa.

Dos tipos de su *staff* se acercaron a nosotros y se pusieron en guardia, en espera de una señal de su amo. Para decepción de ellos, Juan Gabriel ¡me dio un abrazo!

—¡Mijo! ¡Cuántos años sin verte! —Y luego, les hizo una señal a los tipos para que se apartaran—. Calma, calma, el señor es mi amigo.

Dio un paso hacia atrás y me barrió con la mirada.

—Has subido de peso, ¿verdad? ¡Ya eres todo un señor! ¿Cuántos años tienes ya?

—Treinta y siete, Alberto.

—¡Ya ni te pareces a mí! —Y lanzó un suspiro—. Pero al verte, me sigues removiendo cosas... Tantos recuerdos... Sin embargo —me reprochó con cierta ironía—, creo que tú sí te olvidaste de mí.

—¡Claro que no, Alberto! ¡Sigues siendo mi ídolo!

Me tomó del brazo y me invitó a que nos sentáramos en unas butacas de la primera fila.

—¿Y todavía quieres llegar a ser como yo? —me preguntó, divertido.

—Ya estoy cerca de los cuarenta, ya no soy el adolescente de antes.

Pero sigues siendo mi gran ejemplo a seguir.

Por un momento, me desconcertó que no mencionara los dos largos años de comunicación entre nuestros abogados y, en especial, el asunto de las

Canciones por hacer. Quizás ni se acordaba, entre tantos asuntos y sucesos en su vida personal y profesional. Pero decidí no tocar el tema, para no romper el encanto de ese momento, luego de que me recibió tan amable.

—Y cuéntame, Martín —¡Hasta recordaba mi nombre!—. ¿Qué ha sido de ti? ¿Sigues escribiendo letras? ¿Ya te las aprendes de memoria?

Me conmovió el detalle de que se acordara de mis letras, aunque seguía extrañándome que no mencionara el asunto del casete. ¿Cómo se acordaba de mis letras y no de aquel incidente?

—¿Sigues soltero? —prosiguió, sin esperar que le respondiera las anteriores preguntas.

—Me casé hace tres años y tengo una niña preciosa, de siete meses.

—¡Ah! ¡Mira! ¡Ya hasta eres papá!

Me colocó una mano en el hombro y me miró a los ojos.

—Pues felicidades, Martín. Un hijo siempre es un regalo de la vida —me dijo muy sonriente y, repentinamente, cambió de tema—. Vas a venir al *show*, ¿verdad? ¿O me vas a dejar plantado, como lo has hecho en estos últimos años?

—Sí, alcancé boletos en el gallinero. —Y miré hacia la parte de arriba de la sección de butacas—. Creo que es en aquella sección, casi hasta arriba.

—¿Cómo que hasta arriba? —me regañó y siguió sorprendiéndome—.

¿Hasta allá vas a trepar a tu esposa? Porque la vas a traer, ¿verdad?

No me dio tiempo para responderle. Llamó a un muchacho de su equipo.

—¡David! —le gritó—. Ven, por favor. El tal David acudió, presuroso.

—Habla con alguien de la empresa —le ordenó— o con quien tengas que hablar y me consigues dos boletos por aquí cerca, en zona preferencial. —Y luego me miró—. Ojalá traigas también a tu hijita, para que la conozca, pero ella no necesita boleto.

David tomó un *walkie-talkie* que traía con él, se alejó unos cuantos metros y alcancé a escuchar: «El señor... Sí, el señor Juan Gabriel tiene dos invitados para el concierto y necesita dos boletos en zona preferencial... *Okey*. Se lo voy a comentar. Pero aparten esos boletos».

David se acercó de nuevo a nosotros y le comentó a Juan Gabriel:

—Me dicen que toda el área preferencial ya está agotada, pero que en la sección A, en la novena fila, quedan precisamente dos lugares.

—Entonces, que te acompañe el señor, para que le entregues los boletos.

—Y de nuevo se dirigió a mí—. Nos vemos en la noche. Y después del *show*, te espero en la sección de camerinos. Quiero conocer a tu niña y a tu esposa. —Y volvió a mirar a David—. ¿Oíste? Después del *show*, tú mismo te encargas de llevar a Martín al camerino. Y también a su esposa y a su hija. Si te ponen trabas los de seguridad, les dices que es orden mía... Mira bien a Martín para que no se te olvide su cara.

—Claro que sí, señor. —Estuvo de acuerdo David, quien luego me dijo—. Yo lo busco después del *show* en la novena fila de la sección A. No se vaya a mover de ahí... ¿Me acompaña para entregarle de una vez los boletos? Juan Gabriel se puso de pie y yo hice lo mismo. Me dio otro abrazo.

—Nos vemos en la noche. Tenemos mucho que platicar.

Y se marchó, dejándome pensativo. Ese «tenemos mucho que platicar» supuse que sería para aclarar, por fin, el asunto de las *Canciones por hacer*, lo cual me dio gusto. Si hubiera estado molesto conmigo, no habría sido tan amable y, menos aún, me hubiera regalado los dos boletos ni hubiera insistido en que quería conocer a Gussi y a Kimberly.

41
CANCIONES LISTAS

Primero observó el Memorex y reconoció su letra en la etiqueta:* Canciones por hacer, *que leyó en voz baja y me lanzó una mirada de extrañeza.

Llegué a casa y encontré a Gussi en la sala, dándole su biberón a Kimberly. Luego de besar a las dos, mi expresión de alegría me delató.

—¿Vendiste el boleto? —me preguntó mi esposa, muy sonriente.

—Mejor que eso… ¡Vi a Juan Gabriel! ¡Hablé con él!

Sorprendida, Gussi apartó el biberón de la boquita de Kimberly y se colocó a la niña sobre su pecho, dándole palmaditas en la espalda para que sacara el aire.

—¿Y qué te dijo? —me preguntó, ansiosa—. ¿Cómo lograste hablar con él?

Le conté la experiencia con la fan a la que le regalé el boleto y, luego, la forma en que me las ingenié para entrar al estadio en pleno ensayo, ¡hasta que vi a Juan Gabriel y hablé con él!

—¡Te quiere conocer, Gussi! ¡A ti y a Kimberly! —le dije, mientras le mostraba los dos boletos—. ¡Y mira! ¡Cortesía del propio Juan Gabriel! ¡Y en la zona A! ¡La fila nueve! ¡Muy cerca del escenario!

Gussi, maravillada, me escuchó atenta, cuando le conté lo sucedido, paso a paso y con detalles.

—Ay, Martín. ¡Es como un sueño! Algún día deberías de escribir un libro, todo lo que te ha pasado con Juan Gabriel. ¡Es como una película!

La idea no me pareció mala y, menos, en ese momento de tanta alegría y emoción.

—Algún día, Gussi. Algún día…

¡EN PERSONA!

Apenas nos dio tiempo para comer algo que Gussi ya tenía preparado y para que, mientras yo me daba una ducha, ella se arreglara, como si fuera a asistir a una gran fiesta, con un conjunto nuevo de saco y pantalón que recién le había regalado. Me provocó ternura, cuando la observé esmerándose en su arreglo, muy emocionada. «¡Vamos a conocer a Juan Gabriel!», le repetía a cada rato a Kimberly, mientras la vestía y la niña sonreía, como si en verdad, a sus siete meses de nacida, entendiera a dónde íbamos y quién era Juan Gabriel.

Ya listo yo también, mientras Gussi terminaba de arreglarse y, antes de que se me olvidara, fui al cuarto que había acondicionado como mi estudio y, de un cajón del escritorio que tenía ahí, saqué uno de los casetes que contenía copias de las *Canciones por hacer*, ya producidas por Terry Sweet. Le pegué una etiqueta en la que escribí: *Canciones listas.*

Había llegado el momento, uno de los más importantes en mi vida, la culminación de toda una historia.

A punto de salir del estudio, algo se me ocurrió: regresé al escritorio y abrí de nuevo el cajón. Tomé el viejo casete Memorex, el original, el de las *Canciones por hacer* (con las melodías tarareadas por Juan Gabriel, en su extraño lenguaje), ya muy maltratado y con vestigios de los veinte años de antigüedad. También lo metí en el mismo sobre, que guardé en el bolsillo interior de mi chamarra.

Y al rato, Gussi, Kimberly y yo, ya a bordo de mi auto, nos dirigimos al Rosemont Horizon.

Ya afuera del estadio, aquello era un verdadero hormiguero de gente, incluyendo a los infaltables fanáticos, resguardando sus pancartas y pósteres, para que no se los maltrataran. Interminables filas en cada una de las entradas, y policías, organizando a la multitud y al tráfico descomunal de autos en las calles que rodeaban el estadio.

Y, claro, ahí seguían también los abusivos revendedores, repartidos por todos lados, haciendo su gran negocio, rodeados de hombres y mujeres de diferentes edades, desesperados y regateando los exorbitantes precios de los boletos, con tal de no quedarse afuera.

Faltaban unos 45 minutos para que comenzara el concierto, cuando Gussi —con Kimberly en brazos, cubierta por un pequeño cobertor tejido— y yo, ya estábamos formados en la fila que nos correspondía, para la sección A. Ya ni tiempo tuve de vender los boletos del gallinero. Entre tantos empujones y aquel gentío, preferí quedarme cerca de Gussi y de la niña, para protegerlas.

Y ya casi a punto de entrar, como lo había hecho por la mañana, me acerqué a un grupo que rodeaba a uno de los revendedores y fui directo con dos jovencitas angustiadas:

—Tomen. —Y les entregué los boletos que observaron sin dar crédito.

—Pero ¿cuánto quiere? —me preguntó una de ellas. Le sonreí y le respondí:

—Nada. Es un regalo.

Mi segunda buena obra en un solo día.

Regresé con Gussi y Kimberly, y por fin entramos. Yo, con cierto miedo de toparme por ahí con José Parra y su esposa. Entonces sí, no me lo quitaría de encima y estropearía la cita que tenía con Juan Gabriel.

EN TODO SU ESPLENDOR

Media hora después, ya en nuestras butacas, comenzó el espectáculo que disfruté como nunca. Más aún, cuando observaba a cada rato la expresión de júbilo y emoción en el rostro de Gussi, cantando todas y cada una de las canciones de Juan Gabriel, sin perderlo de vista, casi sin parpadear, mientras él se desplazaba por el fastuoso escenario, entre los espectaculares, juegos de luces y efectos especiales, como toda una estrella de talla internacional. Un *show*redondo y de primer nivel, con el que resultaba imposible no dejarse contagiar por esa magia (ahora corregida y aumentada, en todo su esplendor) que, desde la primera vez que lo vi en vivo, transmitía a su antojo.

Y mientras gozaba el momento, palpaba el sobre con los casetes que guardaba en el bolsillo de mi chamarra, preguntándome todavía qué me diría Juan Gabriel cuando se los entregara, luego de la larga explicación que tendría que darle.

Llegó el momento de la gran fiesta, cuando se escucharon los primeros acordes de uno de los más emblemáticos éxitos de Juan Gabriel, en medio del griterío y alboroto de la gente enloquecida que, como resorte, se levantó de sus butacas para moverse al compás de «Cuando quieras tú, divertirte más y bailar sin fin. Yo sé de un lugar, que te llevaré y disfrutarás de una noche que nunca olvidarás. ¿Quieres bailar esta noche? Vamos al Noa Noa...».

Yo también me puse de pie, cuando observé que Gussi —con Kimberly dormida en sus brazos—, feliz de la vida, balanceaba su cabeza, cantaba y movía sus pies al ritmo de la canción. Le arrebaté a Kimberly, para que pudiera levantarse y moverse a sus anchas. Más que la interpretación de Juan Gabriel, yo estaba disfrutando el *show* que Gussi me estaba ofreciendo en privado, cantando, contoneándose y moviendo con gracia sus brazos y manos. ¡Hasta Kimberly se despertó!, pero en ningún momento se puso a llorar, como tanto temíamos, aunque, azorada, movía sus ojitos a todos lados.

Luego de ¡casi tres horas de música, algarabía y momentos sublimes!, llegó el desbordante final del espectáculo, como de costumbre, con ovaciones de pie a lo largo de varios minutos, hasta que Juan Gabriel abandonó el escenario, mientras el grupo seguía tocando. Se encendieron las luces en la sección de las butacas y, al poco rato, ya con el escenario a oscuras y escuchándose el barullo de la gente que se levantaba de sus asientos, rumbo a las salidas, como tanto me lo temía, distinguí a lo lejos a Parra con su esposa. Él, volteando a todos lados, seguramente, buscándome.

—¡Maldita sea! —exclamé en voz baja y casi me recosté en mi butaca, con Kimberly en mis brazos—. ¡Es Parra, José Parra! —le expliqué a Gussi, quien se colocó frente a mí, para esconderme. Aprovechamos el momento, para darle a la niña el biberón que mi mujer llevaba en su bolso. Entre tantas emociones, se nos había pasado la hora.

Y mientras la gente —incluidos Parra y su mujer—seguía abandonando el recinto, ya más tranquilo y antes de que lo buscara, apareció David, el asistente de Juan Gabriel, quien se acercó a nosotros. «¿Nos vamos, *señor?*».

Seguimos a David por diferentes y largos pasillos, entre la gente que iba desalojando el lugar. Le pregunté si íbamos a la sección de camerinos.

«No —me respondió—. Vamos a un salón, donde hay una recepción para invitados vip, invitados especiales».

¿Quién me lo iba a decir? ¡Cómo es la vida! Después de tantas artimañas del pasado, con tal de acercarme a Juan Gabriel y verlo de cerca, ahora, aparte de haberme regalado boletos para ver su *show*, ¡hasta me había convertido en invitado especial!

Llegamos a una puerta, custodiada por un guardia de seguridad que me hizo recordar a tantos por el estilo, a los que años atrás, tuve que enfrentar. David le entregó un pase: «Son invitados del señor Juan Gabriel». El guardia abrió la puerta y nos cedió el paso a un salón de mediano tamaño, repleto de gente elegante y meseros que pasaban por ahí, llevando charolas con copas de champán. David desapareció de repente, entre los invitados. Por suerte, encontramos un sillón vacío, donde le indiqué a Gussi que se sentara, entregándole a Kimberly, quien permanecía despierta.

Luego de unos minutos, por fin descubrí a Juan Gabriel, con un traje diferente al que había utilizado en la última parte del *show*. Se veía feliz, con una sonrisa de oreja a oreja, tomándose fotos individuales y en grupo con diferentes personas. Le pedí a Gussi que no se moviera de ahí. Pero ella ni me escuchó, embelesada, mirando a Juan Gabriel a lo lejos, todavía más emocionada.

—¿Me escuchaste? —le pregunté. Ella reaccionó, pero sin responderme.

—¡Es Juan Gabriel, Martín! ¡Pellízcame, porque creo que estoy soñando!

Conmovido, le di un beso en la mejilla.

—Espérame aquí.

Me acerqué al grupo que rodeaba a Juan Gabriel, quien no paraba de tomarse fotos, hasta que se percató de mi presencia.

—¡Martín! —me recibió con otro cálido abrazo—. ¡Qué bueno que viniste! ¿Te gustó el *show*? ¿Sigo siendo tu ídolo?

—Ahora más que nunca —le respondí.

—¿Y tu esposa?

—Allá está sentada. —Y le señalé el sillón donde se encontraba Gussi con la niña.

Gran detalle de Juan Gabriel. Jamás olvidaré la escena. Evitando a la gente que se le acercaba, se fue abriendo paso hasta acercarse a Gussi y pararse frente a ella, quien, nerviosa y embobada, lo miraba sin dar crédito, aprisionando a Kimberly en sus brazos. Juan Gabriel se sentó junto a ella y le plantó un beso en la mejilla.

—¡Pero qué guapa esposa te conseguiste, Martín! —exclamó, ante mi maravillada mujer, y luego acarició la carita de Kimberly—. ¡Y tu niña no se queda atrás! ¿Cómo se llama?

—Kimberly —le respondió Gussi, con voz temblorosa.

—¡A ver! —gritó Juan Gabriel—. ¡Alguien que nos tome una foto!

Y de inmediato, apareció un fotógrafo. Ayudé a Gussi para que se pusiera de pie y el fotógrafo disparó varias veces su cámara: Gussi con Juan Gabriel, yo con él, los tres juntos y Kimberly en todas las tomas.

Luego, Juan Gabriel ayudó a Gussi para que se sentara de nuevo y él hizo lo mismo, tomándole una mano. Yo me puse en cuclillas frente a ellos.

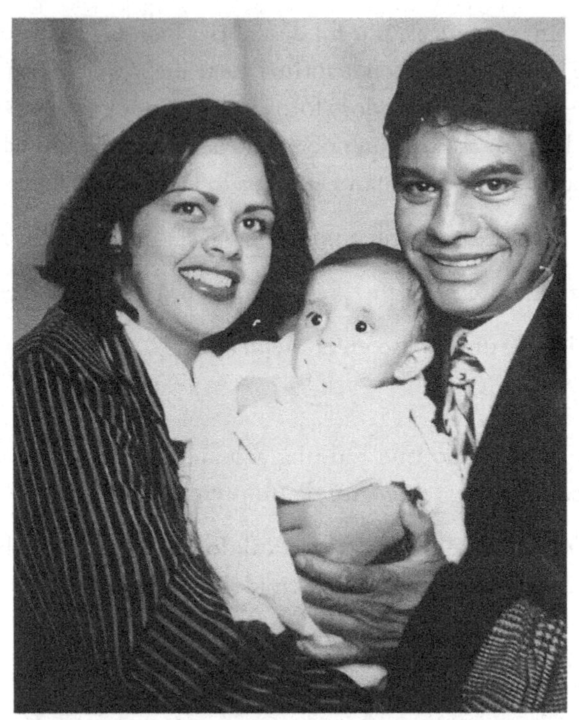

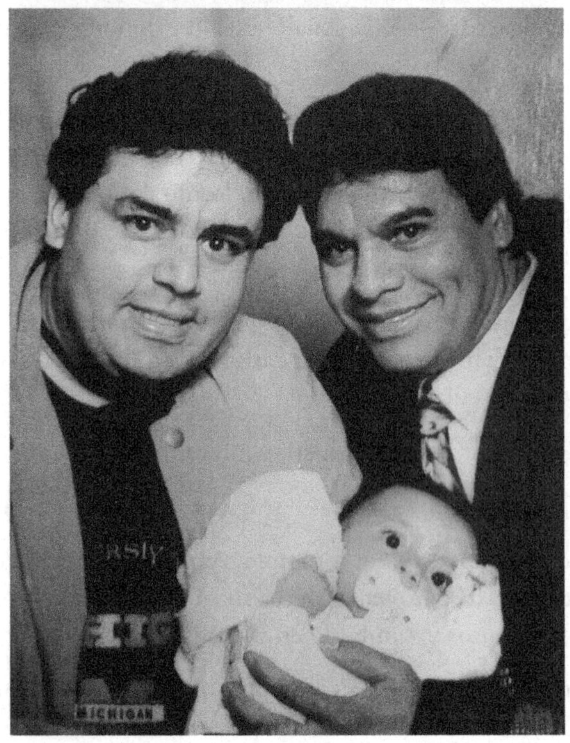
MICHIGAN

—Supongo que sabe mi historia con su marido. Lo conocí cuando era apenas un chamaco atarantado y terco. —Y soltó una carcajada.

—Sí... Ya me ha contado Martín.

—Y que cuando lo vi por primera vez, me recordó mucho a mí mismo, cuando tenía su edad. —Y luego me miró a mí—. ¡Cómo pasa el tiempo!

Sin soltarle la mano a Gussi, igual de embobada, le preguntó.

—¿Cómo se llama usted?

—María del Rosario.

—Pues muchas gracias por haber venido, María del Rosario... ¿Le gustó el *show*?

—Me encantó —respondió Gussi, emocionada. En eso intervine yo.

—También es tu fan y la primera vez que le conté que te conocía en persona, no me lo creyó.

Antes de soltarle la mano a Gussi se la besó; luego, le dio otro beso a Kimberly en la frente y volvió a acariciarle su carita.

Se puso de pie y se dirigió a mí, para despedirse.

—Gracias por haber venido. —Y miró de nuevo a Gussi—. Los felicito y me da gusto que Martín haya sentado cabeza y que lo haya hecho con una muchacha tan linda como usted. Tómense una copa en mi honor y ya nos veremos en otra ocasión.

A punto de apartarse de nosotros, tomé a Juan Gabriel del brazo.

—Espera.

Tan o más nervioso que Gussi, saqué del bolsillo de mi chamarra el sobre con los casetes. Se lo entregué a Juan Gabriel, quien, desconcertado, me miró y, luego, observó el sobre, lo abrió y sacó los dos casetes. Primero revisó el Memorex y reconoció su letra en la etiqueta: Canciones por hacer, que leyó en voz baja y me lanzó una mirada de sorpresa.

—¡El casete que te regalé! ¡Aún lo conservas! Reconocí mi letra...

—¿Cómo no iba a conservarlo?

Miró el otro casete, el de las *Canciones listas*. Lo observó con detenimiento y, también, leyó al texto de la etiqueta en voz alta:

—Canciones listas.

Volvió a lanzarme una mirada inquisitiva.

—¿Y este otro casete? ¿De qué se trata esto, Martín?

—Eso es lo que quiero explicarte.

Sin disimular su confusión, guardó los dos casetes en el sobre.

—Claro que me lo vas a explicar —me dijo, muy serio—. Pero ahorita no tengo tiempo. Te espero mañana a las doce en punto en el Marriott del aeropuerto —prácticamente, me ordenó—. Esto me lo tienes que aclarar.

—Miró de nuevo a Gussi—. Perdón, señora. No se asuste. —Y se dirigió de nuevo a mí—. Nos vemos mañana.

Se dio la media vuelta, y se perdió entre los invitados, llevándose el sobre con los casetes.

Me senté junto a Gussi y ella me abrazó con fuerza, en forma maternal.

42
¿DÓNDE Y CUÁNDO?

El nerviosismo se apoderaba cada vez más de mí. Más que nerviosismo, una terrible incertidumbre.

Esa noche no pude dormir. Fue más o menos a las siete de la mañana que, por fin, pude conciliar el sueño, hasta que, apenas unas horas después, me despertaron unos insistentes timbrazos del teléfono. Abrí los ojos y me incorporé de inmediato. Miré el despertador. Estaban a punto de dar las once de la mañana. Disparado, salí de la cama. Mientras me daba una ducha, escuché de nuevo los timbrazos. Cuando salí del baño, me encontré a Gussi, tendiendo nuestra cama. Me miró con rostro afligido.

—Casi no dormiste, ¿verdad? —me preguntó. La abracé y le di un beso en la mejilla.

—Sí, amor. Pero no te preocupes.

—¿Sí vas a ir con Juan Gabriel?

—¡Claro que voy a ir con Juan Gabriel!

En ese momento, volvió a sonar el teléfono.

—Debe ser el señor Parra —me dijo Gussi, con expresión de fastidio—. Te ha estado llamando. Le dije que estabas dormido. Casi me ordenó que le devuelvas la llamada, en cuanto despertaras.

—No te preocupes. A él tampoco tengo por qué escondérmele.

Cuando estaba terminando de vestirme, otra vez sonó el teléfono. Presuroso, salí a la sala y me le adelanté a Gussi, cuando estaba a punto de descolgar el auricular.

—¿Sí?

Era Parra. Ni siquiera me saludó. Se soltó como tarabilla.

—¿Cómo te fue con Juan Gabriel? —me preguntó con evidente ironía—. Te estuve buscando anoche en el Rosemont. Sé que ahí estuviste y que lograste hablar con él. No me digas que no. ¿Qué le dijiste? ¿Qué te dijo él? ¿Le hablaste de las canciones? ¿Le hablaste de mí?

Me quedé mudo, con ganas de colgar el auricular.

—¿Sigues ahí?

—Sí —le respondí—. Pero estaba esperando a que usted termine con sus preguntas. ¿Qué quiere que le responda primero? ¡No! Mejor yo le respondo a todas sus preguntas en forma más breve: sí, estuve con Juan Gabriel, pero casi no hablamos.

Ahora fue él quien se quedó callado.

—Ahorita debe estar volando rumbo a México —le mentí, para quitármelo de encima—. Eso es todo.

—¿Y no le contaste de las canciones?

—No. No hablamos de eso. Se lo dije. Pero no se preocupe, don José. En todo caso, le devuelvo sus 25 mil dólares, como ya se lo propuse antes ¡y acabamos con este martirio que ya me tiene hasta la madre!

Y colgué el auricular. No estaba de humor para seguir con las explicaciones. Tenía algo más importante que resolver.

Volvió a sonar el teléfono. Descolgué de nuevo el auricular.

—¿Y por qué me cuelgas? —me reprochó de nuevo Parra, igual de impertinente.

—Ya le conté todo lo que tenía que contarle.

—¿Y tampoco le dijiste nada a Juan Gabriel de la comida que le organicé?

¿Qué voy a hacer ahora? ¿Qué les voy a decir a los invitados que empezarán a llegar en unas horas? ¿Que todo fue un cuento tuyo? ¿Una vil patraña? Al menos, ven tú, para que les des la cara y una buena explicación. ¿Sabes todo lo que me gasté?

No le respondí. Colgué de nuevo el auricular. Y aunque volvió a sonar el teléfono, ni Gussi ni yo respondimos.

«DIOS TE BENDIGA»

Eran cerca de las 11:30 de la mañana, cuando Gussi me dio la bendición, antes de salir de casa.

—Vas a ver que todo saldrá bien.

—Claro que sí —afirmé, muy seguro, tratando de controlar mis nervios. Antes de salir, me acerqué a Kimberly —sentada en su periquera, ajena a lo que sucedía— y le di un beso en la frente.

—Deséame suerte, hijita.

Salí de la casa y abordé mi auto, rumbo al hotel Marriott O'Hare del aeropuerto.

Llegué cinco minutos antes de la hora de la cita y dejé mi auto en el estacionamiento exterior. Entré al *lobby* y fui directo a la recepción. Esta vez, ya no tuve que decirle mentiras ni inventarle nada a la recepcionista.

—Tengo una cita con el señor Juan Gabriel, señorita —y luego rectifiqué—. El señor Alberto Aguilera.

Me miró con desconfianza y, dudosa, tomó el auricular de un teléfono y oprimió varios botones. Mientras, eche un vistazo al *lobby*. Me extrañó no ver por ahí, o afuera, a los grupos de fanáticos que siempre encontraba en los hoteles donde se hospedaba Juan Gabriel. Seguro, ignoraban que se encontraba ahí.

—¿Cuál es su nombre? —me preguntó la recepcionista.

—Martín Padilla.

—Buscan al señor Alberto Aguilera —dijo a quien le respondió desde la habitación—. El señor Martín Padilla… Muy bien. —Y luego se dirigió a mí, en tono amable—. En un momento vienen por usted.

—Gracias, señorita.

Me dirigí a uno de los sillones del lobby y me senté. Respiré hondo, procurando no pensar más en lo que me diría Juan Gabriel o lo que le diría yo.

Como me lo esperaba, transcurrieron cerca de veinte minutos, hasta que vi a David, el asistente de Juan Gabriel, saliendo del elevador. Primero se dirigió a la recepcionista y algo habló con ella. Luego, se acercó a mí.

—Buenos días, señor —me dijo—. Alberto me pidió que lo lleve a su *suite*.

—Vamos, pues. —Y me puse de pie para seguir al muchacho.

OTRA LARGA ESPERA

La *suite* no era muy grande, pero sí lujosa y decorada con muy buen gusto. Sólo había dos sillones individuales de diferentes estilos, un mueble en caoba con un enorme televisor y dos bancos cúbicos, forrados en piel, además de una pequeña mesa de madera, entre los dos sillones. Encima, un platón con diferentes frutas y un florero de cristal, con varios tulipanes morados. Frente al sillón en el que me senté, dos enormes puertas con cristales opacos, enmarcadas en madera, que daban a la recámara —según observé después—, igual de elegante, con una cama *king size*. David me ofreció algo de beber. Le dije que sólo agua. Y después de servírmela en un vaso, se sentó en uno de los bancos.

—¿Hace mucho que conoce a Alberto? —me preguntó, luego de un largo e incómodo silencio en el que el muchacho me observaba con curiosidad y, cuando le dirigía la mirada, él me la desviaba.

—Hace veintiún años, exactamente en 1976.

—¡Qué buena memoria!

—Hay fechas significativas que nunca se olvidan.

Transcurrieron más y más minutos. Ya casi era la una de la tarde. Me terminé mi vaso con agua. David me sirvió otro. Se notaba apenado por la larga espera y me hacía preguntas triviales, para sacarme conversación, pero yo no estaba con ánimo para conversar y fui un tanto cortante con él. El nerviosismo se apoderaba cada vez más de mí. Más que nerviosismo, una terrible incertidumbre. Sabía de sobra que las prolongadas antesalas eran una de las características de Juan Gabriel, como una prueba a superar, antes de que él apareciera.

Sin poderlo evitar, empezó a darme sueño, sobre todo, cuando David y yo volvíamos a quedarnos callados, dando lugar a un silencio sepulcral. Empecé a sentir pesados los párpados y bostecé.

Después de la larga espera, por fin, se abrieron de par en par las puertas de la recámara. Ahí estaba Juan Gabriel, en medio, vestido todo de blanco, con la camisa por fuera y unas sandalias. Traía los dos casetes en una mano: el de las *Canciones por hacer* y el de las *Canciones listas*.

—Hola, Martín —me saludó con cierta frialdad, pero cortés. Se notaba cansado, apagado, sin la efusividad de la noche anterior.

UNA REGRESIÓN AL PASADO

Yo me puse de pie, para darle la mano.

—Sigue sentado —me pidió y yo lo obedecí. David también se puso de pie.

—¿Quieres que te pida algo para almorzar? —le preguntó a Juan Gabriel. Él se sentó en el otro sillón, colocó los dos casetes en la mesita de madera, tomó una manzana de la charola y le dio una mordida.

—No. Ya casi es la hora de la comida —le dijo a David—. Déjanos solos y estate pendiente, por si necesito algo. Que nadie nos moleste.

David salió. Juan Gabriel, sin soltar su manzana, se puso de pie, empujó su sillón para colocarlo frente al mío y volvió a sentarse.

—¿No quieres una fruta? —me preguntó, sin mirarme.

—No. Gracias.

Volvió a darle otra mordida a la manzana y por fin me dirigió la vista.

—Te veo muy tranquilo.

—Lo estoy.

—Qué bueno.

Tomó uno de los casetes, el de las *Canciones listas* y me lo mostró.

—Después de escuchar todos y cada uno de los temas que están grabados aquí, interpretados por quién sabe quién —dijo con desdén y tomó el otro casete, el de las *Canciones por hacer*— me doy cuenta de que las melodías tienen cierta similitud con las de este casete que te di.

Tragué saliva y respiré hondo.

—¿Te acuerdas de aquella vez que nos vimos, en 1978, en tu habitación del Sheraton?, cuando te llevé unas revistas de *Notitas musicales*, donde aparecías en las portadas, para que me las autografiaras, y también, traía una libretita negra, donde tenía escritas varias letras mías... Ya te lo había comentado, la última vez que nos vimos...

Se quedó callado unos instantes, mirando al vacío, como tratando de ordenar sus recuerdos. Luego, se levantó de su sillón y dio unos pasos, hacia una de las ventanas, corrió la cortina y miró hacia fuera.

—¿Hace cuánto fue eso? ¿Dices que en 1978? Imagínate si voy a acordarme de tantas cosas que me han sucedido desde entonces.

—Bueno, eso ya no importa —proseguí—. La cuestión es que te mostré las letras que yo había escrito en mi libretita, para que les dieras una revisada.

Y, de pronto... Tú tenías varios casetes Memorex, todavía empaquetados, guardados en un maletín como de doctor. Todos eran iguales. Tomaste uno de esos casetes y grabaste una de mis letras, con tu guitarra, con tu voz, poniéndole melodía. Primero fue una, luego otras dos, ¡fueron varias en total! Unas a capela, otras en inglés, otras con guitarra... Estuviste cantando cerca de media hora. No le seguiste porque, en eso, llegó Valentín Trujillo...

—¡Ah, sí! De eso sí me acuerdo —reconoció, para beneplácito mío—. Fue cuando estábamos filmando *Del otro lado del puente.*

—¡Exactamente! —exclamé entusiasmado y me puse de pie, para acercarme un poco a él—. Cuando llegó Valentín, me pediste que te esperara en el *lobby* del hotel o en la sala de maquinitas donde, antes, estuvimos jugando pinball.

Pensativo, sonrió ligeramente.

—Sí. De eso también me acuerdo, porque...

—Deja que termine —le pedí y él asintió—. Yo salí de tu habitación y, ya en el pasillo, luego de dar unos pasos, tú me alcanzaste y me entregaste el casete Memorex, donde habías grabado mis letras, ya con melodía. Y me dijiste que ese casete era mío, que era un regalo que me dabas... Pero cuando llegué a mi casa, para escucharlo, me di cuenta de que tenía una etiqueta con el texto *Canciones por hacer*, lo cual me extrañó. Y hasta que puse el casete en una pequeña grabadora que tú mismo me habías regalado... ¿Te acuerdas?

—Creo que sí. ¿Y qué más?

—Bueno —continué—. Cuando puse ese casete en la grabadora, me di cuenta de que, más bien, estaban varias melodías tarareadas por ti, unas a capela, otras con acompañamiento de guitarra, con algunas palabras en inglés y, otras, en un lenguaje extraño...

Volvió a quedarse callado, haciendo memoria.

—Al otro día, cuando regresé al Sheraton para devolverte ese casete y recuperar mi libretita y mis revistas, tú ya te habías ido.

—¿Y las otras veces en que volvimos a vernos?

—¡Intenté hacerlo! Pero tú siempre andabas apresurado y sin tiempo. Sin embargo, en una de esas ocasiones en que, como siempre, andabas de prisa... Ojalá recuerdes que te hablé del casete, ¡lo tuviste en tus manos!, pero no me dejaste explicarte la confusión ¡y hasta me repetiste que era un regalo tuyo y que hiciera con él lo que quisiera!

—¿Yo te dije eso? —me preguntó, incrédulo.

—¡Sí! No tengo por qué mentirte. Fue cuando te presentaste en el Teatro México, en 1981. Estábamos en tu camerino.

—¿Y luego?

—Cuando viniste a Chicago de nuevo, te fui a ver a los lugares donde te presentaste, pero ya no me dejaron pasar a tu camerino ni pude averiguar dónde te hospedabas.

Volvió a quedarse callado y meditabundo. Se dejó caer en su sillón y dio otra mordida a su manzana. Luego, volvió a mirarme.

—Siéntate, Martín.

Lo hice y respeté su silencio, evidentemente, recordando, haciendo memoria.

—Me has hecho recordar momentos que casi tenía olvidados —dijo, de nuevo, en tono reflexivo—. Como una regresión al pasado.

43
CON EL CORAZÓN EN LA MANO

Me creas o no,
mi intención jamás fue apropiarme de tu talento.
Ni hacer negocio.

De repente, sumido en sus recuerdos, cerró sus ojos y recostó su cabeza en el respaldo del sillón. Luego de unos breves segundos, se reincorporó y volvió a mirarme, sin decir nada.

—Te juro que no sabía qué hacer con ese casete —retomé el relato—. Lo único que siempre tuve presente es que algún día hablaríamos de él y que te lo devolvería. Y, bueno, lo guardé como si se tratara de un gran tesoro…

—¡Un gran tesoro! —repuso—. ¿Y qué más?

—Primero, lo escondí, pegado a la pata de mi cama. Según yo, era un buen escondite y ahí estaría a salvo. Pero pasaron mil cosas… Muchas veces desapareció. Llegué a darlo por perdido. Y luego, como por arte de magia, volvía a aparecer, donde menos lo esperaba… Varias veces se enredó y estuvo a punto de estropearse. ¡Ya no corría! Estaba atorado. Pero mi hermano logró repararlo, aunque se echó a perder una parte de la cinta… Con decirte que, en otra ocasión, hace años, hubo una tormenta terrible en Chicago. ¡Mi casa se inundó! No eran simples charcos, eran ríos de lodo por todos lados. Y el agua hizo que el casete se despegara de la pata de la cama, ¡pero, por milagro, se salvó! Fue una de las pocas cosas que logramos recuperar en la casa…

—¿Todo eso le pasó al pobre casete? —me preguntó.

—Y más… Pero siempre, logré salvarlo.

En ese momento, volvió a tomar el casete de las *Canciones por hacer* y lo observó largo rato.

Sin mencionar a Laura —ningún caso tenía y Juan Gabriel ni la conocía— le revelé que, años después, se me ocurrió consultar a un abogado, Marvin Benn, para que me aconsejara cómo podría devolverle el casete. Y que Benn se puso en contacto con Ralph Hauser.

—¿Con Hauser? —me preguntó, desconcertado—. ¿Y para qué? Tomé aire y bebí la poca agua que quedaba en mi vaso.

—Como te digo: para devolverte el casete y que, a cambio, tú me devolvieras mi libretita negra.

—¡Otra vez la mentada libretita negra!

Le expliqué que Benn era un abogado muy reconocido, especialista en Derechos Autorales y que fue él quien investigó que Hauser era su representante en Estados Unidos y que se puso en contacto con él.

—Fueron dos años de llamadas, faxes de ida y vuelta... Incluso, una vez, ese señor Hauser, seguramente, pensando que le estábamos mintiendo, le pidió a mi abogado que le enviara una copia del casete, como prueba. Pero sólo le enviamos otro casete con fragmentos pequeños de algunas de las melodías, para que viera que no estábamos jugando ni inventando nada.

—¿Y luego?

—Transcurrieron más meses y nada... Incluso, Hauser le dijo a mi abogado que había hablado contigo, pero que a ti no te interesaba recuperar ese casete.

—*Okey*, sigue con el relato —me pidió—. ¿Y qué pasó después?

—Finalmente, nos dimos cuenta de que, a pesar de que, supuestamente, a ti no te interesaba recuperar el casete, yo creo que a él sí, porque ¡nos ofreció 50 mil dólares, con tal de recuperarlo!

—¿50 mil dólares? —me cuestionó, estupefacto y con escepticismo—. Pues ¿no dices que lo que tú querías era tu libretita a cambio del casete?

—¡Sí! Pero Hauser ya le había dicho a mi abogado que tú no tenías la libretita. ¡Nosotros jamás le pedimos dinero a cambio del casete! Él fue quien nos ofreció los 50 mil dólares.

—¿Y por qué no los aceptaron?

—Porque no era dinero lo que yo quería. Dando por perdida mi libretita, lo único que me interesaba era devolverte tu casete.

—Pues si es verdad lo que me cuentas —dijo, aún dudando de mí—. El que quiso verles la cara fue Hauser. Y ya lo hablaré con él.

—No te estoy mintiendo —insistí—. Si quieres, puedo buscar a Marvin Benn. Ojalá todavía tenga los faxes que tu representante le envió.

De nuevo, se quedó pensativo y en silencio. Como pude y tratando de ser breve, le conté lo que Marvin Benn me había explicado en términos legales, de acuerdo a las leyes de derecho de autor.

—Mi abogado reconoció que ese casete de las *Canciones por hacer* tenía un gran valor, y que si tanto tú como Hauser, supuestamente, no le dieron ese valor, era mi obligación dárselo yo, puesto que estaba en mi poder.

—Ah, ¿sí? —repuso con ironía—. ¿Tu obligación?

—No precisamente. Se trataba de proteger el material, registrarlo. Mi abogado me dijo que resultaría complicado registrarlo, simplemente así, como estaba y que, al menos, tendría que hacerles unas partituras a las melodías. Me aconsejó que más seguro sería que les pusiera letra y que él me asesoraría, para registrarlas en la oficina de Copyright, en Washington

D. C., dándote tu crédito en forma anónima, con tu fecha y lugar de residencia...

—O sea... ¡Tú y yo como coautores!

—Él me aseguró que, de esa manera, quedarían protegidas las canciones y que yo no estaría cometiendo ningún delito, dándote a ti el crédito que te corresponde.

—¿Quién hizo este trabajo, el de las partituras y arreglos?

—Terry Sweet, un músico y arreglista muy bueno.

—Nunca había escuchado su nombre. Pero sé reconocer cuando alguien tiene talento. Ese señor les puso otro sello a las melodías, aunque reconozco que respetó mi esencia. Esas melodías surgieron hace años. Eran otros tiempos... El Alberto Aguilera de ese entonces, el que tenía hambre de triunfo, de reconocimiento...

Otro profundo suspiro, acompañado de un nuevo y largo silencio.

—¿Cuánto te costó la producción? —Quiso saber—. Porque hasta un estudio de grabación tuviste que pagar... los arreglos, el cantante, los coros, los músicos y hasta la mezcla... ¿Cuánto gastaste?

—Como 25 mil dólares —le respondí.

—¡25 mil dólares! ¿De hace cuántos años?

—Fue en 1992.

—No sabía que fueras tan rico —repuso, nuevamente, con su característico sarcasmo.

—No lo era. Ni lo soy —aseveré muy serio—. Junté mis pocos ahorros. No me alcanzaba. Pedí prestado... Es más, todavía debo dinero.

Otro largo silencio, después del cual quise hacer un último intento, recurriendo, lo reconozco, al chantaje sentimental, pero hablando con sinceridad.

—Mi sueño siempre había sido darles vida a mis propios temas —proseguí, recordando escenas del proceso de grabación de esas *Canciones por hacer*—. Aprendí algo de música, hasta a hacer partituras.

—Y en eso, repentinamente, me invadió un entusiasmo que no pude ocultar—. Aprendí bastante, aunque no me lo creas, recordando muchos de tus consejos, lo poco o mucho que aprendí de ti.

Juan Gabriel no hizo ningún comentario. Sin dirigirme la mirada, dejó que siguiera hablando.

—Eso es algo que siempre te agradeceré... Cuando nos conocimos, te dije que quería llegar a ser como tú. Hoy sé que eso es imposible, y te lo digo con el corazón en la mano. Me creas o no, mi intención jamás fue apropiarme de tu talento. Ni hacer negocio. Si así hubiera sido, a lo mejor lo habría hecho hace años. ¿O para qué iba a consultar a un abogado que me aconsejara? ¿Para qué devolverte ese casete?, como intenté hacerlo, la última vez que nos vimos.

Se me secó la boca de tanto hablar. Por mi cuenta, volví a llenar mi vaso con agua y casi me la bebí de un solo trago, mientras que Juan Gabriel me seguía observando.

—Siempre tuve presente que algún día te devolvería ese casete Memorex —continué—, aunque ya estropeado y mutilado. Pero también, ingenuamente, quise proteger tus melodías, darte la sorpresa y devolvértelas bien vestidas y bordadas, lo mejor que pude, aunque siempre tuve la duda. Te repito que no sabía si te halagaría o te molestarías. Ese fue mi miedo ... Y aceptaré lo que tú decidas.

Siguió igual de pensativo, como si yo no estuviera ahí. Y como el silencio fue ahora más prolongado y bochornoso, sintiéndome ridículo y fuera de lugar, me puse de pie. Total. Ya le había dicho todo lo que tenía que decirle. ¿Qué más podía agregar?

—Gracias, por todo —le dije, a manera de despedida—. Y nuevamente, perdón. Aceptaré lo que tú decidas. Estás en tu derecho.

—Arranqué una hoja de una libreta que estaba por ahí, donde anoté mis datos, y se la entregué a Juan Gabriel—. Es la dirección de mi padre. Ahí me puedes encontrar.

No me respondió. Ni siquiera me miró.

Ofendido, aunque entendiendo de alguna manera su actitud, me dirigí a la puerta, la abrí y salí de la *suite*.

LO QUE TANTO TEMÍ

Sintiéndome un reverendo idiota y con el ánimo por los suelos, esperando que en el último momento —igual que había sucedido años atrás, precisamente el día en que Juan Gabriel salió de su habitación y me llamó, para entregarme el casete Memorex— podría suceder lo mismo. Pero no fue así. Mientras caminaba lentamente por el pasillo, me pregunté cuál sería, finalmente, su decisión.

Lo que me dolía en ese momento fue sentir, una vez más, que algo se había roto para siempre. Ahora sí, me había enfrentado a ese momento que tantas veces aplacé y el resultado había sido el que tanto temí.

Atravesé el *lobby*, cabizbajo, y me dirigí al estacionamiento. Abordé mi auto y, después de encender el motor, de pronto, escuché unos toquidos en el cristal de la portezuela. Después de un sobresalto, vi el rostro de David, haciéndome una seña para que bajara la ventanilla.

—Alberto me pidió que lo alcanzara y le pida que regrese.

El muchacho se quedó ahí parado, mientras yo, sorprendido y sin entender, no sabía si regresar a la *suite* o, de plano, arrancar mi auto y marcharme. Ignoraba de qué humor iba a encontrar ahora a Juan Gabriel, luego de sus largos silencios y de que, ni siquiera, me respondió cuando me despedí de él. ¿Para qué pedirme que regresara entonces?

—¿Y sabes para qué quiere que regrese? —le cuestioné a David, en busca de alguna pista que me ayudara a tomar una decisión, pero él sólo levantó las cejas y los hombros al mismo tiempo, frunciendo los labios.

44
FINAL INESPERADO

Una de las cosas más importantes
en esta vida es saber perdonar.
Perdóname y te perdono.

David me escoltó, durante el recorrido, hasta la *suite*. Abrió la puerta y yo entré. Juan Gabriel estaba de espaldas, de nuevo, parado de frente a una de las ventanas, mirando hacia afuera. Aunque David no le anunció mi regreso y salió de inmediato, el ruido de la puerta al cerrarse tampoco sirvió para que Juan Gabriel volteara.

Instantes más tarde, por fin dio media vuelta y me miró.

—Siéntate, de nuevo, por favor —me pidió, ya con otra actitud—. No hemos terminado.

Me senté en el mismo sillón y aguardé.

Luego se acercó a la mesita que estaba entre los dos sillones y tomó el casete Memorex.

—Este casete —me dijo— ahora tiene un significado especial, no sólo por haberlo recuperado. Más bien, porque encierra toda una historia que, te aconsejo, algún día escribas, tal como me la contaste, paso a paso, con los detalles que seguramente omitiste...

Mientras hablaba, además de infundirme un poco de tranquilidad, algo me llamó la atención: su consejo de escribir un libro con nuestra historia, igual que me lo había sugerido Gussi.

—Este casete contiene no sólo mis melodías en mi idioma «extraño» y tan confuso, como dices. Contiene también tu entusiasmo, tu osadía, como siempre te he dicho. Contiene tu trabajo y, más que la admiración que puedas sentir por mí y que siempre me has demostrado, el cariño, ya no de un simple fanático, sino de un hombre hecho y derecho. No soy tan desgraciado, mijo. Desconfiado, sí. Pero no desgraciado y, menos, malagradecido. Gracias por cuidarme este casete durante tantos años.

Yo lo escuchaba, atónito, conmovido. El gran Juan Gabriel, mi ídolo de siempre, parado frente a mí, como nunca antes lo había visto y, menos, hablando como lo estaba haciendo. No pude articular una sola palabra. Un nudo en la garganta me lo impidió.

Él extendió su mano, ofreciéndome el casete.

—Como te dijo tu abogado, aunque no te entendí mucho que digamos —y sonrió un poco—, igual que te lo dije hace años, pero víctima de la confusión que me has hecho ver, ahora, ya al tanto de lo que me has explicado y que, finalmente, voy a creerte, te lo repito: este casete te pertenece. Es tuyo.

—Sí —por fin pude hablar, aunque con dificultad—. Pero mi intención, nunca fue…

—Ya lo sé, ya lo sé —me interrumpió—. Ya me lo explicaste y no soy tan bruto como para no entender. Guarda esas *Canciones listas*. Guárdalas bien. Y si algún día, quieres hacer algo con ellas, espérate a que me muera.

Ahora fui yo el que sonrió.

—No digas eso.

—Es lo único que me quedaba por decirte. Lo que te di es tuyo. Y lo que me diste tú, es mío. Una de las cosas más importantes en esta vida es saber perdonar. Perdóname y te perdono.

Me ofreció su mano y cuando se la tomé, me jaló hacia él, haciendo que me pusiera de pie.

—Ahora, dame un abrazo.

Y claro que se lo di, igual que él a mí. Un abrazo fuerte que, en medio de mi asombro y emoción, jamás olvidaré.

—Y no eches en saco roto lo que te aconsejé: escribe ese libro con la historia de las *Canciones por hacer*… Pero trátame bien y no vayas a hablar de más… Simplemente, lo que fue.

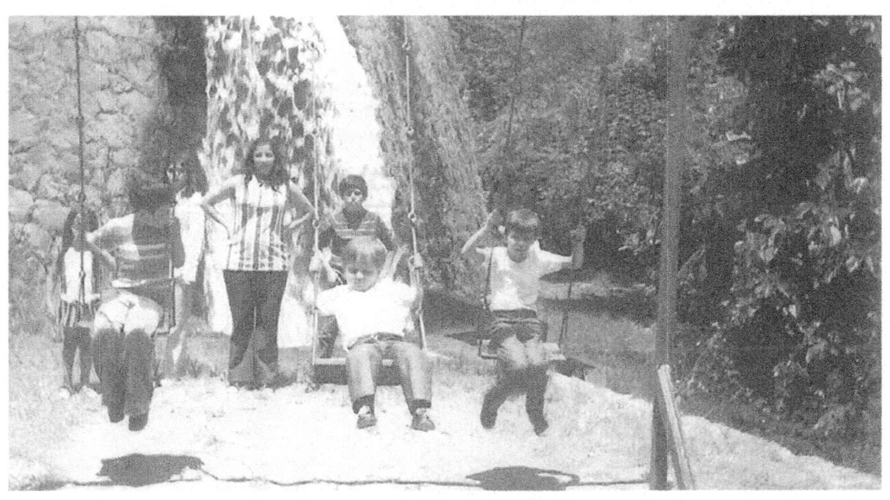

Martin (de camisa verde)
Su mamá y sus hermanos
(De izquierda a derecha: Luz Elena, Manuel, Javier, y José Luis,
y de blanco Graciela amiga de la familia)

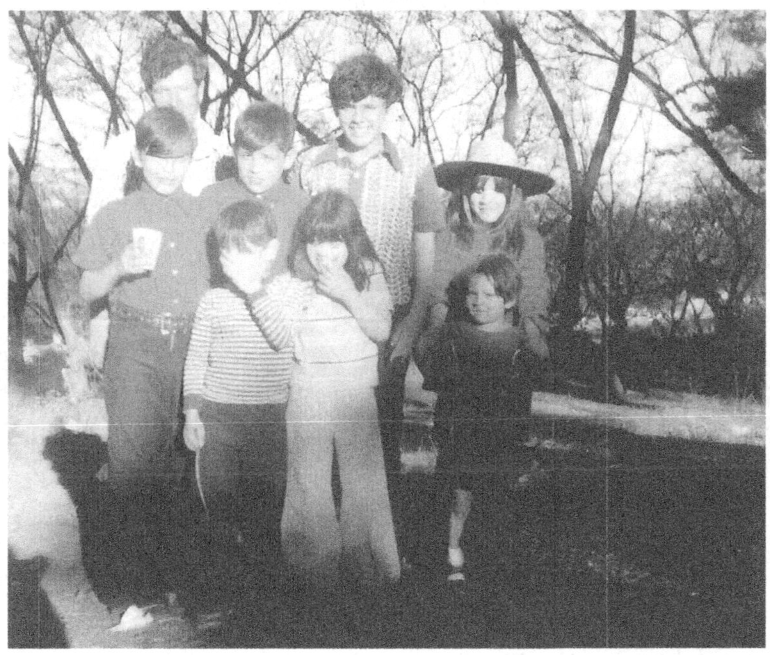

Martín, su papá, y sus hermanos José Luis, Rogelio, Javier, Luz Elena,
Rosa Isela, y su prima Rocío (Diciembre 1975)

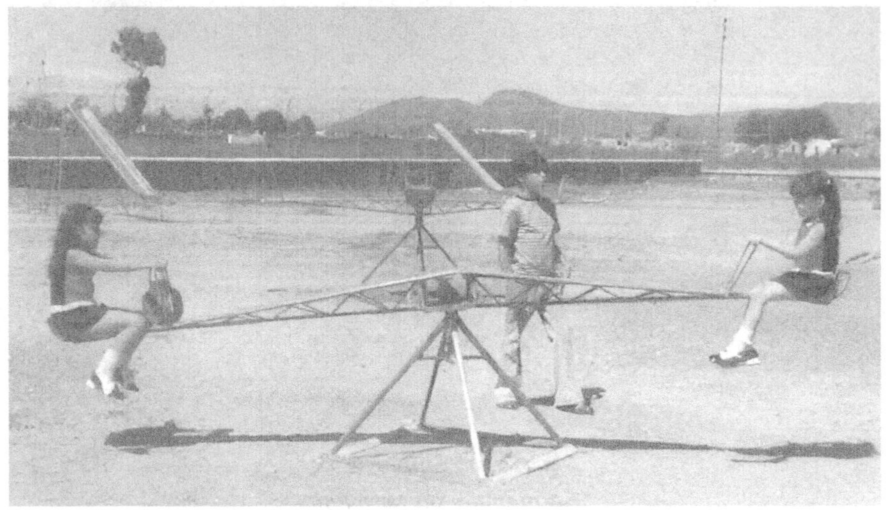

Martín y sus dos hermanas, Rosa Isela y Luz Elena
En la unidad deportiva de Ocotlán
(Primavera de 1974)

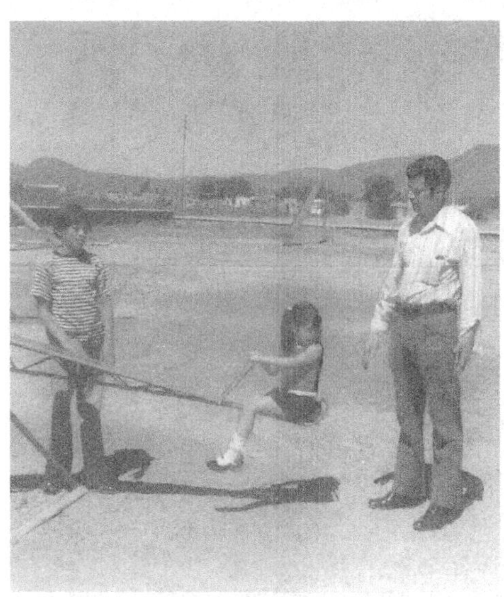

Martín, su papá,
y su hermana Luz Elena

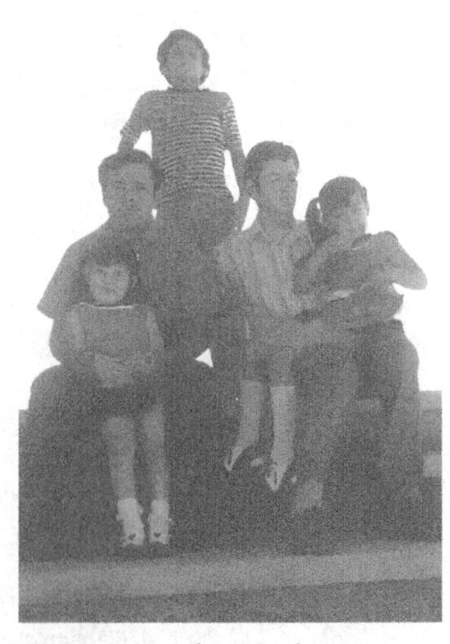

Martín, su padre Rogelio, un amigo
de la familia y sus dos hermanas,
Rosa Isela y Luz Elena

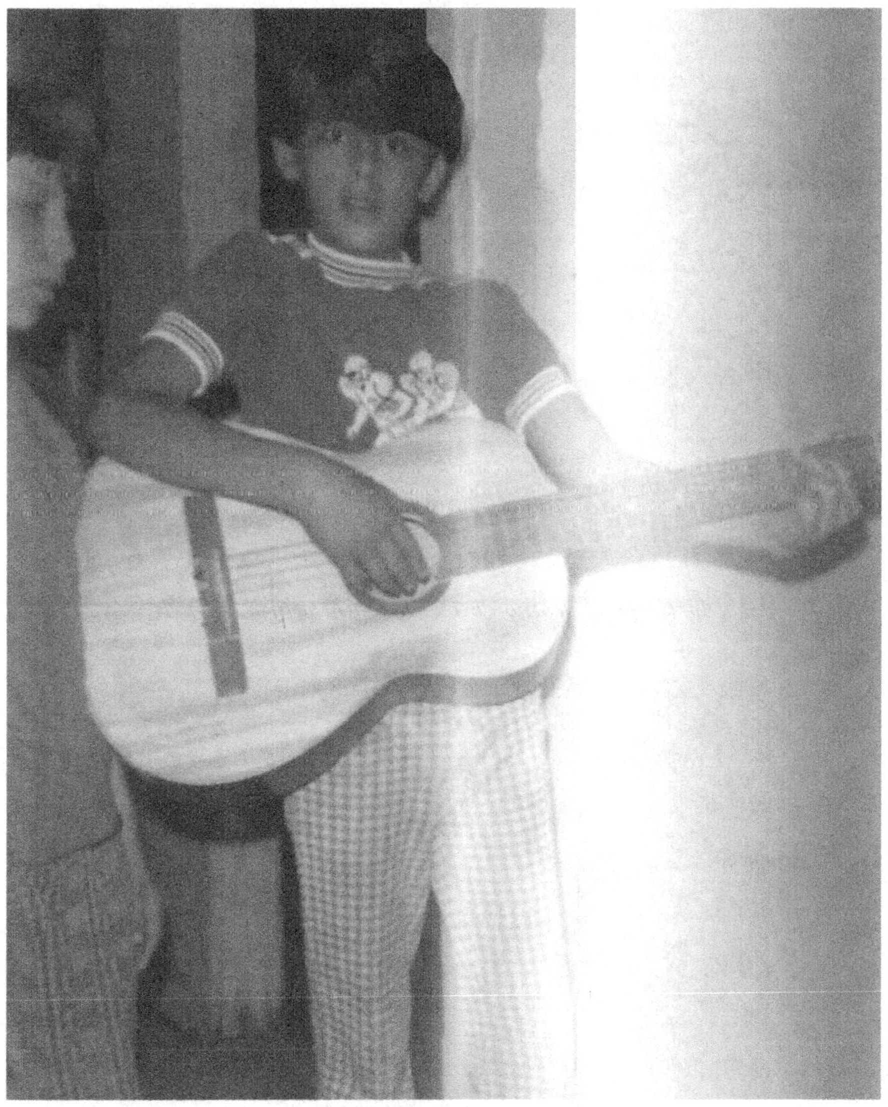

Martín con su hermano José Luis (Julio 1974).
4 meses antes compuso su primer canción "Mi pueblo Ocotlán",
y en Septiembre fue publicada en la revista "La canción Mexicana"

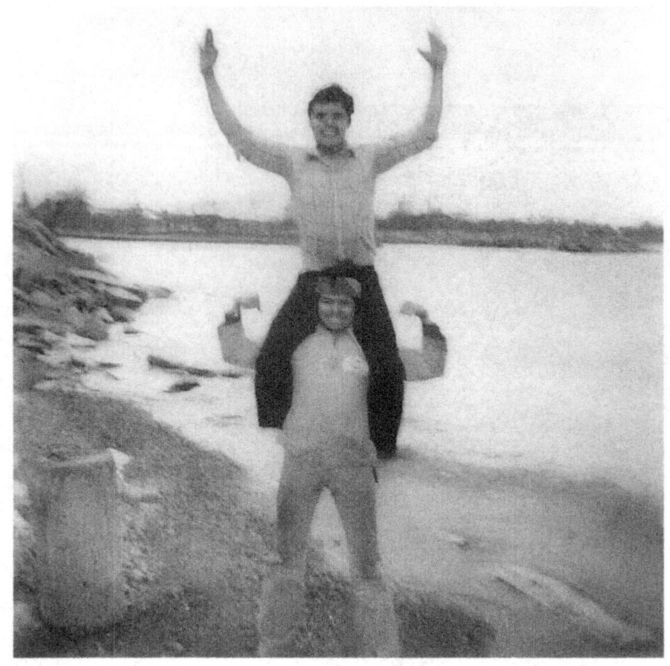

Martín en el verano de 1979, con su amigo Miguel

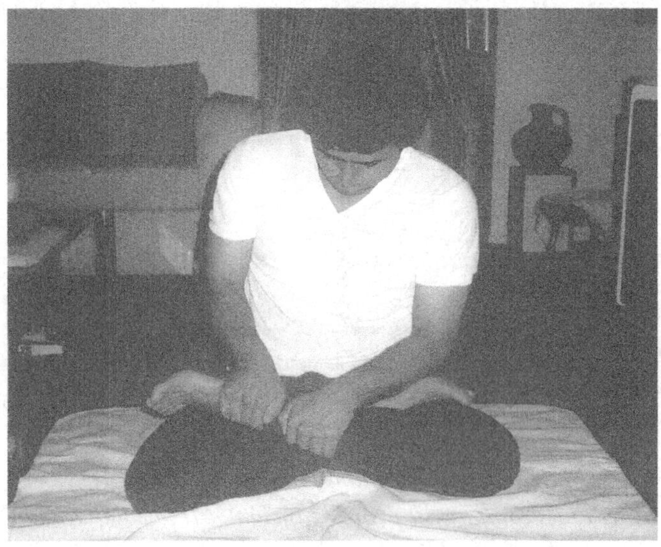

Martín (de 22 años) en su departamento en Chicago practicando yoga y meditación trascendental

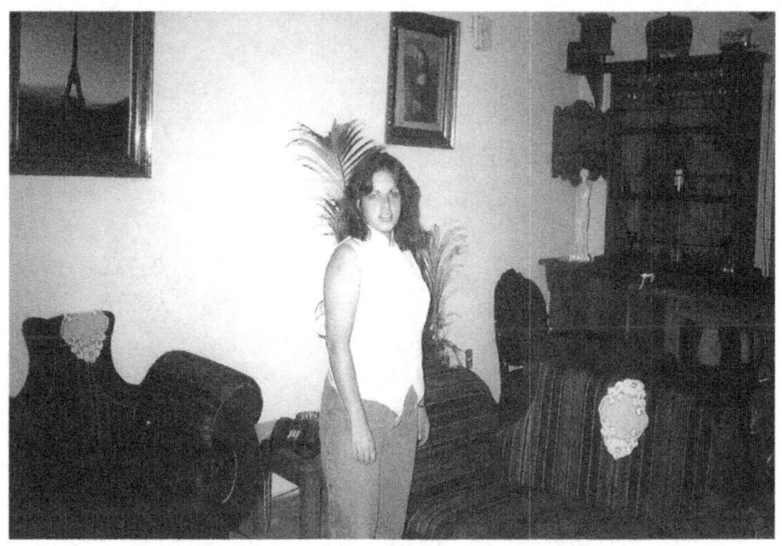

María del Rosario (Gussi) Lozano Hurtado
(Esposa de Martín) Octubre 1996

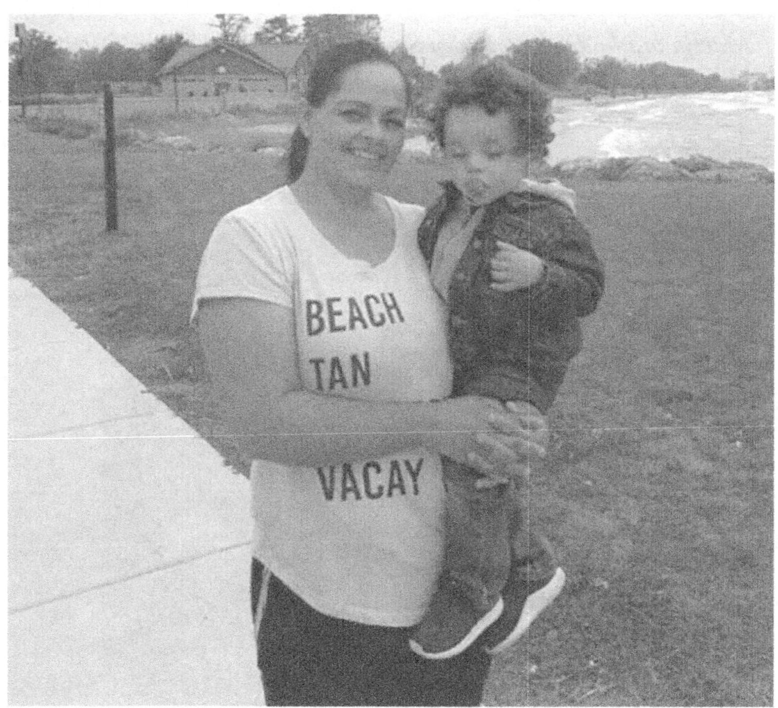

Gussi (esposa de Martín) y Nikko

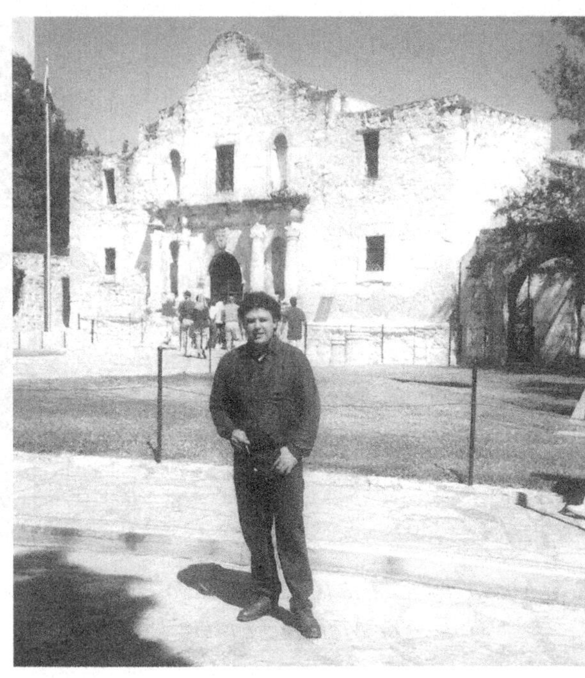

Martín visitando el Alamo en San Antonio, TX. (Verano de 1993)

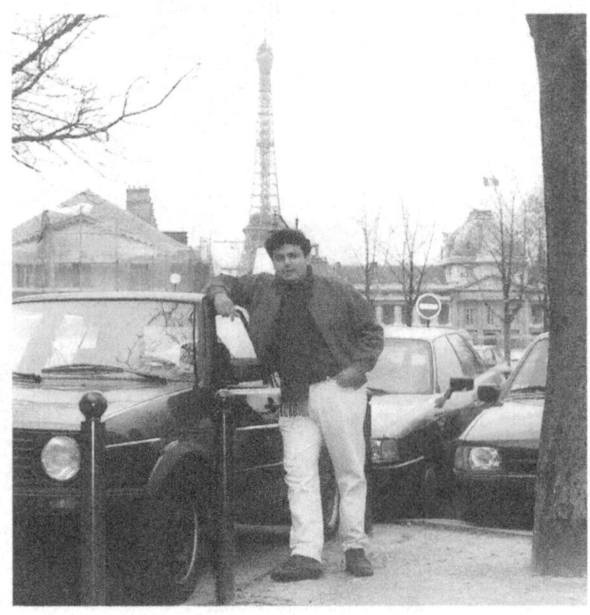

Martín en Paris, Francia (Marzo 1995)

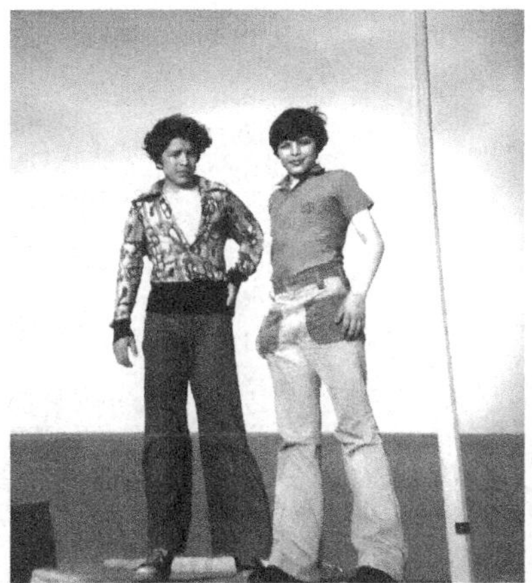

Rogelio y José Luis en el Calumet Park de Chicago (Verano del 1978)

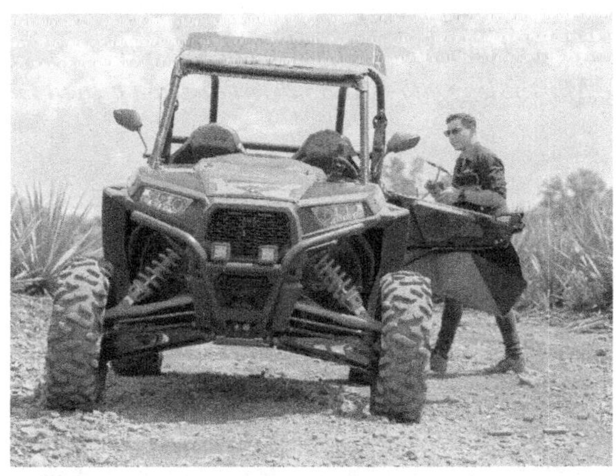

Mi amigo Eduardo Castillo, productor de videos y documentales

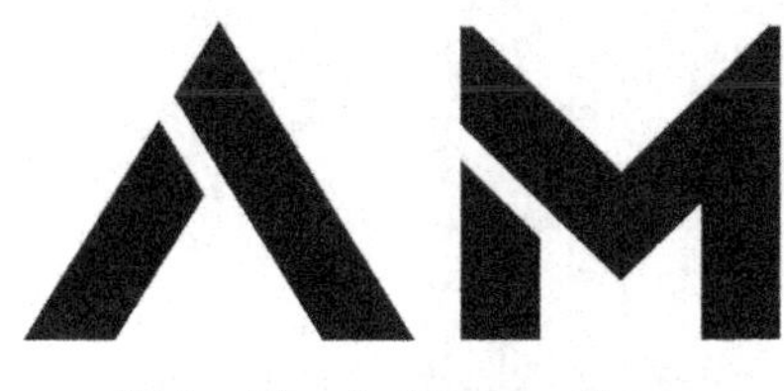

Gracias Eduardo por ese gran video de Antonio De Carlo!

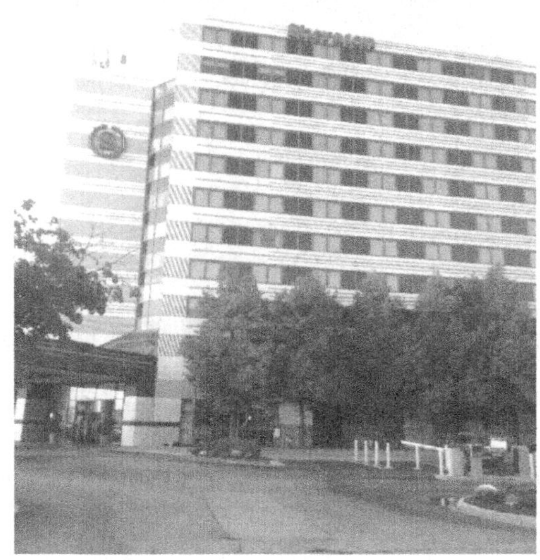

Hotel Sheraton O'hare de Chicago
donde Martin le regaló su libro de graduación a Juan Gabriel

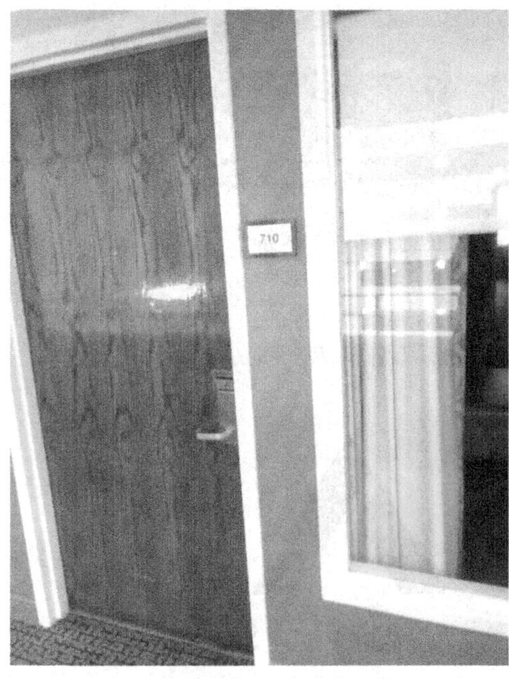

Habitación del hotel Sheraton, donde el ídolo de multitudes tuvo una sesión musical con Martin en ese lejano 9 de octubre 1978

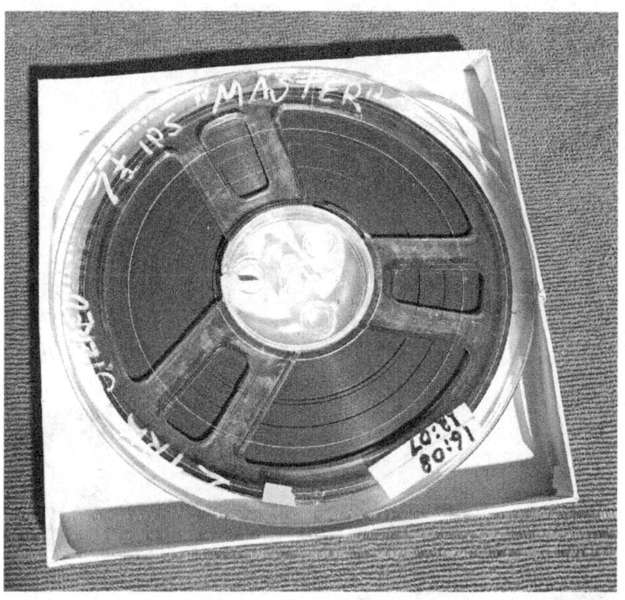

Máster de dos canales en estéreo creado directamente del casete memorex original, después de un tratamiento de limpieza de audio en Mayo 1992

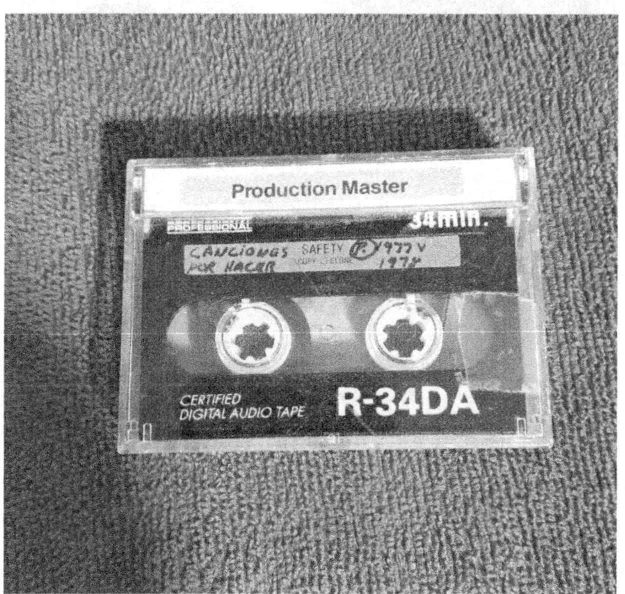

Máster digital creado en 1998

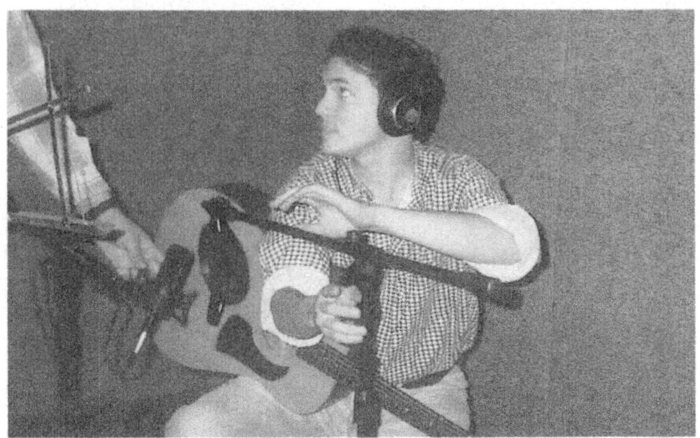

Sergio Catalán grabando un tema de Martín en 1996

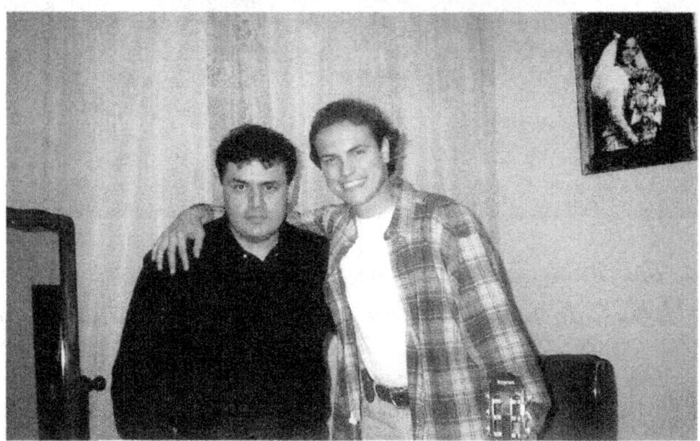

Sergio Catalán visitando a Martín en su casa de Ocotlán.
Al fondo se ve la foto de Gussi, esposa de Martín

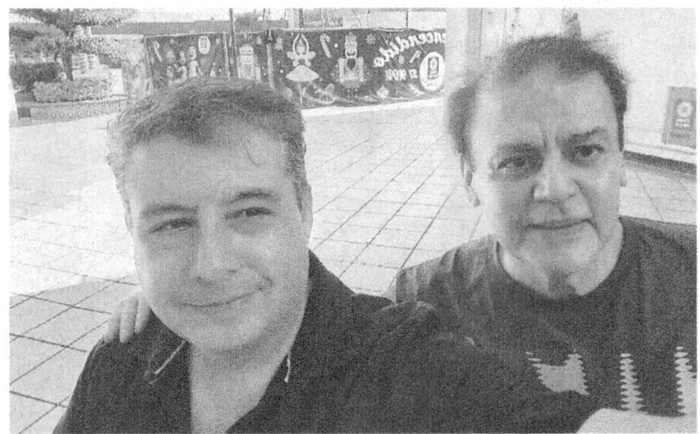

Martín y su gran amigo Raúl Medina
en Plaza del Sol Guadalajara en Octubre 20, 2025

HAMMAN & BENN
SUITE 3300
10 SOUTH LA SALLE STREET
CHICAGO, ILLINOIS 60603-1002
(312) 372-2820
FAX: (312) 372-7762

Voice Mail 140
E-mail - marvb@hblaw.com

January 10, 2000

VIA FEDERAL EXPRESS

Hauser Entertainment
11033 Pooks Road
Whittier, CA 90601

Re: Tape of Juan Gabriel
Our File Reference 1341.001

Dear

Enclosed please find what my client believes is an improved sampling of the five songs listed below. Also, per your instruction, enclosed is a list of the remaining songs on the tape. Item #10 "Besamé" was released by Mr. Gabriel in 1984.

Respectfully,

Marvin N. Benn

MNB/sr
enclosure
cc: Martin Padilla

Carta con un cassette enviada por la firma de abogados Hamman & Benn a Hausser Entertainment, compania que representaba a Juan Gabriel en ese ano 2000. Se manda decir que ahi van incluidos 5 fragmentos de varias melodías del casete y tambien 9 melodías con la letra de Martín

AGREEMENT FOR LEGAL SERVICES

1. Employment. I hereby retain and employ the law firm of Hamman & Benn as my attorneys to represent me in my negotiations with Juan Gabriel.

2. Contingent Fee. In consideration for services rendered and to be rendered, I agree to pay my attorneys a sum equal to 33-1/3% of any gross monies I receive from my negotiations with Juan Gabriel. If any of the fees agreed upon are in excess of any legal limitation on attorney's fees, the fees charged shall be those authorized by law. Attorneys shall make no charge for their legal services other than this contingent fee.

3. Expenses. Attorneys are authorized to incur any and all reasonable expenses in the handling of my case, and I will reimburse them upon request for any expenses they advance. I further authorize the attorneys to pay any and all expenses incurred in handling this case out of any proceeds received. Attorneys will not obligate me for any large expense without my prior approval.

4. Responsibility for Expenses. It is understood that I am responsible for all expenses of litigation, and that the attorneys are in no way required to assume any responsibility for any expenses connected with this matter or that may be incurred in the handling of this case or resulting legal actions.

5. Additional Counsel. I hereby authorize the attorneys to employ local or additional counsel of their choice when necessary.

6. Attorneys' Lien. I hereby give said attorneys a lien on any proceeds recovered in the amount of said attorneys' fees and expenses and agree that, should I terminate this contract, the attorneys shall receive the same fee as agreed to above as liquidated damages.

7. Power and Authority. It is further agreed that I give said attorneys full power and authority to do and perform all and every act and thing whatsoever, including executing drafts and releases, requisite and necessary to be done in and about the claim as fully, to all intents and purposes, as I might or could do if personally present at the doing thereof. THE DECISION AS TO THE AMOUNT OF MONEY TO ACCEPT FROM JUAN GABRIEL BELONGS SOLELY TO ME AND SHALL BE MADE SOLELY BY ME.

Attorneys
By:
Dated: April 30, 1998

Client
MARTIN PADILLA

***Contrato firmado entre Martin y el abogado de derechos reservados Marvin** Benn, representándolo en negociaciones con el ídolo de multitudes*

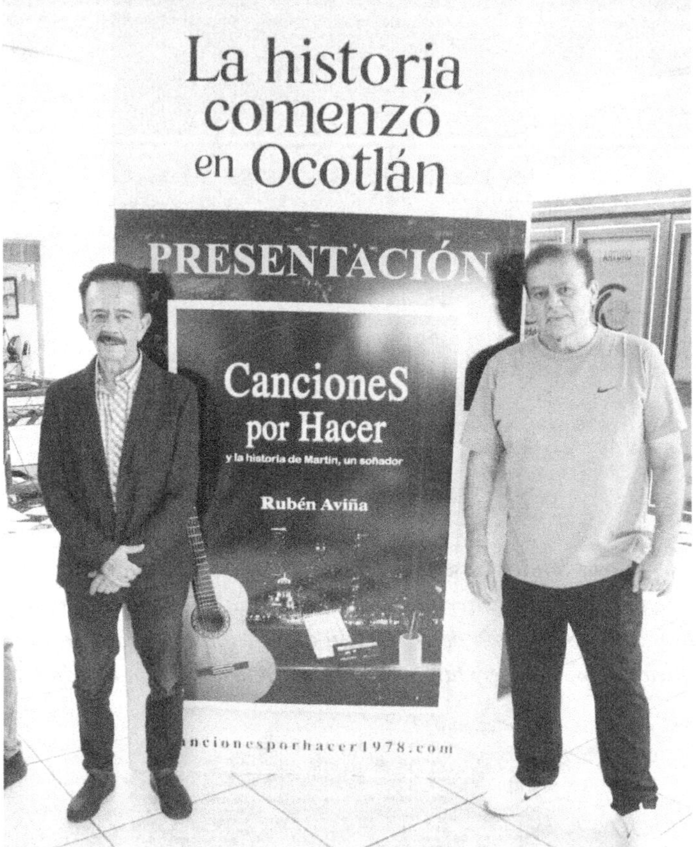

Rubén Aviña y Martin Padilla.
Autor y protagonista de "Canciones por hacer"

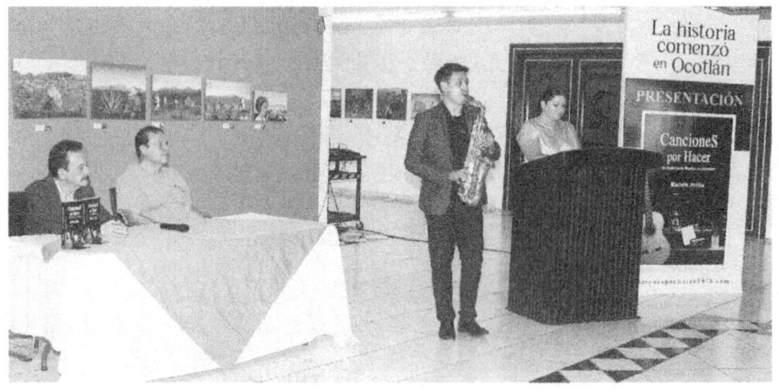

Presentación del libro "Canciones por hacer" en la casa de la cultura de Ocotlán. Rubén Avina, Martín Padilla, el saxophonista Jonathan Aceves, Anna Novoa, como maestra de ceremonias

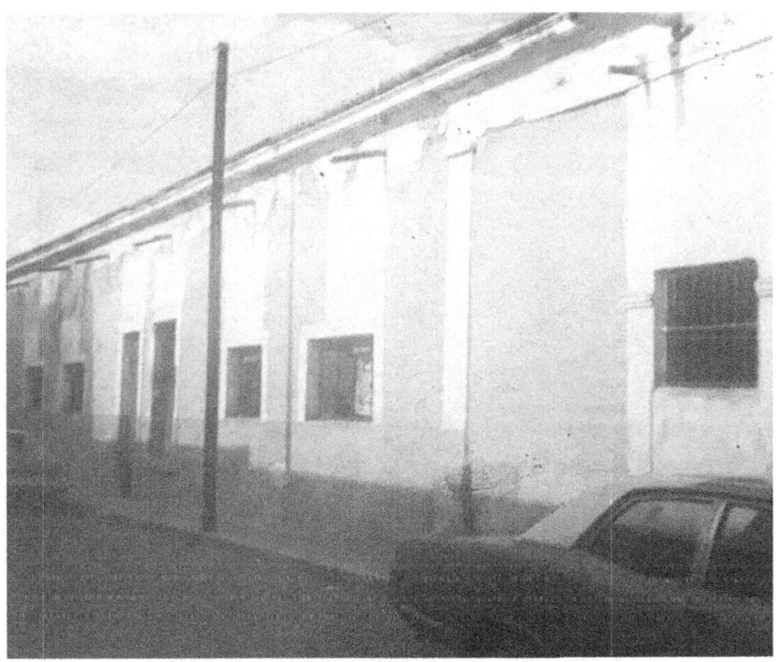

Fachada lateral de la Escuela Primaria Benito Juarez de los años 70's donde Martín estudió.

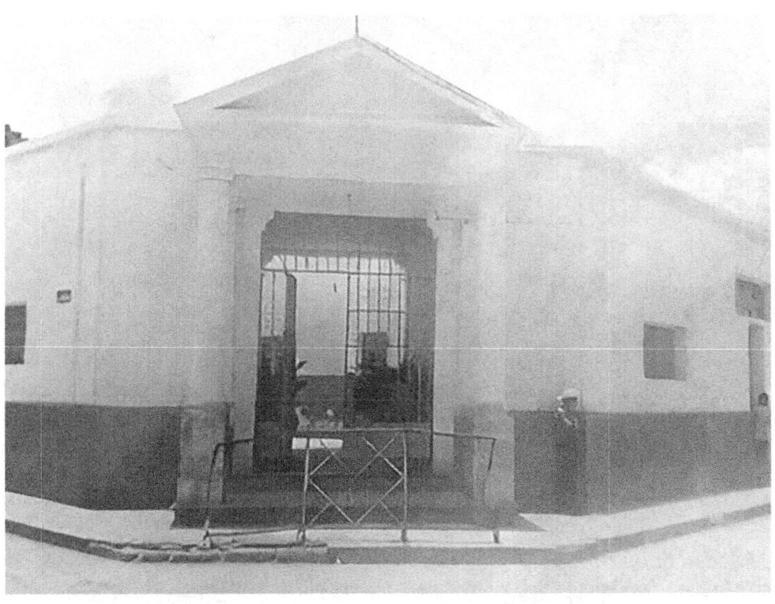

Entrada principal de la Escuela Primaria Benito Juarez.

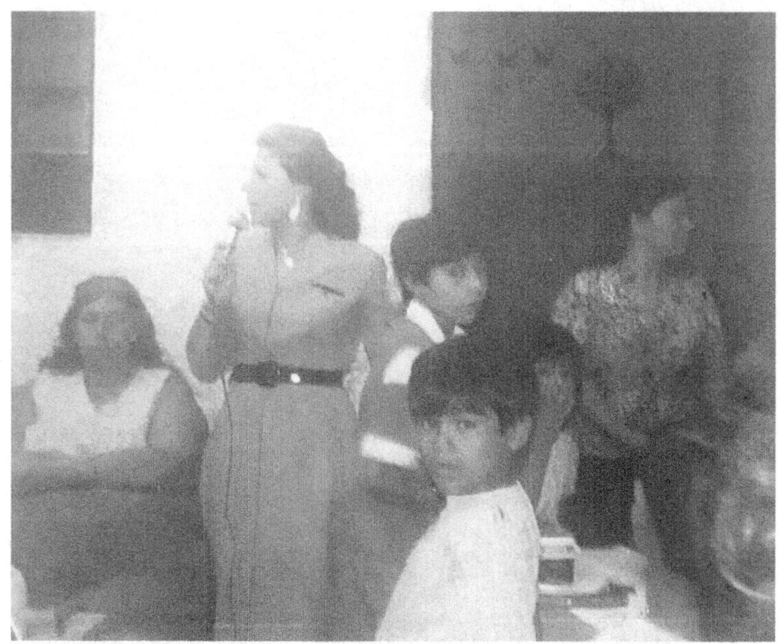

Mi queridisima Maestra Matilde Jaramillo Hernández, foto de los años 70's

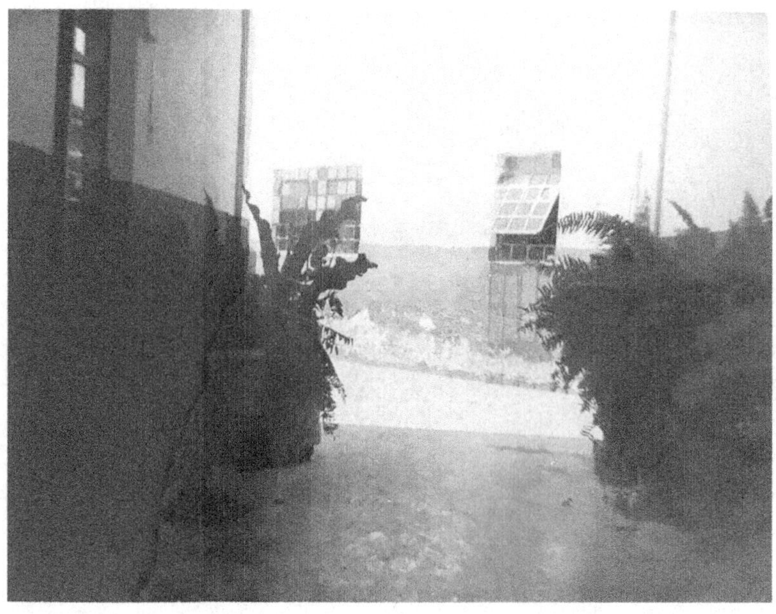

Entrada de mi Escuela Primaria Benito Juarez.

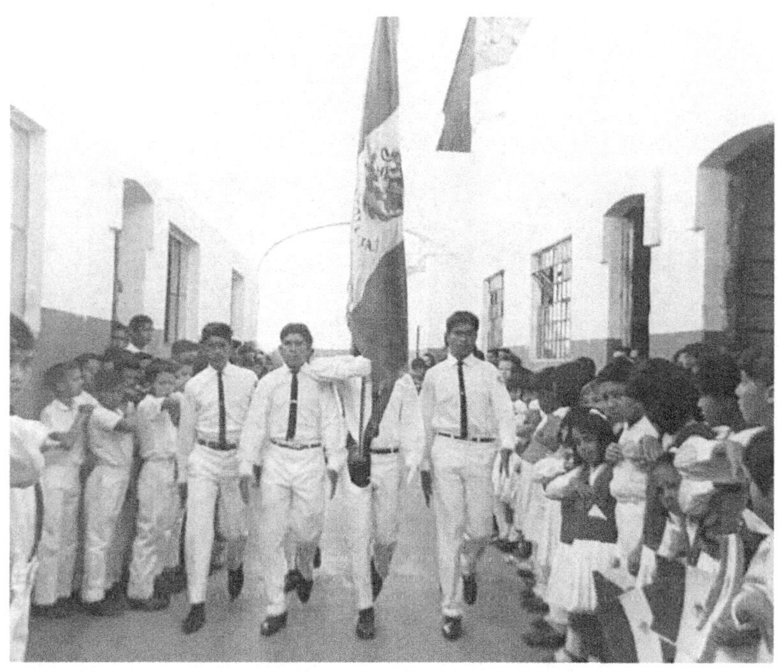

Honor a la bandera en el patio de mi Escuela Primaria Benito Juarez.

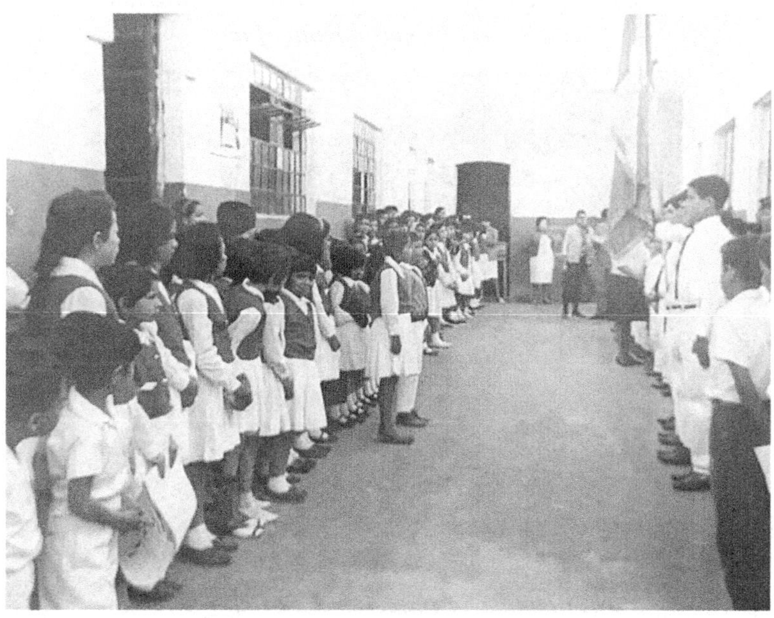

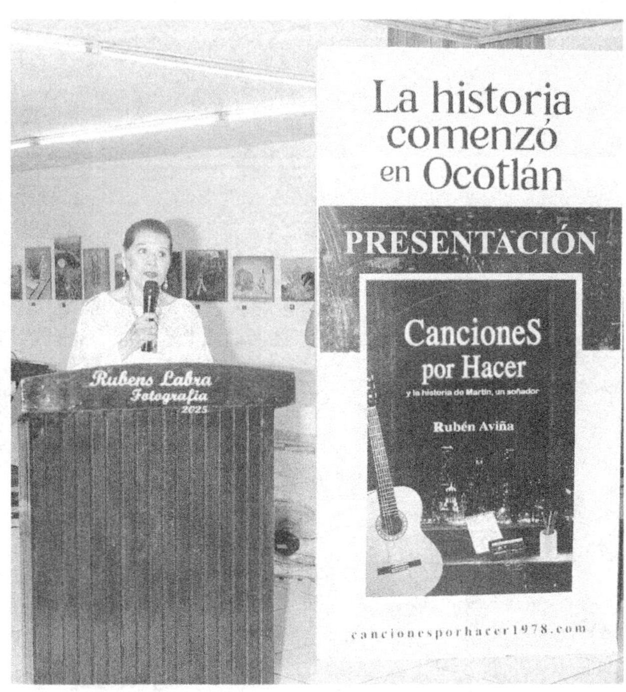

Mi maestra Matilde Jaramillo Hernández me hizo el honor de venir a la presentación del libro el 16 de Mayo, 2025.
Le estoy muy agradecido a mi gran maestra y directora e mi escuela Primaria Benito Juárez.

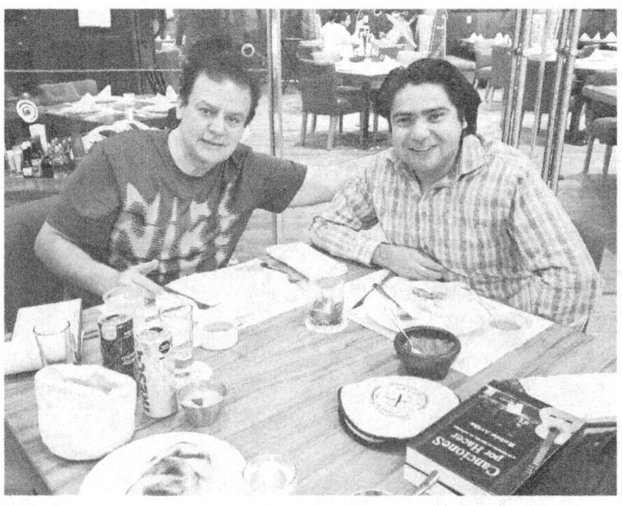

Martín Padilla en entrevista con Mauro Godoy, periodista y fotografo de la revista de entretenimiento numero uno, TV Notas.

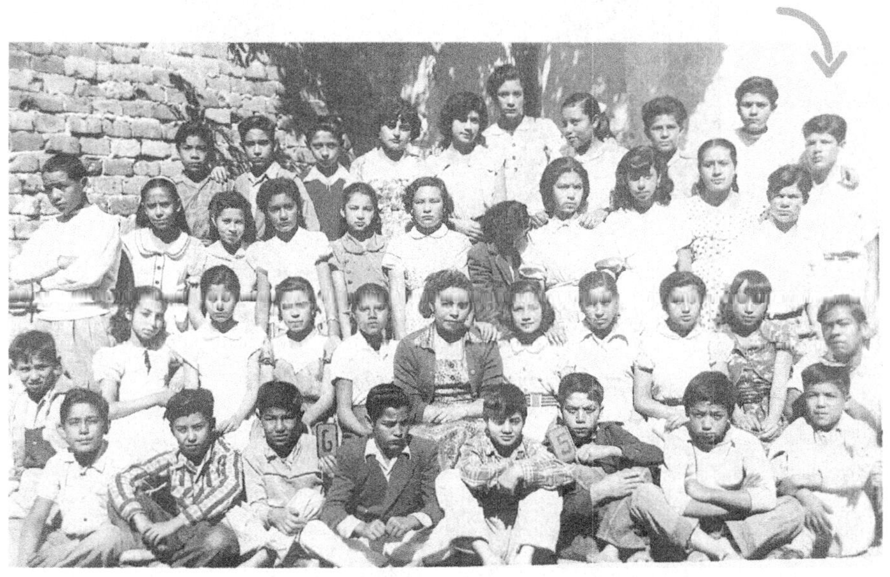

Mi padre Rogelio Padilla Quezada también fue a la primaria Benito Juarez.
Foto de su graduación en 1954.
Él está en la parte superior derecha,
a quien un compañero le pone la mano a su hombro.

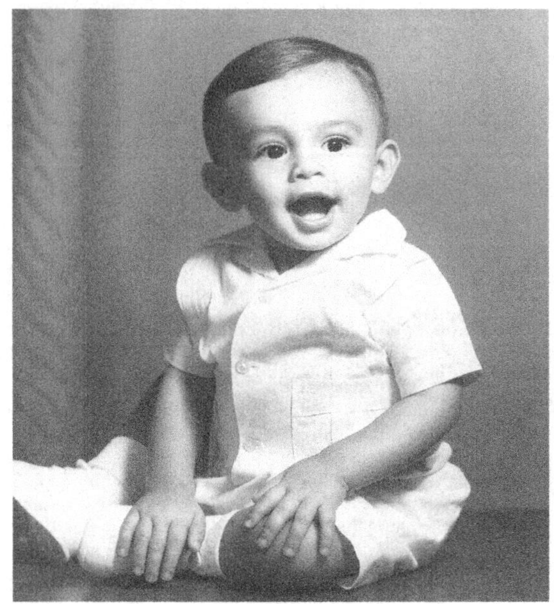

Martín cumpliendo un año de edad.

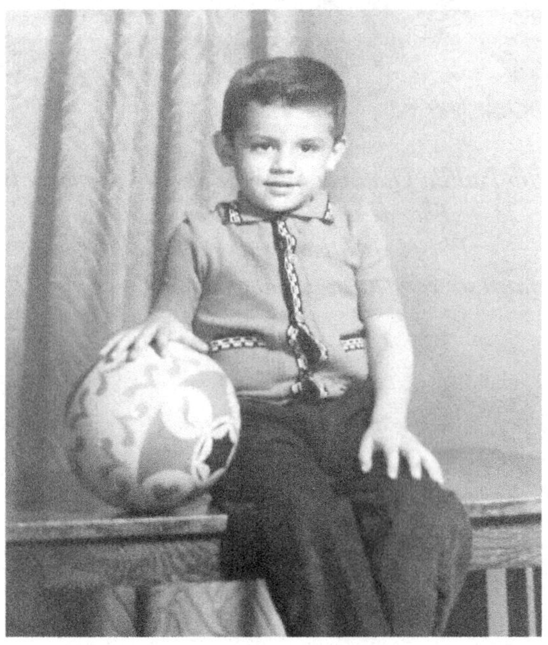

Martín de 5 años de edad.

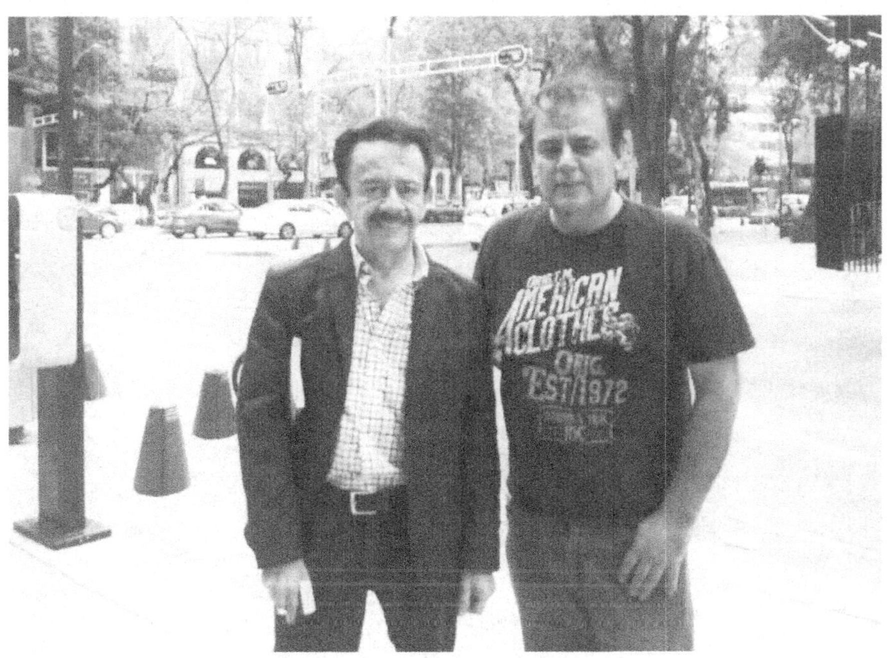

Martín Padilla en la Ciudad de México, trabajando en el libro.

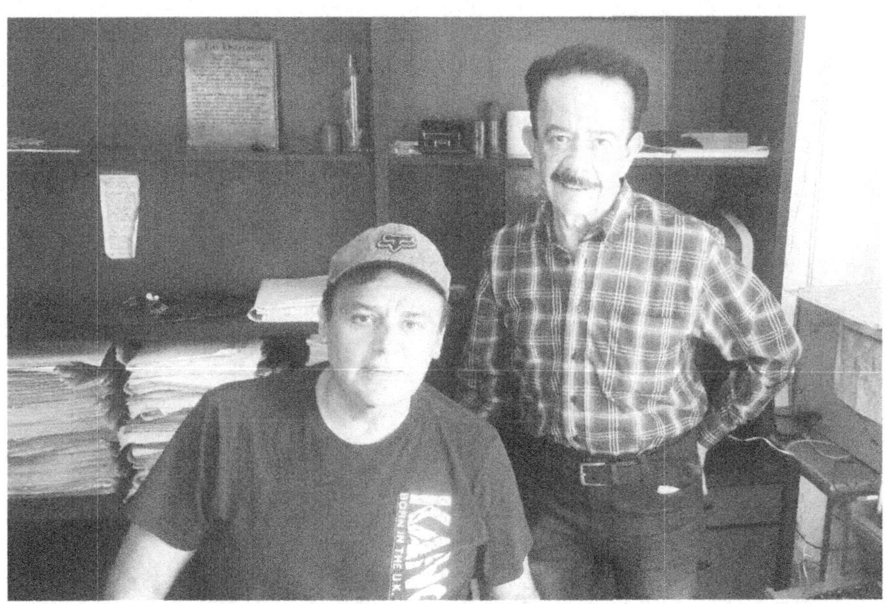

Martín Padilla y Rubén Aviña en las oficinas del semanario Guía, en el 2019 en Ocotlán, Jalisco.

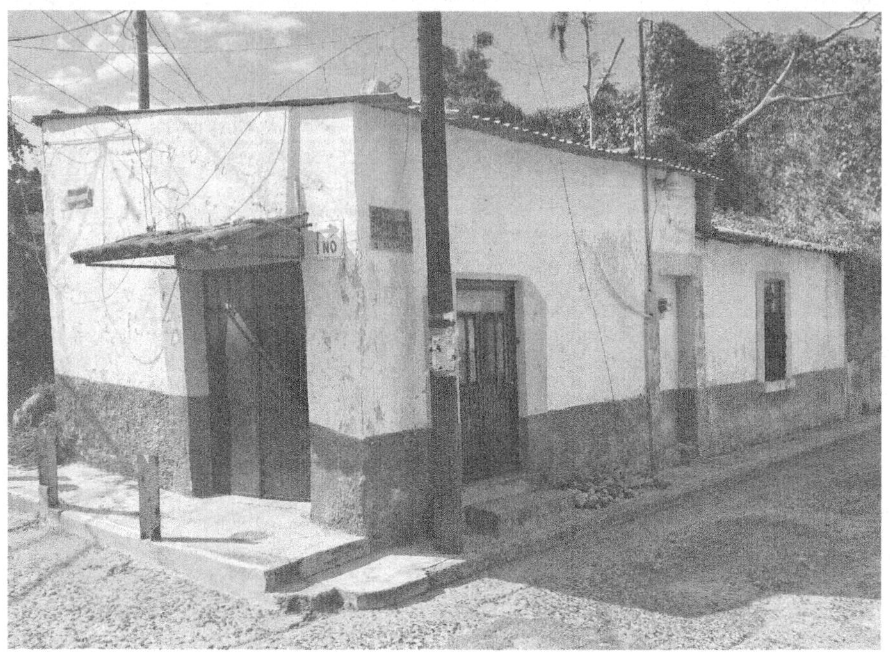

Casa de Martín desde que nacio hasta que cumplio 7 años.

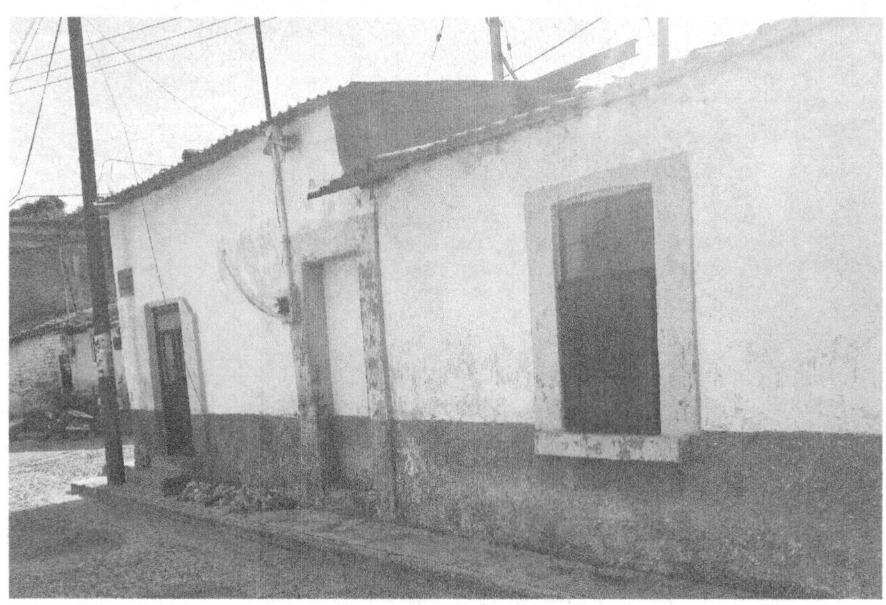

Francisco I Madero #120, Cuitzeo Jalisco, a 1 kilometro de Ocotlán.

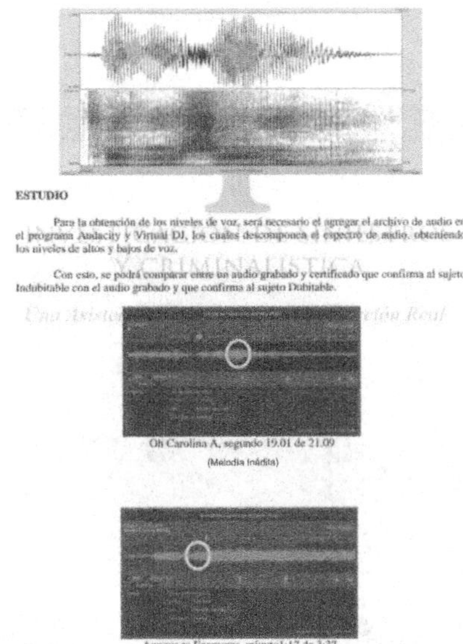

ESTUDIO

Para la obtención de los niveles de voz, será necesario el agregar el archivo de audio en el programa Audacity y Virtual DJ, los cuales descomponen el espectro de audio, obteniendo los niveles de altos y bajos de voz.

Con esto, se podrá comparar entre un audio grabado y certificado que confirma al sujeto Indubitable con el audio grabado y que confirma al sujeto Dubitable.

Oh Carolina A, segundo 19.01 de 21.09

(Melodía Inédita)

Aunque te Enamores, minuto1:17 de 3:37

Resultados forenses de los análisis foneticos de una de las melodías del casete. Los audios fueron comparados con la voz de Juan Gabriel en diversas canciones y los resultados fueron que si es la voz de Juan Gabriel quien aparece en el casete en posesión de Padilla.

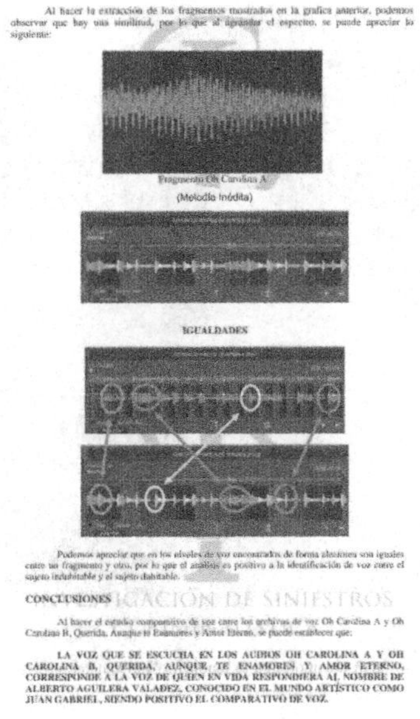

Al hacer la extracción de los fragmentos mostrados en la grafica anterior, podemos observar que hay una similitud, por lo que al agrandar el espectro, se puede apreciar lo siguiente:

Fragmento Oh Carolina A

(Melodía Inédita)

IGUALDADES

Podemos apreciar que en los niveles de voz encontrados de forma aleatorias son iguales entre un fragmento y otro, por lo que el análisis es positivo a la identificación de voz entre el sujeto indubitable y el sujeto dubitable.

CONCLUSIONES

Al hacer el estudio comparativo de voz entre los archivos de voz Oh Carolina A y Oh Carolina B, Querida, Aunque te Enamores y Amor Eterno, se puede establecer que:

LA VOZ QUE SE ESCUCHA EN LOS AUDIOS OH CAROLINA A Y OH CAROLINA B, QUERIDA, AUNQUE TE ENAMORES Y AMOR ETERNO, CORRESPONDE A LA VOZ DE QUIEN EN VIDA RESPONDIERA AL NOMBRE DE ALBERTO AGUILERA VALADEZ, CONOCIDO EN EL MUNDO ARTÍSTICO COMO JUAN GABRIEL, SIENDO POSITIVO EL COMPARATIVO DE VOZ.

Los analisis fueron realizados por el maestro y abogado en Investigacion criminal y ciencias forenses, Carlos Einstein Vazquez Rodriguez.

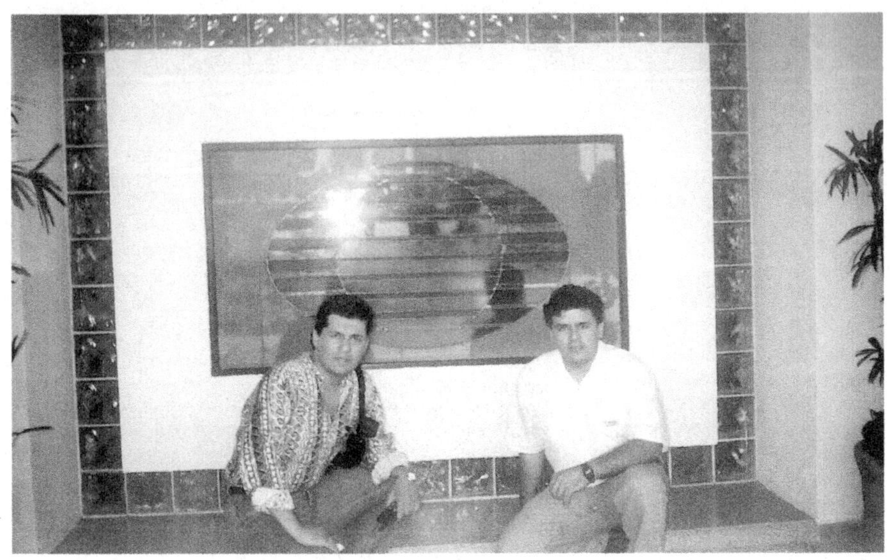

En 1996, poco despues de grabar dos temas de Martín, Antonio lo invito a Televisa San Angel.

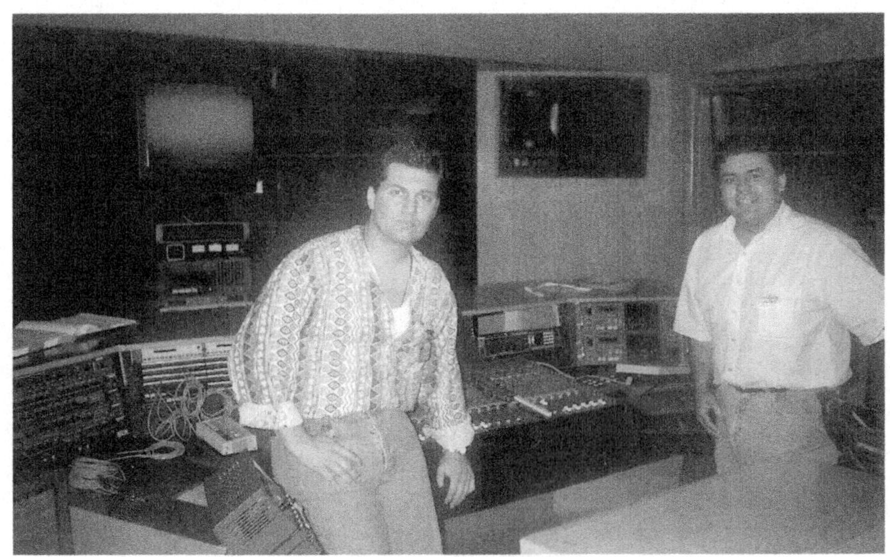

Parece que fue ayer, pero fue en 1996.

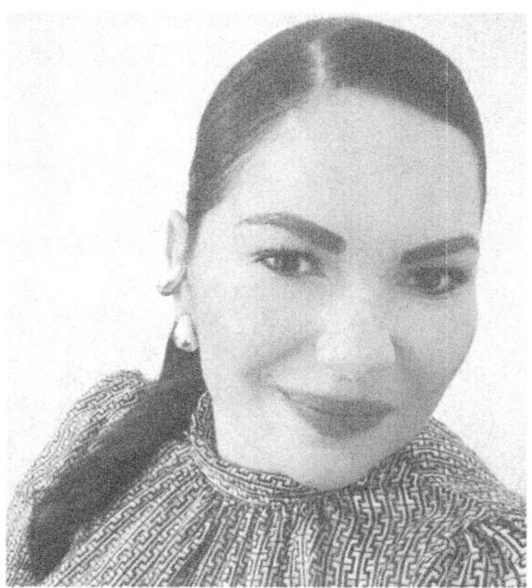

Ana Alejandra Novoa Orozco

Es periodista egresada de la Universidad de Guadalajara. Inició su trayectoria en Radio Universidad de Guadalajara en Ocotlán (2006-2008) como reportera y productora del programa "Agenda Pública", además de colaborar en el semanario ocotlenses Guía, donde hasta la fecha escribe. De 2012 a 2018 participó en la revista de motociclismo Caballos Salvajes y en el programa Radio Biker, combinando los medios con la docencia de español. Tras una pausa para criar a su hija Anya, Ana regresó a la radio en 2022 con renovado ímpetu. Hoy, dirige la estación de Radiorama Ocotlán Estéreo Vida 91.1 FM y conduce sus espacios informativos, fortaleciendo la voz ciudadana.

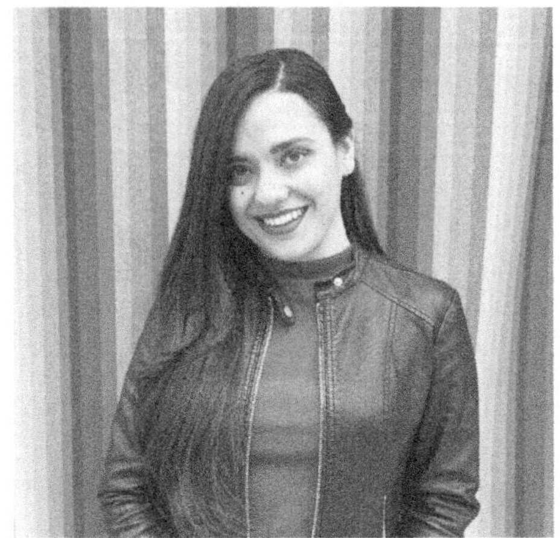

Selma Loriv

"Quiero agradecer de corazón a Selma Loriv por el gran trabajo que realizó al preparar un Tik Tok donde narra, en una sinopsis muy especial, pasajes de mi biografía.

Aunque todavía no ha publicado el video en su pagina @Selma.Loriv, tuve la oportunidad de verlo y me conmovió la forma en que plasmó mi historia.

Es un honor que jóvenes creadores de contenido, como ella se interesen en un libro que habla de mi vida, y que rescata un episodio único; aquel 9 de octubre de 1978 cuando el maestro Juan Gabriel me confió unas melodías inéditas que hasta hoy conservo.

Gracias por tu dedicación, por tu sensibilidad y por darle nueva voz a esta historia".

EPÍLOGO

Desde su publicación el 9 de octubre de 2024 —una fecha elegida no al azar, sino con profunda carga simbólica al cumplirse 46 años del día en que Martín Padilla recibió aquel casete— "Canciones por hacer" ha dejado de ser una anécdota para convertirse en una causa. El libro despertó preguntas que llevaban demasiado tiempo dormidas, al mismo tiempo que encendió una conversación necesaria sobre lo que significa resguardar, honrar y compartir un legado musical que pertenece, en el fondo, a todos.

El 24 de diciembre, la revista Proceso marcó un punto de inflexión al publicar la primera entrevista de Padilla, hecha por Rodrigo Hernández, editor y periodista, donde él, más músico que propietario, confesó su mayor anhelo: que esas canciones "queden reveladas" al público. La inclusión de los arreglos e instrumentales de "Tú eres a quien" dio muestra de la seriedad con la que se busca abrir este archivo sonoro, cuya autenticidad ha sido respaldada por especialistas, pero cuya difusión aún espera condiciones justas.

Poco después, el 11 de enero de 2025, Semanario Guía llevó la historia al terreno de lo íntimo. En la entrevista realizada por Anna Novoa, la figura de Martín se despojó del misterio para mostrarse con humanidad y arraigo. No fue sólo una nota: fue el punto de arranque para la presentación oficial del libro el 16 de mayo, en la Casa de la Cultura de Ocotlán, gracias a los esfuerzos de Everardo Rodríguez Martínez, Pepe Rivera Magaña, Irma Flores Gutiérrez y Jaime Ramón Aguirre.

La ola de atención se multiplicó tras la publicación del artículo en TV Notas el 27 de mayo, firmado por Mauro Godoy. Con voz clara, Padilla envió un mensaje directo a Iván Aguilera: "Quiero darte el legado que le pertenece a tu papá y que el público conozca las canciones." La afirmación no sólo resonó en medios, sino también en estudios de grabación, donde artistas y productores han buscado acercarse a Padilla para dar vida a esas composiciones. Sin embargo, su respuesta ha sido siempre la misma: Todo siempre llega en el momento adecuado nada llega por casualidad.

Desde entonces, Padilla ha continuado en silencio, pero sin pausa. Semanario Guía, por su parte, ha mantenido el fuego encendido, compartiendo pasajes inéditos, fragmentos del proceso y testimonios que han nutrido esta historia con más profundidad de la que cualquier rumor podría alcanzar.

Mientras se escribe este epílogo, Martín trabaja en varios proyectos musicales que los dara a conocer en el ano 2026. "Canciones por hacer" no es una historia cerrada. Es un umbral. Un primer paso hacia la posibilidad de reconciliar pasado y presente a través del arte. La deuda con el legado de Juan Gabriel no se salda con posesión, sino con generosidad. Y quizá, cuando las condiciones estén dadas, esas melodías finalmente lleguen a su destino: el oído y el corazón de quienes saben que la música, cuando es verdadera, no se guarda. Se comparte.

Anna Novoa.

Agosto, 2025.

AGRADECIMIENTOS

A **Rodrigo Hernández López**, periodista, fotógrafo y editor de Proceso: Gracias por publicar la reseña de Canciones por hacer y realizar mi primera entrevista digital. Le estoy profundamente agradecido, tanto a usted como al equipo de Proceso, el medio de mayor prestigio en México, por el reportaje "Las melodías inéditas de Juan Gabriel".

A **Mauro Godoy,** periodista y fotógrafo de Tv Notas:
Gracias también a ti, **Mauro**, por haber publicado mi primera entrevista impresa en la revista de entretenimiento más leída del país.

A mi amigo Juan Pablo Ibarra Harfush con quien he recorrido 31 años de componer, arreglar y producir musica desde ese ya lejano Septiembre de 1994.

A Rubén Avina, por haberte conocido y por poner tanto esfuerzo, dedicación y entrega en escribir mi historia.

Mis más profundo agradecimiento al Maestro **Carlos Einstein Vásquez Rodríguez** de la firma ISC Investigación Siniestros y Criminalística en coordinación con la Lic. **Angélica del Carmen Portilla Arenalde** quien gracias a ellos fueron posibles los exitosos análisis fonéticos de la voz de **Alberto Aguilera Valadez** en el casete que tengo desde el 9 de Octubre de 1978.

Quiero expresar mi más sincero agradecimiento a todos los **medios de prensa** que dieron voz y espacio a este proyecto, contribuyendo a que las palabras llegaran más lejos de lo que imaginé.

A **Sergio Catalán**, con quien me une una gran amistad de 29 anos y con quien hice un demo en ese 1996 y forma parte de ese misterioso archivo.

A **Antonio De Carlo**,por la generosidad de grabar esos misteriosos demos que aún conservo desde 1996 y por la amistad de 30 anos que ha sido un regalo constante en mi vida. Contar contigo ha sido un verdadero privilegio.

A la divulgadora de historia **@Selma.Loriv,** cuya generosidad y mirada sensible dieron vida a una reseña que honra el libro. Haber contado con su apoyo a sido un privilegio y un honor profundo para mí.

Al Semanario Guía:
Everardo Rodríguez Martínez, Aarón Navarro Arceo, Ana A. Novoa Orozco, Alejandra Buenrostro y José Gpe. Rivera Magaña y Francisco Lagunas Navarro.

A Casa de Cultura por el espacio, su directora Irma Flores Gutiérrez y como subdirector Jaime Ramón Aguirre. Muchas gracias Jaime por todo tu apoyo incondicional y por estar siempre atento y al pendiente de nuestra cultura.

A Raúl Humberto Medina Valdés por su excelente trabajo en la edición fotográfica de el libro, en las redes digitales y sobre todo por tu amistad. Raúl es multi-talentoso por cierto, es caricaturista, programador de redes y sabe gramática musical o sea teoría general de la musica.

A **Luis Felipe García López**, por su apoyo en el programa de Radio donde labora y el resto de sus companeros: Norma Salazar Valle (Karely) y Gustavo Diego Ochoa Sanabria.

A mis **amigos** y socios **Noé Vargas y Edgar Torres**, por estar siempre apoyándome, dándome ánimos y alentandome.

A mi querida esposa María del Rosario (Gussie) Lozano Hurtado por anos de alegría y apoyo incondicional a mis hijos Martín Stewart, **Kimberly, Kenneth, Maximiliano y Aranza Padilla**, a mi nieto **Nikko King Padilla,** quienes me acompañaron con paciencia, ánimo y amor en cada paso de este camino. Sin su apoyo constante, este sueño no habría encontrado alas. También muchas gracias a mis queridos hermanos: Manuel, José Luís, Rogelio (QEPD) y Javier Padilla, asi como mis dos hermanas, Rosa Isela y Luz Elena Padilla.

A mi maestra de primaria, **Matilde Jaramillo Hernández**, por haber asistido a la presentación del libro y ser la invitada de honor, se le reconoce su increíble labor como maestra y directora de mi escuela Benito Juarez. Gracias también por facilitarme para su publicación las fotos de nuestra querida escuela.

A la gente maravillosa que colaboró en la presentación del libro, su apoyo y dedicación hicieron posible que ese momento fuera único, lleno de emociónes.

Gracias José de Jesús J. Raygoza por el apoyo que recibi por tantos y tantos anos, algun día te pagare todo lo que hiciste por mi y por creer en mi talento.

A mis amigos de la infancia que me han apoyado, Alberto "Topo" Morales Gutiérrez, Juan Jose García Rabago, Carlos Muniz Angel de "Foto Lux" y José Luís "Chelis" Ortiz Vazquez.

A Norma Sanchez quien me apoyo y siempre ha creido en mi. Gracias te estoy agradecido porque fuiste mi inspiración y guía en mi camino.

A Luís Humberto García, por su apoyo y amistad de muchos anos y sus interesantes conversaciones que hemos tenido.

A ti Filemón Jaramillo, por creer en mis obras y por nuestra amistad de 45 anos. Hemos recorrido mil caminos
A mis Padres Rogelio Padilla Quezada, y mi madre Rosa Villa Navarro por guiarme, educarme y prepararme para la vida.

Claro, y a ti Alberto Aguilera Valadez (Juan Gabriel) por tu amistad, por tus consejos y por ese regalo que ya estoy en proceso de regresarlo a tu legado.

A todos ustedes, mi gratitud eterna.

Martín Padilla.

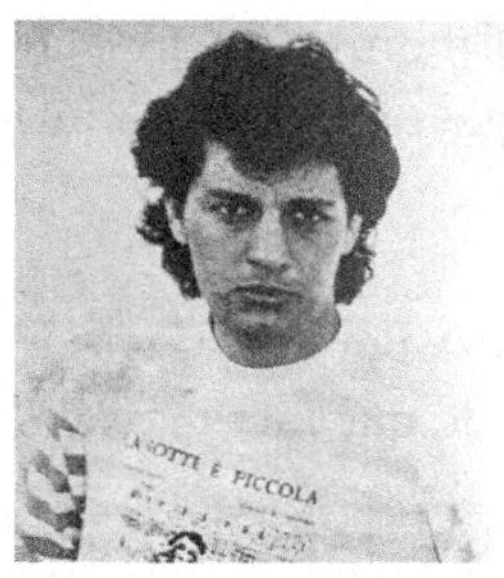

ANTONIO DE CARLO

Cantante, compositor y actor mexicano

Nacido en Tijuana el 4 de agosto de 1967, artista de vocación, soñador de escenario y corazón sensible, Antonio De Carlo —o simplemente Antonio— marcó a toda una generación con su voz y su presencia.

A finales de los años ochenta brilló en el Festival OTI 1989 con el tema "Cuesta Arriba", abriendo una carrera que lo consagró como intérprete romántico con éxitos inolvidables: "En mil pedazos", "Como duele", "Revolución", "Lisa" y "A pecho descubierto", melodías que viajaron por toda América Latina entre 1989 y 1991.

Ganador de Discos de Oro, del reconocimiento "Las Palmas de Oro" y del Emmy Award en 2005 y 2006, Antonio ha combinado el talento musical con la actuación, participando en emblemáticas telenovelas de Televisa como Marisol, Mi pequeña Soledad, Imperio de Cristal y La Usurpadora, además de protagonizar junto a Alejandra Guzmán la película Verano Peligroso.

Después de un tiempo de pausa y reflexión, Antonio ha regresado con renovada pasión a la música, retomando su esencia de cantautor. En años recientes participó en la serie Miss XV (Televisa–Nickelodeon), dirigida por Pedro Damián, interpretando al joven padre "Arístides".

Hoy, con la madurez de los años y la fuerza del alma intacta, Antonio vuelve al estudio para reencontrarse con su voz, su público… y con su amigo de toda una vida: Martín Padilla. Desde aquel 1996 en que le grabó aquel par de misteriosos demos hasta este presente que vuelve a reunirlos. Su historia y la de Martín siguen entrelazadas por una misma certeza: el arte y la amistad no conocen el olvido.

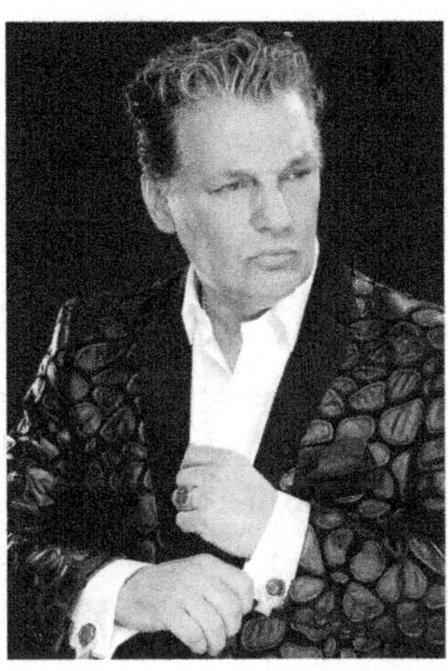

ALGO SOBRE ANTONIO
(Y canciones que el tiempo guardo)

El cantautor e intérprete tijuanense Antonio De Carlo, quien siendo muy joven, el 23 de octubre de 1988 fue lanzado en el prestigiado programa de Televisa Siempre en Domingo por Don Raúl Velasco y logró colocarse como uno de los artistas jóvenes consentidos de la época, solo como "Antonio" logrando éxito con temas como En Mil Pedazos, Como Duele y A Pecho Descubierto entre otros.

En diciembre de 1995, el destino me llevó al estudio de mi amigo Juan Pablo Ibarra, en Guadalajara, ahí conocí a Antonio. Yo grababa el primero de tres álbumes para Naptime Records; él, por su parte, trabajaba en sus propias canciones. Entre micrófonos y acordes nació una amistad sincera. De mi repertorio le ofrecí dos temas, y con generosidad los grabó en calidad demo, sin pensarlo dos veces.

Años más tarde, mostré una de aquellas grabaciones a Alberto. Escuchó, sonrió y me preguntó quién era el cantante. Al decírselo, su memoria —siempre tan viva— se iluminó: "Sí sé quién es", me dijo. "Antonio y yo coincidimos en la feria de San Juan del Río en Queretaro, vino a saludarme en mi camerino y me cantó Siempre en mi mente con una guitarra de mi mariachi." Luego añadió que quería darle una canción a Antonio, pero que éste desapareció repentinamente del medio artístico.

Le conté que, Antonio había desaparecido de la escena artística, porque en septiembre de 1991 sufrió un accidente en Tlaxcala, donde sus fans, en la euforia colectiva, lo habían jalado del escenario desde donde él se cayó de cabeza, lesionándose la columna, y que había estado en rehabilitación por mucho tiempo para volver a caminar…

El 4 de Octubre del 2025, al contarle a Antonio lo publicado por la revista Proceso —aquel texto del editor Rodrigo Hernández López sobre "Las melodías inéditas de Juan Gabriel", las mismas que guardo desde el lunes 9 de octubre de 1978—, su reacción fue profundamente emotiva. Me escribió: "¡Mira qué bien guardado lo tenías! Muchas felicidades por ese gran tesoro musical que posees."

Después hablamos más de una hora. Fue como si el tiempo se plegara: el pasado regresó con su música y su memoria. Decidimos volver al estudio, a continuar lo que habíamos empezado en 1996.

El 13 de Octubre, 2025, le conté a Antonio la anécdota de Alberto y cómo él recordaba aquel encuentro en la feria. Antonio emocionado se quedó sin voz; entre suspiros me dijo que se sentía como en la Twilight Zone, atrapado entre el ayer y el hoy. Conmovido, apenas alcanzó a despedirse.
Al día siguiente me confirmó que todo era cierto: él y su manager, el querido Eduardo Alonso (Q.E.P.D.), efectivamente habían estado allí, cantando ante Alberto esa misma canción.

Hoy, casi tres décadas después, Antonio y yo volvemos a grabar. Lo hacemos con la emoción intacta, conscientes de que la vida nos ha concedido un reencuentro que será —para muchos— una hermosa sorpresa.

Octubre 25, 2025
Martín Padilla

Made in the USA
Coppell, TX
20 December 2025